[シリーズ]メディアの未来⑫

anthropology of things and media

モノとメディアの人類学

藤野陽平・奈良雅史・近藤祉秋 編
FUJINO Yohei, NARA Masashi & KONDO Shiaki

ナカニシヤ出版

はじめに

　本書はヒトとモノとのかかわりを通じてメディアと社会の関係を文化人類学的に考えるために編まれたが，どうしてメディアを考える際にモノを考えなくてはいけないのかについて，はじめに説明しておくこととする。まず，私たちの周りにあふれているモノとは一体，何だろうか。食べ物，飲み物，乗り物，着物，被り物といったように一般的には手に触れることができたりする，いわゆる物質性があるもののことをモノというのではないだろうか。朝起きて飲んだお茶も，学校へ行く際に乗った自転車も，今あなたの手元にあるスマホだってモノである。本書もモノであることに違いはない。実に多種多様なモノに囲まれて私たちの生活は成り立っている。

　ただ，本書ではモノを物質性があるものに限定しない。物質性のないものという言い方には少し違和感があるかもしれない。しかし，アニメやゲーム，映画や小説というようなコンテンツをモノということはできないだろうか。紙とペン，もしくはコンピュータというモノを使って生み出されたコンテンツは，印刷物やマスコミ，インターネットなどのメディアを通じて社会に広がっていく。モノの一種であるメディアがなければこうした作品が普及することはない。さらにそれがヒットすると関連グッズという新たなモノが生み出されていく。このようにコンテンツのような手に触ってみることのできないものであっても，モノを介在しなければ存在できないのであって，ここではモノの一種として考えることにする。これまで文化人類学や民俗学が扱ってきた神話や昔話などももの語りといわれるように，モノと考えられなくもない。

　神話や昔話は何らかのモノに媒介させて人類に可視化できないモノに姿を与えてきた。目には見えない神や幽霊，妖怪などは，たとえば，踊る身体，影像，壁画，絵巻物，現代ではゲームソフトなど

をつうじて目に見えイメージできるものになってきた。このように物質性のないコンテンツは物質性のあるモノときっても切れない。神や霊といった超自然的なモノばかりではなく，時間は時計やカレンダー，暑さ寒さは温度計，昨晩の暴飲暴食の末にどれだけ太ってしまったのかは体重計といったモノを通じて，私たちは生身の身体だけでは把握しきれない複雑な世界を認識している。

　一見すると物質性のない存在も物質性をもったモノを媒介として存在していることを納得していただけただろうか。次に物質性があるのにもかかわらず，モノではないものはあるだろうかという逆の問いを考えてみたい。重さがあって，手を伸ばせば触れることができるようなもので，モノではないものがあるかどうかである。物質性があるのにモノではないものは想定しにくい。物質性があればそれはモノと呼んでいいだろう。

　それではもう一つ，考えてみたいのは，ヒトはモノだろうかということである。今，この本を読んで，モノって何だろうかと考えているあなたはモノなのだろうか。これは意見が分かれるかもしれない。確かにヒトは触れることができ，重さもあるけれど，ヒトとモノは違うと考えている人が多いかもしれない。しかし，若もの，田舎もの，頑固ものといったように，日本語では人に対してもモノという言葉で呼んできた。本書では一歩踏み込んでヒトもモノの一つだと考えることとしたい。

　こうした提案に身体はモノの可能性もあるが，心はモノではないと半分同意し，半分反対する人がいるかもしれない。たとえば私から体毛が抜けたり，爪を切ったりしたとしよう。それまでは私の一部分だったこれらのモノは私ではなくなったと感じる人が多いのではないだろうか。もちろん，人の爪や髪の毛を用いて呪術を行なったり，強い思いを込めて約束をしたりするときに血判状を押すように，血液や精液といった身体の一部には，その人の人格が強く残さ

れるとも考えられる。それでも私は心のある方に強く残されている
と感じる人が大多数であろう。体の中で思考する部分こそ，人間の
本質であり，それが人とモノを分ける決定的な違いであると考えら
れているのかもしれない。だからこそ，私たちが享受している近代
医療は大きく発達してきた。そうではなく，心と体を一つのものと
して考えてしまうと臓器移植というような技術は生み出されにくい。

　そのうえで，ここで心と身体とは独立しているのかという問いを
考え直してみたい。当然，心と身体は繋がっているので，心が緊張
すれば，身体は心拍数が上がり，汗がにじんでくる。一方で極度の
不安に襲われたときに，敢えて口角を挙げて笑った顔を作ってみる
と，心が軽くなるので，試してもらいたい。こうした心と身体の問
題は脳死という出来事の前に如実に現れる。まだ，身体に温もりの
ある家族を，医師が脳死だと判断したからといってすぐに受け入れ
られるだろうか。多くの人は脳の機能が止まっただけで，まだ呼吸
もし，心拍もある人間が死んだと素直に受け入れられず大いに動揺
する。

　心と身体では心が主体で身体は客体にあたり，前者が後者を動か
していると考えている人が多いかもしれないが，実はそうではない。
というのも心は何もないときに動かすことはできないからだ。試し
に今，怒ったり，喜んだりしてみてもらいたい。何もなければそれ
は難しいのではないだろうか，無理に怒ろうとすれば，過去に経験
した不愉快な出来事を思い出したりでもしない限りできないであろ
う。当然ながら悲しいこと，嬉しいことがあるから，心は動くのだ。
それも脳だけで心は動いているのではなく，身体を通じて，心が動
いている。感情自体アドレナリンやドーパミンといったモノ（神経
伝達物質）の影響で形成されるものでもある。身体やモノがなけれ
ば心には何の感情も生まれてこない。

　ヒトの情動は身体（つまりこれもメディア）の先にあるさまざま

メディアを通じて激しく揺さぶられる。新聞やテレビ，映画，CD，ラジオ，そしてインターネット等を視聴することで，私たちは毎日感情が動かされている。現場に行くほどではないが，テレビやインターネットなどを通じて，スポーツを観戦すれば興奮するし，音楽のライブを見ることで，気分が軽くなることもあるだろう。この原稿を書いている 2020 年 3 月は新型のコロナウイルス COVID-19 が世界的に流行しているが，このニュースばかり見ていると気が滅入ってしまう人が多く，これを「コロナ疲れ」と呼ぶそうだ。

　本書はシリーズ「メディアの未来」の一冊であるのに，モノの話ばかりしてしまったが，ここではヒトの心を何かにつなぐモノをメディアと考えたい。幅広い角度から議論するために，各章の執筆者ごとにメディアの定義は少しずつ異なるが，本書を通じてメディアとはわれわれヒトを含んだモノとモノとをつなぐもの，もしくはモノとモノとのつながり方やその関係性のこととして，考えてみたい。

　スマートフォンや SNS というこの 10 年の間に大きく発展したモノとしてのメディアはヒトの心を，これまで以上に強く，早く，複雑に身体の外に広がる環境とつなげている。誰かが SNS でつぶやいたほんの一言が，瞬時に世界中に拡散され，手元のスマホの中に飛び込んでくる。これを見た人は怒り，笑い，侮蔑，称賛などさまざまな情動が刺激される。それに対して SNS で反応をすると，それを見たまた別の人の情動を刺激し，時に「炎上」と呼ばれる社会的な怒りに曝されることもある。

　このように感情が空間を越えて共有されてくると一人ひとりの心や身体というのはどこまでと切り分けにくくなってくる。近代という時代は人とモノ，心と身体というものを二つに分けることで，多くの知見を獲得してきた。しかし，このことで見えやすくなったこともあるが，逆に見えなくなってしまったものも少なくない。現代のメディアがもたらした新しい社会がそれである。本書ではあらゆ

る存在が物質的なものを媒介して存在していると考え，その媒介，すなわちメディアに着目することで，身の回りのごく当たり前だと思っていた多様な出来事をこれまでとは違う方法で見つめなおしてみたい。

　最後に本書の構成について簡単に説明しておきたい。本書は以下に説明する4部で構成されている。

　まず，わたしたちをとりまくメディアの状況は情報通信技術の発展に伴い，大きく変化してきた。それは人類学者が赴くフィールドも例外ではない。第Ⅰ部「新しいメディア・新しいフィールド」では，新しいメディアの登場がフィールドにいかなる影響を及ぼしてきたのかを考察する。また，ある対象に対するまなざしはさまざまなメディアを媒介として形成される。情報通信技術の発展は，そのまなざしに内包される「見る者」と「見られる者」の非対称的な関係性を相対化する契機をもたらしている。第Ⅱ部「交差する見る・見られる関係」では，メディア状況の変化が従来の見る・見られる関係にもたらす影響に焦点を当てる。第Ⅲ部「メディアがつなぐ新しいコミュニティ」では，現代的な電子メディアやコンテンツの登場によって生まれた新しい関係性に着目する。第Ⅳ部「メディアがつなぐ新しいモノとヒト」では，メディアの物質性（マテリアリティ）が論点であり，写真やSNSの他，銅像やカフェも「メディア」として捉える。

　各部の扉裏に各章の説明を配置した。ぜひ，ご一読いただき読者にとって興味のある章から読み始めていただければ幸いである。

編者を代表して
藤野陽平

目　　次

はじめに　　*i*

第1部　新しいメディア・新しいフィールド

第1章　メディアと人類学の微妙な関係を乗り越えよう ── *3*
新しい社会とメディアのエスノグラフィに向けて　　　　藤野陽平

1　はじめに：メディアと文化人類学の難しい関係性　　*4*
2　ケース1：日本的台湾の萌え女神　　*7*
3　ケース2：サイバー空間へ拡張する祭祀圏　　*9*
4　おわりに：従来の文化人類学を越えて　　*10*

第2章　情報行動におけるメディア選択 ──────── *15*
モンゴル遊牧民の携帯電話利用を事例に　　　　　　　堀田あゆみ

1　はじめに　　*16*
2　遊牧社会という「情報社会」　　*17*
3　モンゴル国における携帯電話の普及状況　　*19*
4　遊牧民の携帯電話使用の実態　　*20*
5　情報行動における携帯電話の位置づけ　　*25*
6　おわりに　　*27*

第3章　メディアのなかの芸能／「メディア」としての芸能 ─ *31*
バリ島の奉納舞踊の事例から　　　　　　　　　　　　吉田ゆか子

1　はじめに　　*32*
2　既婚女性たちの楽しみとしてのルジャン・レンテン　　*34*
3　流行のプロセスと「メディア」　　*36*
4　ラジオ，テレビ，そしてインターネット　　*38*
5　7,000人の群舞　　*41*
6　おわりに：メディアのなかの芸能と「メディア」としての芸能　　*43*

第4章　スマホ時代のメディア人類学 ————————— 47

原　知章

1　はじめに　*48*
2　「メディア」とは何か　*49*
3　人類学とメディア　*50*
4　「総合メディア人類学」の構想　*52*
5　多様化するメディア実践　*53*
6　IoT 時代の到来と Society5.0 の出現　*55*
7　スマホ時代／ IoT 時代のメディア人類学の射程　*56*

第II部　交差する見る・見られる関係

第5章　メディアのまなざしを拒む場所 ————————— 63
視覚情報の欠如から「聖地」と「カメラ」の関係を考える　　大道晴香

1　情報化社会における「見えない」場所　*64*
2　インターネット上の〈聖地〉と死角　*66*
3　聖なるものとカメラのまなざし　*69*
4　聖地と撮影行為　*71*
5　視覚情報の欠如が生み出す価値　*73*

第6章　「伝統文化」をめぐるメディア人類学のフィールド — 77
中国客家社会における福建土楼を事例として　　小林宏至

1　はじめに　*78*
2　文化や伝統をめぐる議論をはじめる前に　*79*
3　住んでいる場所が突然，世界文化遺産になったら？　*81*
4　メディアが運ぶ「文化」と「伝統」　*85*
5　管理の中の伝統文化と局所的メディアの可能性　*88*
6　結びにかえて　*92*

第7章　ダークツーリズムの複雑さ ——————————— 95
メディアが作りだす，メディアを見る観光　　　　　　　市野澤潤平

1　はじめに：観光とメディア　96
2　メディアによって作られるダークツーリズム　96
3　メディアを見る観光としてのダークツーリズム　101
4　おわりに：ダークツーリズム研究の可能性　105

第8章　先住民とメディア生産 ——————————————— 109
台湾原住民をめぐる2つの映像作品から　　　　　　　　田本はる菜

1　はじめに　110
2　映像プロジェクトの始まり　112
3　メイキングからドキュメンタリーへ　114
4　映像の二重の目的　117
5　おわりに　120

第Ⅲ部　メディアがつなぐ新しいコミュニティ

第9章　祭礼とメディアの民俗学 ———————————— 127
「佐原の大祭」における新たなメディアの活用をめぐって

塚原伸治

1　はじめに：祭礼の21世紀　128
2　佐原の大祭とは何か　130
3　インターネットと祭りの新たな担い手　132
4　動画共有サービスの登場　135
5　おわりに：メディアは祭礼の何を変えるか？　138

第10章　ヴァーチャルとリアルのもつれ合い ——————— 141
中国雲南省昆明市におけるムスリム・コミュニティの変容　　奈良雅史

1　はじめに　142
2　回族をとりまく社会的・宗教的変化　144
3　回族のオンライン・コミュニティ　147
4　分化する「回族」と「ムスリム」　148
5　「回族」と「ムスリム」の結節点としてのSNS　150
6　おわりに　152

第 11 章　和製コンテンツ文化の海外受容 ——————— 157

香港ポケモン翻訳事件に映る複雑な様相　　アルベルトゥス=トーマス・モリ

1　はじめに：海外受容への無関心　*158*
2　総領事館への陳情デモ　*160*
3　『ポケモン』の翻訳事情　*161*
4　翻訳問題のエスカレート化　*164*
5　ローカル社会の文脈を探る　*169*
6　結びにかえて　*171*

第 12 章　仮想空間はいかに解体されたか ——————— 175

『ポケモン』における多様性と標準化　　久保明教

1　はじめに　*176*
2　現実と仮想　*177*
3　生き物でもデータでもある　*179*
4　第三の特徴　*182*
5　多様性を生む標準化　*185*

第IV部　メディアがつなぐ新しいモノとヒト

第 13 章　メディアとしてのカフェ ——————— 191

コピティアムと消費されるノスタルジア　　櫻田涼子

1　はじめに　*192*
2　コピティアムとはなにか　*193*
3　中国人移民の増加と社交空間としてのコピティアムの誕生　*196*
4　コピティアムをめぐるノスタルジアの興隆　*199*
5　変化する社会とコピティアムの多文化性　*201*

第 14 章　メディアとしての銅像 ——————— 205

銅像は何を伝えるのか　　高山陽子

1　はじめに　*206*
2　権力まみれの銅像　*207*
3　平和を表す銅像　*211*
4　地域性を表す銅像　*214*
5　おわりに　*216*

第 15 章　メディアの物質的基盤 ————————————— 219
とりわけ映像メディアに着目して　　　　　　　　　　　飯田　卓

1　若者たちの Facebook 利用　*220*
2　プリント写真のプロパティ　*222*
3　死者が所有する写真　*226*
4　メディアの物質性　*229*

第 16 章　端末持って，狩りへ出よう ————————————— 233
SNS 時代の内陸アラスカ先住民　　　　　　　　　　　近藤祉秋

1　はじめに　*234*
2　先住民の「表象」とメディア　*235*
3　狩猟採集と電子メディア　*238*
4　変わりゆく環境と社会における Facebook　*241*
5　おわりに　*242*

第 17 章　デジタル民族誌の実践 ————————————— 247
コロナ禍中の民族誌調査を考える　　　　　　　　　　　近藤祉秋

1　はじめに　*248*
2　村と都市部の切り離し　*249*
3　村からキャンプへの移動　*251*
4　内陸アラスカ先住民の指導者・組織の発言　*254*
5　今後の調査に向けて：デジタル民族誌の可能性と限界　*257*

事項索引　*260*
人名索引　*263*

第 I 部　新しいメディア・新しいフィールド

第 1 章　メディアと人類学の微妙な関係を
　　　　乗り越えよう
　　　　新しい社会とメディアのエスノグラフィに向けて

第 2 章　情報行動におけるメディア選択
　　　　モンゴル遊牧民の携帯電話利用を事例に

第 3 章　メディアのなかの芸能／「メディア」
　　　　としての芸能
　　　　バリ島の奉納舞踊の事例から

第 4 章　スマホ時代のメディア人類学

　わたしたちをとりまくメディアの状況は情報通信技術の発展に伴い，大きく変化してきた。それは人類学者が赴くフィールドも例外ではない。第1部「新しいメディア・新しいフィールド」では，新しいメディアの登場がフィールドにいかなる影響を及ぼしてきたのかを考察する。

　第1章「メディアと人類学の微妙な関係を乗り越えよう──新しい社会とメディアのエスノグラフィに向けて」（藤野陽平）では，従来の人類学的研究においてメディアが周縁化されてきた一方で，近年，人類学のフィールドにおいてもそれが無視できないものとなってきた状況が概観される。そのうえで，藤野は台湾における民間信仰を事例として，近年，日本のポピュラーカルチャーの影響を受け，従来，恐ろしさを喚起する鬼が萌えキャラとして表象されるとともに，信仰の基盤が地縁集団からサイバー空間へと拡大しつつある状況を明らかにし，メディアと人類学的フィールドが不可分な関係にあることを指摘する。

　第2章「情報行動におけるメディア選択──モンゴル遊牧民の携帯電話利用を事例に」（堀田あゆみ）は，モンゴル遊牧民を対象に，特に携帯電話の利用状況に焦点を当て，情報のやり取りをめぐる相互行為を分析する。堀田は，携帯電話が携帯されないという事象から，携帯電話の普及が情報のやり取りを活発化するというよりもむしろ，従来の対面による情報のやり取りを補完し，それを一層活発化してきたのだと論じる。

　第3章「メディアのなかの芸能／「メディア」としての芸能──バリ島の奉納舞踊の事例から」（吉田ゆか子）は，インドネシアのヒンドゥ教徒たちの間で流行した奉納舞踊を取り上げ，舞踊が人びとの間，人びとと神々を媒介する「メディア」であると同時に，テレビやCD，コンテストやワークショップ，スマートフォンやSNSなどのメディアに媒介されるコンテンツであることを明らかにする。そのうえで吉田はこうした多様なメディアの連鎖が奉納舞踊の流行を形成するとともに，この舞踊の奉納芸としてのあり方に変化をもたらしうる可能性を指摘する。

　第4章「スマホ時代のメディア人類学」（原知章）は，人類学とメディアとの関係を概観したうえで，スマートフォンが全世界的に普及した時代におけるメディア人類学の射程を検討する。原は，従来，多様な人びとの間でのコミュニケーションを媒介とするものとして捉えられてきたメディアが，情報通信技術の発展に伴い，非人間と人間，非人間と非人間をも媒介するようにもなりつつあると指摘する。そのうえで，社会的コミュニケーションのみには還元されない人びとのメディア実践のあり方の変化，人類学者自身による研究，教育におけるメディア利用やコミュニケーションのあり方を明らかにすることが，今後のメディア人類学の課題として提示される。

第1章

メディアと人類学の微妙な関係を乗り越えよう

新しい社会とメディアのエスノグラフィに向けて
藤野陽平

今，みなさんのお手元には携帯電話やスマートフォンがあるのではないだろうか。それらを使ってSNSで友人に日々の出来事を知らせ，「いいね！」をもらうことを楽しんでいる人も少なくないだろう。本書はそうした時代のエスノグラフィだ。ただ，文化人類

台湾の「萌鬼冰（萌鬼のかき氷）」

学が現代のメディアを対象にエスノグラフィする。この実にシンプルで，何の変哲もないアイディアが，これまでうまく実現されてこなかった。

　新たなメディアを通じて，コンテンツは越境し，人びとは空間を越えてつながりあう。そんなことが当たり前になった今，その時代にあった文化人類学とエスノグラフィのあり方が求められている。過去に通貨や印刷技術の登場がそれまでの世界を一変させたように，これまでも人類は新しいメディアの登場によって，それまでの考え方や方法論を改めながら歴史を刻んできた。人類学だってメディアの発展に応じてバージョンアップしなくてはいけないだろう。

　さあ，メディアの世界をエスノグラフィしようじゃないか！

① はじめに：メディアと文化人類学の難しい関係性

　本書は今日のメディアと社会の関係性を文化人類学的に考察するが，その前にメディアと文化人類学の残念な関係性について考えてみたい。「伝統」的文化人類学とは文化相対主義に基づき，異文化で，数年間のフィールドワークを通じエスノグラフィを執筆することを学問的アイデンティティとしてきた。1980年代以降の表象の危機やポストモダン人類学の登場後こうした「伝統」を必ずしも踏襲する必要はなくなってきているが，今日でもこの傾向は根強い。

　このため自文化から遠く離れた「文明」の影響が少ない場所が調査地として好まれてきた。この観点からはメディアは外部の情報を「伝統文化が残る純粋なフィールド」に持ち込む，さながら固有種を駆逐する外来種のような困りものになりかねない。

　学生時代，指導教員の中国の民俗芸能調査に同行させてもらったことがある。都市から遠く離れ，インフラも未発達，私たちが訪問した初めての外国人という「伝統」的人類学にとって望ましい調査地であった。しかし，村を散策してみると，民俗芸能に興味を示さない子どもたちがテレビに夢中になっていた。わざわざこんな村までやってきているのに，子どもたちは日本のアニメに熱をあげている。メディアを研究対象としてみることができなかった当時の私にとって，この光景はただただ興ざめだった。このように異文化を求める人類学者はメディアを極力視界の外に追いやろうとしてきたといっていいだろう。

　メディアの定義の難しさも人類学とメディアの悲しい関係を強化する。メディアを文字通り媒体（メディウム）と考えると，何かをつなぐものはすべてがメディアとなってしまい，文化人類学のあらゆる対象がメディアということにもなりかねず，メディア人類学とは文化人類学を言い換えただけのものになってしまう。一方でメディアをマスメデ

ィアやインターネットといった情報技術に限定すると，メディア研究になってしまう。広く定義すると文化人類学と，狭く定義するとメディア研究と同義になるという板挟みのなかにメディア人類学は位置している。

　しかし，社会は新たなメディアの登場で変化しているのも明らかであり，困難だからといって扱わなければ，調査地の状況を捉えきれないことになりかねない。そこで，ここではメディア文化論の考え方を参考にしつつ，メディア人類学の扱うメディアの意味を考えてみたい。メディア研究の難波（2011）はメディア文化論の扱う文化について，特定の作品や表現だけではなく日常生活のすべてを視野に入れた文化人類学的な文化の定義を採用することでメディア文化を考えている。

　本書ではこれを援用することで，人類学的文化概念を基礎としつつ，それを媒介するモノやそのコンテンツをメディア文化と考え，それをとりまく諸実践を研究対象と考える。それにはマスメディアやインターネットやスマートフォンといった狭義のメディアに加えて，アニメやゲームといったポピュラーカルチャー，その他にも博物館や銅像といった集合的記憶にかかわるもの，食文化や身体といった日常生活にかかわるものも対象となる。

　さらに，メディア研究と人類学の相性の悪さの一つに人類学がもつエスノグラフィへの強いアイデンティティがある。人類学の教科書などでは，マリノフスキーの提唱した人類学のフィールドワークの条件についての説明を欠くことはできない。現地に長期滞在し，現地語を習得し，住民とラポールを構築し，現地社会の一員として受け入れられるなどが求められる。

　しかし，メディア人類学の調査地は通信技術を通じて時間と場所のラグをいともたやすく乗り越えてしまう。こんなお手軽な方法でエスノグラフィといえるのか，単なる手抜きではないのか，もっと

現地の文化に肉薄しさえすればメディアなどという軽薄な対象を扱う必要はないのだという批判が聞こえてきそうである。

　しかし，本書の各章をお読みいただければわかるように，メディア人類学のフィールドワークは安楽椅子に座りながらインターネットで収集した情報だけをコラージュするようなものではなく研究室と調査地，そして，それらをつなぐサイバー空間とを縦横無尽に横断しながら行うものである。そして何より無視できないのは，すでに多くの調査地で，生活空間の中にサイバー空間が入り込んでいるということである。21世紀のネイティブズ・ポイント・オブ・ビューを目指すのであれば，サイバー空間へ，フィールドを広げざるをえないであろう。

　新たなメディアが社会に迫る変革という主題は，存在論的転回という人類学の近頃のトレンドに位置づけられるモノ研究，動物研究，科学技術社会論，情動研究といった一連の研究とも相性がよさそうなものなのだが，このような人類学とメディア研究との微妙な相性の悪さからなのか，メディアをその研究対象とした人類学的研究は多くない。

　いくつかの代表的な先行研究を簡単に紹介すれば，まず飯田・原（2005）はテレビ番組におけるオリエンタリズムや，やらせや権力といったものを鋭く指摘しつつ，人類学がエスノグラフィや資料の公開，さらに映像人類学を中心とした映像実践を行う際の功罪等を考察した。羽渕ら（2012）はそれまで狭義のメディア環境から取り残されてきたアフリカに突如ケータイが導入された際のエスノグラフィであり，非常に興味深い。しかし，両者ともに現在のメディア環境からみると一世代以上前のものとなっている。最先端の技術を対象とする研究はその賞味期限が短い。これらの先行研究は非常に優れたものでありながら，時代遅れの感は否めない。もちろん本書も同じ宿命のもとにある。最新情報をフォローし続ける必要がある

メディア研究と，スローサイエンスである人類学はこの点でも相性がよくない[1]。

　このようにメディアは人類学の中心的な課題となっていないというのが実情である。本書はこうした『ロミオとジュリエット』のモンタギューとキャピュレット的な関係を取りもち，新たな対象としようと編まれた。そこで本章では概論的にメディア人類学に積極的に取り組まなければ，今後の現代人類学は困難になっていくということを，私の調査地である台湾の宗教の場から考えてみたい。

2　ケース１：日本的台湾の萌え女神

　図1-1は台北市内の西門町という場所で撮影したものである。「歓迎來到 優質商圏 西門町」（ようこそ，品質の優れた商店街，西門町へ）と書かれた垂れ幕に，美少女のキャラクターと二つのマスコットが描かれている。ここ西門町は台北の若者の集まる街である。当初私はこの絵を，若者の集まる場所なので二次元キャラで町おこしをしているのだろうくらいにしか思わず，気にもとめていなかった。というのもこうした「日本式」（何が日本かといわれると難しいのだが……）のスタイルで描かれた美少女をキャラクターとして使用することは現代台湾で頻繁

図1-1　台湾・西門町の垂れ幕
（筆者撮影）

1）このほかにも椎野・福井（2017）もメディアを扱う人類学的書籍だが，主たる目的が方法論としてのフィールドワーカー（人類学者）とマスメディアの協働の可能性ということであり，メディア自体を研究対象としていない点で本書とは方向性が異なる。

に目にされるからである。

　このキャラクターの近くを何度か行き過ぎたとき，名前が「林黙娘」と書かれていることに気がついた。この名前では多くの日本人には誰のことだかわからないかもしれないが，これは媽祖という女神の本名である。そう，横浜中華街などにある媽祖廟のあの媽祖である。別のバージョンでは両脇の丸っこいモフモフしたキャラクターに「千里眼」「順風耳」と明記されている。彼らはもともと妖怪で，媽祖に退治され，部下として付き従っている（朱, 1996：42）。怪物であり，一般的には恐ろしい形相をしているのだが，ここでは恐怖よりも萌えの情動を起こさせる描かれ方だ[2]。

　今日の台湾社会ではさまざまなものを可愛らしくキャラクター化することが広くみられ，「Q版」と呼ばれている。"Q" は "cute" を表しているので，キュート・バージョンとでもなるだろうか。神々もQ版となり，各地の廟で率先してこうしたQ版が作成されている（志賀, 2013）。もし関心があるようなら，インターネットなどで「Q版　媽祖」だとか「Q版　神明」などと画像検索してみてほしい。無数のQ版の神々をみることができる。

　日本のポピュラーカルチャーが世界的に流行するに伴い，"kawaii" を中心にさまざまな日本語由来の概念が各地に拡散している。台湾では「可愛い」は音をあてて「卡哇伊（カワイ）」，「萌え」は漢字をそのまま「萌（モン）」という概念として広く使われている。ここで紹介したQ版の女神たちも「卡哇伊」く，「萌」の感情を起こさせる。台湾人が日本のポピュラーカルチャーの影響を強く受けて表現された台湾の女神に「萌」えるとは，どういう状況であるのだろうか。

2）このイラストは韋宗成の『冥戦録』という作品に登場するキャラクターである。

❸　ケース 2 ：サイバー空間へ拡張する祭祀圏──────

　南部台南市に帰仁媽祖庁という小さな媽祖廟がある。台湾に 500 カ所以上あるといわれる媽祖廟（劉, 1994：126）のなかでも，2016 年 4 月に設立されたばかりの新しい廟だ。

　この小さな媽祖廟は SNS を中心としたサイバー空間に活動の場がある点でユニークだ。当初からブログを使って情報を発信していたのだが，サービス停止に伴い Facebook を使うようになっていた（私の調査時，2017 年 3 月）。SNS を積極的に使うことについて，廟の責任者は管理費用もかからず，情報を必要とする人に直接情報を伝えられるので効率がいいという。普段の活動は随時 SNS を通じて告知，報告されている。本章の執筆時，2020 年 3 月現在ではFacebook よりも Instagram が使われている。今後も最新のツールを使っていくのであろう。

　台湾では，たいていの廟に日中は人がいるのだが，この媽祖庁は無人であることが多い。監視カメラを使っているので，盗難やいたずらの心配は少ないが，何らかの問題を抱えて参拝にやってきた人に対しての対応ができないことになる。多くの廟では宗教者に祈祷してもらったり，おみくじを解釈してもらったりできるが，無人の廟でできるのは神像に香を捧げ祈るくらいのことである。しかし，その代わりとして SNS を通じて問い合わせをすれば，すぐに返事が返ってくる。考え方を変えればわざわざ開放時間に廟に赴いて，参拝や祈祷をすることなく悩みや相談事を聞いてもらうことができるのである。

　新しい技術を使うことに抵抗がないこの姿は，この廟が 30–40 代を中心とした他の廟に比べて若い人たちによって運営されていることが，その背景となっている。台湾でも台北のような北部の大都市と比較して南部の農村では童乩というシャーマンなどが関与する民

俗宗教への信仰が根強い。しかしながら，そうした南部の農村であっても若者を中心に宗教に関心をもたず，シャーマン的宗教実践に懐疑的な人が増えてもいる。トランス状態で自分の体を傷つけ血まみれになりながら神の力を示そうとするシャーマンを通じて神の加護を求めるよりも，いわゆる「インスタ映え」する写真をSNSに投稿し「讚！」(いいね！)をもらうことに関心があるのである。廟の代表者もこうした風潮は歓迎していないのだが，ニーズに応えるため媽祖の像のすぐ近くまで近寄って像を撮影できるようにしている。多くの廟，特に伝統ある大きな廟であると，神像の前には柵があり，アクリル板の向こうに鎮座している。これではよほどの撮影技術がなければインスタ映えする撮影は困難である。媽祖庁ではこうしたSNSで評判がいい撮影が可能となるように対応している。

　媽祖庁のもう一つの特徴として100人ほどの協会員のうち約半数が台南以外の会員であることが挙げられる。内訳は大台北（台北市＋新北市)20名，中部10名，嘉義5名，高雄10名，屏東5名，東部5名で残りが近郊台南の人たちであるという。いずれもブログやSNSでこの廟を知った人たちであるという。従来のこの規模の小さな廟であれば，その参拝者はごく近所の人びとに限られる。参拝者も地元の人よりネットを見てやってきた遠方の人が多いそうだ。こうなってくると，いつでもどこでも構わない時間や場所を問わない宗教実践が可能となり，潜在的な将来の会員は地球規模で無限の広がりをもってくる。

❹ おわりに：従来の文化人類学を越えて ─────

　台湾における新しいメディアをめぐる二つの事例を紹介してきた。こうした新しい現象と文化人類学との関係を考えてみたい。文化人類学研究は地域の文脈を重視するため，その地域の人類学に関する

先行研究はすべて読みこんだうえで，それを乗り越える理論を提出することが求められてきた。しかし，今日のメディア状況では地域のレビューだけでは不十分である。

　台湾の宗教研究では神明観についてジョーダン（Jordan, 1972）やウルフ（Wolf, 1974）が提唱した神・鬼・祖先という三分類について議論されてきた。三尾（1990），渡邊（1991）らはその検討を行い，この分類が固定的なものではなく，祟る鬼も祀られるうちに福をなす神に変化するなど，カテゴリー間の移動を伴うダイナミックなものであることを明らかにしてきた。西門町の萌え媽祖のように女神が美少女として観光大使になるということも，この動態的なモデルの逆転的な現象と捉えられなくもない。

　問題はそれまで台湾内部で完結していた他界観が越境するメディアの影響で台湾以外の影響も強く受けてしまうという点である。台湾における鬼とは日本の幽霊に近い，異常死などをして極楽に行くことができない孤魂のことである。図1-2をご覧いただきたい。これは台南の麻豆代天府という廟の中で表現された地獄の様子の一幕である。日本の感覚からは後方にいるのが鬼かもしれないが，台湾

図1-2　台南・麻豆代天府内部の様子（筆者撮影）

では前方の責め苦にあっている人が鬼になる。同じ字でも表す内容は異なるのだ。

　しかし，越境するコンテンツには日本式の鬼（日式鬼）が登場する。『ゲゲゲの鬼太郎』や『妖怪ウォッチ』など日式鬼が登場する幾多の作品が台湾へと越境し流行している。時代をさかのぼれば日本統治期に桃太郎などにも登場する日式鬼がもちこまれた。こうした従来からの台湾在地の鬼概念は，日本から押し寄せる日式鬼たちの影響をどの程度受けるのだろうか。章扉の写真は台南市で撮影した鬼をモデルにしたかき氷の看板であるが，明らかに日式鬼の姿をとり，「萌鬼冰」（萌鬼のかき氷）と名づけられている。こうした萌媽祖，萌鬼は今のところマスコット的に用いられているだけであって，信仰の世界観を揺るがしているとは思われない。しかし，ある程度長期の影響にさらされ続けた際にまったく影響がないとも思えない。そう遠くない将来には，従来の神・祖先・鬼といった現地のモデルに加えて越境するコンテンツへの理解も必要になるのかもしれない。

　また，祭祀圏の問題は日本における台湾の文化人類学研究において当初から関心をもたれてきたテーマである。祭祀圏は単に宗教的実践を共同で行うコミュニティというだけではなく，通婚関係や同郷，同業の者が集まるため，祭祀圏を理解しなければ社会集団を理解できないとされてきた（岡田, 1938）。しかし，サイバー空間でも人と人とがつながることのできる時代の地理的な距離感はどうなるのだろうか。

　上水流（2000）は交通網が発達した現代台湾では「祭祀圏＝台湾全体」となる可能性を指摘し，農村だけではなく，より拡散した都市における祭祀圏を対象として，地理的範囲である「圏」ではなく，ネットワークとして検討すべきであるとしているが，現代のネットワークはサイバー空間へも展開し，まさに地理的限界を飛び越

えてアソシエーションを形成している。20世紀に地理的祭祀圏から，都市的な人的ネットワークへと展開したアソシエーションは，21世紀に入りメディアを介したネットワークへとさらなる発展をみせた。これを把握するにはメディアの理解が不可欠だ。

　一方でサイバー空間に祭祀圏が拡大したとはいえ，人びとはリアルな宗教の現場に足を向けもする。媽祖庁には台湾各地から人びとが参拝に訪れる。つながりの感覚がサイバー空間で構築できてしまうのなら，その時代の祭祀圏はどうなるのか？　また，一方でこういう時代にあえて移動し，聖地を目指すという事は何を意味するのだろうか？

　新たなメディアが創る社会は従来の文化人類学の先行研究だけで捉えることは不可能であり，社会の変化に対応したエスノグラフィを作成するにはメディアの影響を意識しながら抜本的に議論を立ち上げ直す必要がある。こうしてこれまで抱えていた人類学とメディアの難しい関係を乗り越えることで，今の時代のネイティブズ・ポイント・オブ・ビューを理解できるだろう。

●ディスカッションのために

1　メディアと文化人類学の関係性はなぜ残念だと述べられているのか，「文化人類学」と「メディア」についての本文の定義を参照しながら，本文の記述にしたがってまとめてみよう。

2　本文で挙げられたケース1，ケース2で「媽祖」はどのように「メディア」と関わり変化しているのか，Q版，SNSというキーワードを用いながら本文の説明をまとめてみよう。

3　2でまとめたような出来事は身近なところで見覚えがないだろうか。思い当たるような事例があれば具体的にまとめて，周囲の人とシェアしてみよう。

【引用・参考文献】

飯田　卓・原　知章［編］（2005）．『電子メディアを飼いならす——異文化を橋渡すフィールド研究の視座』せりか書房

岡田　謙（1938）．「台湾北部村落における祭祀圏」『民族学研究』*4*(1), 1-22.

上水流久彦（2000）．「台湾の祭祀圏と信者ネットワーク——台北市の寺廟を事例に」『アジア社会文化研究』*1*, 13-35.

椎野若菜・福井幸太郎（2017）．『マスメディアとフィールドワーカー』古今書院

志賀市子（2013）．「台湾におけるQ版神仙ブームとその背景——信仰文化の商品化と消費をめぐる一考察」『国際常民文化研究叢書』*3*, 151-167.

朱　天順（1996）．『媽祖と中国の民間信仰』平河出版社

難波功士（2011）．「なぜ「メディア文化研究」なのか」『マス・コミュニケーション研究』*78*(0), 19-33.

羽渕一代・内藤直樹・岩佐光広［編］（2012）．『メディアのフィールドワーク——アフリカとケータイの未来』北樹出版

三尾裕子（1990）．「〈鬼〉から〈神〉へ——台湾漢人の王爺信仰について」『民族学研究』*55*(3), 243-268.

劉　枝萬（1994）．『台湾の道教と民間信仰』風響社

渡邊欣雄（1991）．『漢民族の宗教——社会人類学的研究』第一書房

Jordan, D. K. (1972). *Gods, ghosts, and ancestors: The folk religion of a Taiwanese village*. California: University of California Press.

Wolf, A. P. (1974). Gods, ghosts, and ancestors. In Wolf, A. P. (ed.), *Religion and ritual in Chinese society*. California: Stanford University Press, pp.131-182.

第2章

情報行動におけるメディア選択

モンゴル遊牧民の携帯電話利用を事例に

堀田あゆみ

父親に代わって今日の放牧当番に来たのは，旧正月休みで帰省中のB家の長男Dだ。DのスマホはiPhone6。近頃はどこでも電波が入るようになったという。ひっきりなしにメールが届く。山の上に行けばもっとよく電波が入るらしい。Facebookは毎日使う。草原の生活も「いいね！」をもらうためにアップしている。

放牧先の山の上で通話中のD
（筆者撮影）

2018年12月現在，モンゴル国におけるインターネット利用者数はおよそ200万人で人口の63.2%を占める（Internet World Stats., 2019）。そのうちの95%（約190万人）がFacebookの利用者という，SNSヘビーユーザーの顔ももつ。

そんなDは現在，首都のウランバートルで勉強している。将来は車のメカニックになるつもりだ。「遊牧民にはならない。今は，父さんがやってるし。将来は弟が継ぐと思う」（2019年2月10日）。

1 はじめに ─────────────

　2018年2月25日の朝，3頭の狼が縦一列になって山に駆けて行くのを見た。先に見つけたのは，囲いの中の子牛に飼料をやっていた遊牧民のEで，雑談の最中に「狼だ」と言って身を起こした。指さされた数キロ先に目を凝らすも何も見えず，苦闘していると「カメラのズームで」とのEの助言があり，何とか一列になって動く三つの黒い点を捉えることができた。狼の様子から家畜を襲ったわけではなさそうだとEがつぶやいた。狼が南の山に走り去るのを見届けたEが，「もしあの方向に他の世帯があれば電話する。そうすれば，その家は家畜の放牧先に気をつけることができるから」と言った。ふと気になって，電話のない時代はどうしていたのか尋ねると，「大声で叫ぶか，空砲を撃って（狼を）追い払うんだ。周囲の世帯はそれで（狼が出たことが）わかる」と教えてくれた。

　こうした何気ない日常のやり取りから，モンゴル遊牧民がどのような情報を，誰に，いつ，どんな媒体（メディア）を通して収集・伝達し，いかに「情報社会」を生きているのかを明らかにしようというのが本章の目的である。本章では，情報メディアの一つである携帯電話を特に取り上げる。通信インフラ，新技術の導入などによって時々刻々とその使用環境が変化し，今まさに遊牧民の情報行動に影響を与えつつあるからである。

　まず，本章で使用する「情報」「情報行動」「情報社会」といったタームを説明し，モンゴル国における携帯電話の普及状況，遊牧民の携帯使用の実態を報告する。携帯電話で扱われる情報の特徴を明らかにしたうえで，モンゴル遊牧民の情報行動における携帯電話の位置づけを考察したい。

❷　遊牧社会という「情報社会」─────

　「情報」というタームの定義は，情報を研究対象として扱う分野（情報学，情報理論，情報工学，情報社会学など）によって多岐にわたり，研究者によっても異なる（久保, 1992）。しかし，おおよそどの分野でも「情報社会」を定義する際には，情報通信技術（Information and Communication Technology）やICT インフラの拡充された社会を想定している。情報化社会の起こりを書字，印刷，マスメディアの発明に求め，ICT の記録や通信設備が情報処理機能に進化するに至って情報（化）社会の実現化であると説くものや（フロリディ, 2017），情報社会は農耕社会から工業社会への転換を経た次の段階に到来するといった言説（トフラー, 1980）が受け入れられてきた状況がある。

　このように人類があたかも単線的な発展によってICT の拡充された情報社会に到達するかのごとく語られる一方で，時代や技術とは関係なく，社会は情報によって構成され情報によって動いており，コンピュータやインターネットがない時代から，情報をやり取りするネットワークを形成してきた遊牧社会や漁労社会はもとより情報社会だったとする見方もある（春木, 2004a；奥野, 2008）。

　筆者もこれまで行なってきたモンゴル遊牧民の物質文化研究を通して，モノを情報として捉え，モノの情報をめぐって情報戦を繰り広げる遊牧民が情報の世界に生きているのを目の当たりにした（堀田, 2018）。彼らは，朝起きてから眠るまで，ひっきりなしに来訪者を受け入れ，あるいは自ら訪問者となって，あらゆる情報を会話として交換している。モノの情報もその一部にすぎない。こうした状況から，筆者はモンゴル遊牧社会を情報志向性の強い「情報社会」と想定し，そこで扱われる情報の内容，および情報収集・管理・伝達・分配の技法，これらを文化として提示しようと考えた。それゆ

え，本章は，モンゴル遊牧社会における「情報」や情報をめぐる相互行為である「情報行動」に焦点を当て，情報文化を読み解くことを目的としている。

✣情報の定義

　情報文化研究において「情報」は調査対象であると同時に概念でもある。定義としては梅棹を援用し「人間と人間のあいだで伝達されるいっさいの記号の系列」（梅棹, 1990：39-40）とした。調査の分析対象とする情報は，一対一であれ複数間であれ会話のなかで交わされるものに限定している。というのは，外界から何らかの信号・記号を受け取り，そこから意味を読み取った時点で情報となるという立場を採用した場合，本人がいつどの時点で情報を得たのか，調査者が客観的に把握することが困難だからである。実際の例を挙げよう。遊牧民BBが放牧先の雪山で狼の足跡を発見した。この時点で，BBは自然界にある信号・記号を受信し，狼が比較的最近やって来たと解釈した（＝BBによる内的情報化）。しばらくして，放牧中の自家の群の様子を見るために遊牧民Eがやって来るとBBは，「狼の足跡が残っていた。昨日来たときにはなかったのに！」と伝えた（2017年2月1日）。このように，客観的に把握できる形で発話された内容のみを本章では情報として扱う。

　また，会話のなかには，情報交換を意図したものと，パーソナル・コミュニケーションと呼ばれる「情報の消費が目的ではなく，噂話などを交換することによって，個人同士の良好な関係を維持することを目的」とするものがあるが（久保, 1992：566），本章ではこれを区別しない。コミュニケーションを目的とした他愛ない会話でも，受け手が自己にとって有益な情報を読み取る可能性が無限に開かれているからである。

✤情報行動

「情報行動」というのは，情報を行為の対象とし，情報を獲得・生産・授受・蓄積・加工することをいう（橋元，1990：102）。あるいは，「情報を環境との相互作用の中から引き出したり，行動主体にとって必要な情報を捜したり，また，行動主体の一つの行動として情報を伝えたりすること」（北村，1970：27）である。

③　モンゴル国における携帯電話の普及状況

　本章の舞台となるモンゴル国で携帯電話サービスが始まったのは，市場経済化から 6 年後の 1996 年である。MobiCom という日本との合弁企業が先駆けであり，現在でも国内最大のシェア（36%）を誇っている。続いて，1999 年に SkyTel が参入し，市場の 24% を占めている。2006 年に Unitel（31%）が，2007 年に G-Mobile（9%）がそれぞれ参入し，現在この 4 社がサービスを提供している（Budde Comm, 2019）。

　2001 年から 2014 年にかけての，固定電話回線と携帯電話契約数の推移をみると，2001 年まで固定電話回線が携帯電話を上回っているものの，2002 年に逆転しその後は携帯電話が一気に普及していったことがわかる（図 2-1）。2011 年には携帯電話契約数が人口を上回り，2014 年時点では一人あたり 1.7 個を持っている計算になる。固定電話回線は横ばい状態であるが，ウランバートル，ダルハンといった都市部がこれらの 90% を占めていることから，地方へは主に携帯電話が普及したといえる。

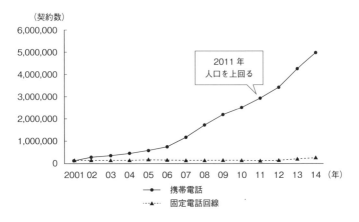

図 2-1　固定電話回線と携帯電話契約数の推移
（National Statistical Office of Mongolia
2005, 2009, 2011, 2015 より作成）

4　遊牧民の携帯電話使用の実態

　筆者が調査を行なったのは，モンゴル国中西部に位置するアルハ
ンガイ県である。森林ステップ帯に属し，起伏に富んだ地形と牧
草の豊かさからモンゴル国屈指の遊牧地域となっている。全 26,800
世帯のうち，半数以上が遊牧に従事している（2014 年）。

　2009 年から断続的に調査を行なっている遊牧民世帯E 家[1] を中
心に，共営世帯や来訪者を含めて調査を行なった。

❖携帯しない携帯電話

　E 家が初めて携帯電話を購入したのは 2010 年で，地方に強いと

---

1) E 家は 40 代の夫婦と息子 2 人の 4 人家族である。ウマ，ウシ，ヤギ，ヒ
　ツジを合わせ 560 頭ほどの家畜を放牧している。

図 2-2　E 家が 2017 年に 9 万トゥグルク
（約 4,100 円）で買い換えた置き型携帯電話

図 2-3　共営世帯の B 家が
2017 年に 15 万トゥグルク
（約 6,800 円）で購入した
携帯電話

　されるG-Mobile が選ばれた。G-Mobile は先行他社の電波が届きにくい地方の遊牧民に絶大な人気を誇る。年間契約で 6 万トゥグルク（約 2,700 円＝生きた雌ヒツジ一頭分，当時）と経済的であり，契約更新の際には 1 万 2,000 トゥグルク（約 550 円）分の通話度数が贈呈される特典があり，さらにG-Mobile 間の通話が無料というのも人気の要因である。

　G-Mobile には図 2-2 のような通信電波の安定的な置き型携帯電話[2]と通常の携帯電話（図 2-3）があるが，調査地域の遊牧民は基本的に携帯電話を携帯しない。遠出の際や出先で自らかける用事がある場合には携帯することもあるが，通常はもっぱら所定の位置（たいていの世帯で置き型は「男性・客人の空間」とされるゲルの西側，携帯型は戸棚の中や支柱付近）に置かれている。

　携行しない理由は彼らの生業と物理的制約に関係している。男性は当番の日になると共営する他の世帯の家畜も連れて放牧に出かけ

2）電波の安定的な置き型携帯電話が普及する以前は，通話の度に小型の携帯電話を持って電波の捕捉できる山頂まで馬で上がっていた。

る。放牧地は毎日異なり，より良い牧草地を選んで山や谷を移動する。その間は電波が届かず圏外となることが多く，結果的に電話を携帯する意味がないのである[3]。したがって，現状において携帯電話は「家電」として住居内で手の空いた時間に利用するメディアとなっている。

　ちなみに，スマートフォンも遊牧民の間に広まりつつあるが，草原では電波が入らず，インターネットの使えない場所が多いなど，現時点では都市部や定住地滞在中の利用に限定されている。それゆえ，遊牧民の中にはインターネット（Facebook）用スマートフォンと通話用携帯電話の二つ以上を使い分ける人も少なくない。

✥ 通話のタイミング

　次に具体的な通話の様子をみてみよう。2018年の夏にE家の夫に利用状況を尋ねてみたところ，「多い日には30–40件の電話がかかってくる」という答えであった。「自分は用事のあるときにしかかけないが，おしゃべりしたくてかけてくる人も，一日に何度もかけてくる人もいる」とのことであった。そこで，実際にE家の夏のある一日を事例に，起床から就寝までの電話利用状況を記録したのが図2-4である。薄いグレーが日常的な家畜作業で，黒色の部分が通話のあったおおまかな時間，濃いグレーが来客の応対に当てられた時間である。日によってばらつきはあるが，少ない日でも10–20件の電話利用があり，その内の1–5件ほどがE家からの発信である。

　彼らが電話を受けるのは主に家畜作業の合間と来客中である。着信音が鳴ると，画面に表示される発信元の電話番号を必ず確認し，相手が誰かを認識したうえで電話を受けるかどうかを判断する。客

---

3)　その後行なった2019年2月の調査時には，放牧に携帯電話が携行されているのが確認できた。携帯電話会社のアンテナ増設により，どこでも電波が入るようになったという。

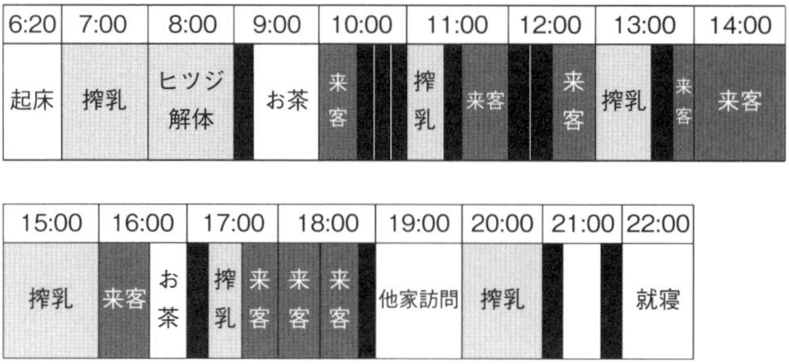

6:20	7:00	8:00	9:00	10:00	11:00	12:00	13:00	14:00
起床	搾乳	ヒツジ解体	お茶	来客	搾乳	来客	来客 搾乳	来客 来客

15:00	16:00	17:00	18:00	19:00	20:00	21:00	22:00
搾乳	来客 お茶	搾乳 来客	来客 来客	他家訪問	搾乳		就寝

図 2-4　E 家の携帯電話利用状況（2018 年 8 月 16 日）

人の相手や家事・作業が立て込んでいるときには，居留守を使うこともある。

　他家に電話をかけてもよい時間について，何らかのマナーがあるのか確認したところ，「早朝だろうと深夜だろうとかまわない。必要があればいつでもよい」という答えであった。しかし，実際にはソーラーパネルを発電源とする蓄電池の電源が就寝時には落とされるため，夜間と早朝は電話が不通であることが多い。

　また，居留守ではなく実際に放牧，他家への訪問，都市部への買い出し，子どもの通学の送り迎えなどで留守や移動中であることも多く，対象人物を電話で捕捉するには不確実性が伴う。

❖通話相手とその用件

　次に，通話相手と交わされた情報の内容に着目したい。E 家において二日間で電話が利用された合計 25 件のうち，筆者が通話相手を特定できた 23 件をみると，兄や姪など彼らが近親と捉える親族が 9 件（人物重複あり），親戚・縁者が 6 件，友人・知人が 7 件であった。その他，近親による電話の借用が 1 件あった。ここから「電話の人間関係は基本的には対面接触によって作られた人間関係に沿って発生し，それを補完することが多い」（中村, 2000：67），あるい

表2-1 通話の主な用件

主な用件	のべ件数
人物の所在確認	6
伝言依頼	4
電話番号の照会	2
学校連絡	2
訪問連絡	1
燃料代の支払い確認	1
儀礼用料理の作り方を質問	1

は「電話は日常的に顔を合わせることのできる人との連絡にもっとも多く使われる」(松田,2014:163)といえる。

電話を利用したやり取り25件のうち,主な用件が確認できた12件の内容を集約したものが表2-1である。一件の通話で,人物の所在確認と伝言依頼がなされた場合はそれぞれ別々にカウントしている。その結果,のべ17件中,発信者が電話の受け手を情報の最終到達点とみなしていると考えられるのは「学校連絡」以下の5件のみである。それ以外の12件では,電話の受け手は情報の中継点,あるいは特定の人物を捕捉するための情報源としての役割を期待されていることがうかがえる。

実際にかかってきた電話でのやり取りを少し紹介すると,「(お宅には)誰が来てるの? うちの人いる? ちょっと伝えといて…」というように,E家にどんな来訪者があったのかを尋ねたうえで,夫の所在確認と伝言を頼んだり,また,親戚からの「(うちの夫は)お宅で飲んだくれているの?」という夜更けの電話に対し,E家の妻が「そうよ!」と冗談で応じつつ,実際には訪ねてきた後さらに別の親戚宅へ訪問に出かけたことを伝える,といった具合である。このように,人物の在・不在だけでなく,誰と誰がどこへ行ったのかという動静が情報として交わされている。

❺ 情報行動における携帯電話の位置づけ ────

✤「草原で人を見つけるのは簡単だ」

　携帯電話が普及したことで，遊牧民たちは連絡が楽になったという。電話がなかったときは，急病などの緊急事態に馬やバイクで定住地まで人を遣ったり，行方不明の家畜を捜す際に遠方まで出かけて尋ねて回ったりしていた。それが今や，「どこそこにこれこれの毛色の馬がいた，などをすぐに持ち主に教えてあげることができるようになった」のである。

　電話が空間と時間の短縮を実現するというのはどの社会にも当てはまる事実である。しかしながら，電話が対象人物につながるとは限らない不確実性を日常とする遊牧民にとっては，動き回るターゲットをいかに効率よく捕捉するかが焦点となり，そこにこそ彼らのいう携帯電話の真価が発揮される。

　草原で人を見つけるのは簡単だというE家の夫は，その方法を次のように説明した。「誰が誰と出かけたのかを把握していれば，誰と誰がよくつるんでいるかという人間関係から推測して立ち寄りそうな相手の家に電話をする。もしそこにいなければ，その共営世帯に電話する。そうすればたいてい見つかる」(2018 年 8 月 16 日)。

✤情報行動としての「他家訪問」

　E家の夫の語りから明らかにされたのは，遊牧民が対象人物の所在確認や伝言を託す際に，やみくもに電話をかけているわけではないということである。彼らは日頃から，誰にどのような社会関係（家族構成・親族関係・交友関係）があるか，誰が誰とどこで宿営しているか，という情報を収集している。しかも，宿営場所や共営世帯は季節移動ごとに変わるため，常に情報を更新しておく必要がある。こうした情報を活用することで，効率的にターゲットに接触で

きる人物を絞り込むことができるのである。

　このような他家に関する詳細な情報は，「他家訪問（*Ail
khesekh*）」と呼ばれる情報行動によって獲得されている。男性は家
畜作業や放牧以外の時間を，女性は家畜作業と家事以外の時間をほ
ぼ他家訪問に費やし，日々新たな情報を仕入れている。E家の携帯
電話利用状況を示した図2-4において，「来客」と書いて濃いグレ
ーで示した部分が，この他家訪問に該当する。E家はこの日9件の
訪問を受け，自らも1件訪問している。

　こうした他家訪問という情報行動によって蓄積された情報基盤が
あって初めて，携帯電話による効率的な情報交換が可能になってい
るといえる。それは，携帯電話の普及以前と比べ他家を訪問する機
会が減るどころか，ますます盛んになったという彼らの証言とも合
致する。

❖オープン・メディアとしての携帯電話

　最後に，遊牧民の間では，携帯電話という情報メディアを通して
秘匿性の高い情報や交渉ごとが伝えられることはない，という事実
も付け加えておく必要があろう。そもそも，携帯電話がゲル [4] 内
で使用され，来客中に通話が行われている時点で，個人的な情報メ
ディアとはみなされていない。電話の受け手はたまさかその場に居
合わせた人びとに会話の内容が筒抜けであることを織り込んで受け
ており，発信者側も居合わせた人びとに聞かれるであろうことを想
定してしゃべっている。時には，スピーカーで電話を受けられ，そ
の場の全員と電話の向こうで会話するということもある。したがっ
て，特定の人物に向けた重要な情報は「対面」によってのみ伝えら

---

4) モンゴル遊牧民の伝統的な移動式住居。円形の室内に仕切りはなく，来
　訪者があれば居住空間が居間兼応接間として共有される。

れるため，現状において携帯電話が取り扱うのは，誰に聞かれても差し障りのない情報や人物の動静を把握するための情報ということになる。

6　おわりに

　本章では，2000 年代後半からモンゴルの遊牧地域に普及し必需品となった携帯電話に焦点を当て，それが利用される状況ややり取りされる情報の内容から，モンゴル遊牧民にとって携帯電話が移動を常態とする人びとの動静を捕捉するための情報メディアである可能性を提示し，対面を基本とする情報行動を補完するものであると結論づけた[5]。

　筆者の主張は，携帯電話の普及によって情報行動が活性化し情報社会になったのではなく，もともと情報行動が活発な情報社会であったところに携帯電話が登場し，現地の文脈に則って人びとの動きを捕捉するためのメディアとして受容された結果，ますます情報行動が活性化したということである。

5）ただし，情報行動における対面交渉あるいは携帯電話への依存度や使用頻度には，情報の内容のみならず自然環境や遊牧形態の違いからくる地域差があるため，モンゴル全体を議論する際には精査が必要である。

●**ディスカッションのために**
1　「情報」「情報行動」「情報社会」という言葉の意味を本文の記述にしたがってまとめてみよう。
2　遊牧民たちは携帯電話をどのように用いているか，またそれはどのような制約によるものかについて，本文の記述をふりかえりながらまとめてみよう。
3　本章の内容を踏まえながら，遊牧民の携帯電話の個人化について考えてみよう。各携帯電話会社のアンテナの増設により，遊牧民たちの住んでいる地方でも電波の受信範囲が急速に拡大している。それに伴い，携帯電話やスマートフォンを放牧先へ携帯する遊牧民も増えてきているが，果たしてその場で交わされる情報の内容にどのような変化が起きるだろうか。想像して周囲とシェアしてみよう。

【付　記】

本研究に関するフィールド調査は，JSPS 平成 30 年度特別研究員奨励費 17J07101 の助成を受けて実施した。

【引用・参考文献】

梅棹忠夫（1990）．『モンゴル研究（梅棹忠夫著作集　第 2 巻）』中央公論社
奥野卓司（2008）．『ジャパンクールと情報革命』アスキー・メディアワークス
奥野卓司（2009）．『情報人類学の射程――フィールドから情報社会を読み解く』岩波書店
加藤秀俊（1972）．『情報行動』中央公論社
北村日出男（1970）．『情報行動論――人間にとって情報とは何か』誠文堂新光社
久保正敏（1992）．「情報に対する価値意識の変容」『情報の科学と技術』*42*(6), 564–571.
トフラー, A.／徳山二郎［監訳］／鈴木健次・桜井元雄ほか［訳］（1980）．『第三の波』日本放送出版協会
中村　功（2000）．「電話と人間関係」廣井　脩・船津　衛［編］『情報通信と社会心理』北樹出版, pp.45–70.
橋元良明（1990）．「ミクロ的視野からみた「情報」と「意味」――「情報

行動学」と言語哲学との架け橋」東京大学新聞研究所［編］『高度情報社会のコミュニケーション──構造と行動』東京大学新聞研究所, pp.89–106.

春木良旦（2004a）．『見えないメッセージ──情報と人間の関係をさぐる』フェリス女学院大学

春木良旦（2004b）．『情報って何だろう』岩波書店

フロリディ, L.／春木良旦・犬束敦史［監訳］／先端社会科学技術研究所［訳］（2017）．『第四の革命──情報圏（インフォスフィア）が現実をつくりかえる』新曜社

堀田あゆみ（2018）．『交渉の民族誌──モンゴル遊牧民のモノをめぐる情報戦』勉誠出版

松田美佐（2014）．『うわさとは何か──ネットで変容する「最も古いメディア」』中央公論新社

Budde Comm（2019）．*Mongolia: Telecoms, mobile and broadband-statistics and analyses*（*24th Edition*）．Copyright Paul Budde Communication Pty Ltd,

Internet World Stats. Asia Marketing Research, Internet Usage, Population Statistics and Facebook Subscribers〈https://www.internetworldstats.com/asia.htm（最終確認日：2019年5月9日）〉

National Statistics Office of Mongolia（2005, 2009, 2011, 2015）．*Mongolian statistical yearbook 2004, 2008, 2010, 2014*. Ulaanbatar.

第3章

メディアのなかの芸能／「メディア」としての芸能

バリ島の奉納舞踊の事例から

吉田ゆか子

**ルジャン・レンテンを
踊る女性たち**

　舞踊は，人びとと人びととの間を媒介するメディアであり，またそれが奉納舞踊であれば，神々と人びととの間にあるメディアであるともいえる。そしてそれらの舞踊は，現在テレビやインターネットといった情報メディアによって媒介されてもいる。ここにメディアを通じて伝えられるコンテンツであるところの舞踊それ自体もまたメディアでもある，というある種入れ子のような状態をみてとることができる。本章では，2017年頃からインドネシアのヒンドゥ教徒たちの間で大流行したルジャン・レンテンと呼ばれる奉納舞踊を取り上げ，スマートフォン，インターネット，踊る身体といった多様なメディアが連なりながら，ルジャン・レンテンの流行を形作っている様子，そして情報メディアの変化によって，メディアとしての奉納舞踊のあり方も変わってゆくさまをみてゆく。

1　はじめに

　2017 年頃からバリ島で大流行したルジャン・レンテン（*rejang renteng*）という奉納舞踊がある。ルジャンとは，ヒンドゥ教の儀礼で神々に捧げられる神聖な群舞の一ジャンルであり，この踊りはそのルジャンの一種ということになる。筆者がルジャン・レンテンの大流行に気づいたのはSNS 上であった。インドネシアは 2019 年10 月時点で人口の約半数がFacebook ユーザーであるという統計もあり[1]，実際筆者のバリ人の友人たちにはFacebook のユーザーが多い。そのようなわけで筆者は日本にいる間もFacebook を中心に，SNS を通じて現地の芸能の動向を探っているのだが，2017 年から 2018 年にかけて，ルジャン・レンテンを踊る女性たちの動画をSNS 上で毎日のように目にした。お揃いの白いブラウスに黄色の巻きスカートを着て，楽しそうに踊る女性たちの姿が目を引いた。お寺で踊られている映像が多く，いろいろな地域の儀礼で，地元の婦人たちが奉納しているようだった。

　一般的な「伝統芸能」のイメージとは裏腹に，バリの芸能には流行がある。数世紀にわたって受け継がれてきたものもあるが，新作も次々と生まれている。これまでも色々な演目が流行し，あるものは廃れ，あるものは定着していった。ルジャン・レンテンもそうした芸能のダイナミクスのなかにあるといえるが，その流行のスピードと盛り上がりが突出していた。わずか 1 年程の間にバリ内外のバリ・ヒンドゥ教徒のコミュニティへと広がったこの新しい奉納芸を例にとり，本章では芸能がメディアによってどのように媒介されているのかを考察する。この大流行には，スマートフォンおよびそ

---

1) https://napoleoncat.com/stats/facebook-users-in-indonesia/2019/10（最終確認日：2019 年 11 月 3 日）。

図 3-1　ルジャン・レンテンの上演の様子
（ジャカルタ郊外の寺院にて。筆者撮影，2018 年 3 月 15 日）

れを通じて利用されるインターネットも関わっていた。吉見俊哉は，声の文化と文字の文化の差異を論じたオングの議論をふりかえりながら「メディアとは，伝達の手段というよりも身体が世界に関わる仕方を構造化する制度である。メディアの変容は，世界を志向する身体技術の変容にほかならない」と論じている（吉見, 2002：992；オング, 1991）。よって，これまでも芸能の媒体となっていた情報メディア，すなわちラジオやテレビや DVD や VCD[2] と，インターネットという新しいメディアならではの舞踊との関わり方を明らかにしてゆく作業も重要となるであろう。

　ところで，メディアという言葉の意味を広くとり，文化的事象を伝える媒体として捉えるならば，舞踊は，そしてそれを踊る身体は，それ自体いくつかの意味で「メディア」である（インターネットやテレビなどのいわゆる情報メディアと区別し，広義でこの語を用いる場合は，以下このように括弧つきで表記する）。ルジャン・レンテンの場合だけをみてみても，学習者の舞踊とその身体は指導者の舞踊を伝える「メディア」といえる。また，奉納舞踊として踊られるときに

2）ビデオ CD のこと。動画を CD に焼いたもので，DVD が普及する以前は広く用いられていた。

は，人びとの祈り，信仰心を形にし，神々など不可視の存在へと伝える「メディア」といえる。そして舞踊が作り出すスペクタクルは，その上演に出資したり演者を育てたりした，共同体や権力者の力を表現する「メディア」となることもある。

　こうした舞踊の特質を念頭に置くと，メディアを通じて伝えられるコンテンツであるところの舞踊それ自体もまた「メディア」でもある，というある種入れ子のような状態が浮かび上がってくる。メディアを通じて舞踊が広まるという事象には，より複雑な，伝えられるコンテンツと伝える媒体の関係がある。本章は，スマートフォン，インターネット，踊る身体といった多様な「メディア」が連なりながら，ルジャン・レンテンの流行を形作っている様子，そしてメディアの変化によって，「メディア」としての舞踊のあり方が変わってゆくさまも指摘する。

2　既婚女性たちの楽しみとしてのルジャン・レンテン

　メディアの話に入る前に，この舞踊が社会にどのように受容されたのかについてみてゆく。ルジャン・レンテンは，既婚女性たちの楽しみとして広まっていった。バリの女性は，若いころによく踊っていても，結婚した頃から舞台に上がらなくなるケースが多い。よく語られる理由としては，家事や子育てを担うなかで時間を取れないこと，体形の変化や体力の低下，女性が人前で注目を集めることをよしとしない夫や家族からのプレッシャーなどがある。しかし，このルジャン・レンテンは，テンポが遅いうえ，動きはシンプルで繰り返しが多い。バリ舞踊としては比較的難易度が低く，踊りの経験が浅い人や，あまり練習に時間を割けない人も，気軽に参加できるという特徴をもつ。またこの踊りでは，若さや機敏さや力強さよりも，老いの美しさが滲みでるような表現や，ゆったりとした身の

こなしこそが相応しいとされるうえ，衣装はフォーマルで露出が少なく，中年以上の女性にも取り組みやすい内容となっている。くわえて奉納舞踊のため，そこに参加しても，家を放り出して趣味に興じているといった非難を受けにくい。普段，着飾って踊りを披露することの少ない婦人たちにとって，この舞踊は貴重な機会となっているようだ。

　実はルジャン・レンテンという名前の奉納舞踊は，今回の流行の以前から，バリ島のいくつかの地域に存在していた。今回本章が注目している新しいルジャン・レンテンと区別するために以下それらを「従来型のルジャン・レンテン」と呼ぶことにする。従来型のルジャン・レンテンは，振付も伴奏曲も地域によってさまざまで，同じ名前で呼ばれていても，踊りとしては別もののようにみえる。そして，その上演は概して素朴なものである。筆者が調査したバリ島のウブド郡マス村の従来型ルジャン・レンテンでは，上演にあたって衣装や特別なメイクや舞台が準備されることはほぼなく，寺院や個人宅で開催される儀礼のなかで，儀礼の主催者側の集団の婦人たちが踊る。技巧的側面はほとんど重視されず，下手でもそこに参加してその一曲を捧げることが重要とされる。練習も行われず，婚入してきた若い嫁たちも見よう見まねで参加するうちに，次第に覚えてゆく。振付はあるものの，各人によって動きに差があり，また隣の人びときっちり合わせようとしている風でもない。伴奏曲に身を委ねながら，思い思いのスタイルで踊るこの従来型ルジャン・レンテンは，人間の観客に見せることを主目的とせず，その上演機会は儀礼にほぼ限られているといってよい。

　それに対して，本章が取り上げる新しいルジャン・レンテンは，地域差がなく，どの地域でもほぼ同様の伴奏曲と振付で上演されている。また，衣装や化粧や髪形を揃え，他のメンバーとなるべくシンクロさせながら踊る。装いや身ぶりにおける「見栄え」が整えら

れるこの演目は，キャッチーなメロディを繰り返す伴奏曲と併せて，「SNS映え」するものであり，多くの写真や動画がSNS上を行きかった。上演前後の記念撮影も多くみられる。逆にSNSでやり取りされるそれら写真や動画の数々が，さらなる見栄えの追求を促すという面もあるのであろう。いずれにせよ，従来型ルジャン・レンテンとはやや趣の異なった，この華やかな新生ルジャン・レンテンの上演は，婦人たちがとりわけ美しく着飾り踊りを披露する数少ない晴れの機会として，婦人たちやそれを眺める（オンラインとオフラインの）観客たちを楽しませているようだ。

③ 流行のプロセスと「メディア」—————————

　この新しい奉納舞踊が広まった過程と，そこに介在した多様な「メディア」についてみてゆこう。まず，この新生ルジャン・レンテンは，もともとはバリ州の文化局（Dinas Kebudayaan Bali）の芸能復興プロジェクトの産物であった。バリ島の南東にある離島ペニダ島では，レンテンと呼ばれる奉納舞踊が細々と伝承されていた。この踊りは非常に素朴なものであったが，1999年に文化局の調査団が入り，他の舞踊の振りも取り入れながら新たに整えられ，ルジャン・レンテンと名付けられた。完成後には，バリ島内で講習会なども行われたものの，この踊りは次第に忘れられていったようである。2009年，日本人のバリ舞踊家長谷川亜美氏がバリ島各地の失われた踊りを復元するプロジェクトを構想してから状況が徐々に変化する。彼女の踊りの師匠である，ダユことイダ・アユ・ディアスティニ氏（Ida Ayu Diastini，以下ダユと表記）は，文化局の職員でもあり，先述のレンテン復興のプロジェクトに関わっていた。ダユからルジャン・レンテンの話を聞いた長谷川は，それを学び，日本人グループを率いて2011年のバリ芸術祭で上演した。そしてこの

時期に並行して伴奏曲をレコーディングしCDでバリのレコード会社より発売した。このCDの録音は，現在までもさまざまな練習や上演の機会に再生されており，この舞踊の広がりに一定の貢献をしたと考えられる。

　その後ルジャン・レンテンは，バリ島や島外のバリ人コミュニティへと広がってゆく。ダユはルジャン・レンテンのさらなる普及に努めた。ダユ自身「バリ島のほとんどの地域を回った」と回想しているが，さまざまな場所を訪れ，婦人会（*Pembinaan Kesejahteraan Keluarga*）あるいはその役員たちを対象にワークショップを開き，舞踊を伝授した。2019年8月18日に筆者が同行した，バリ島のタバナン県A村でのワークショップでは，ダユとアシスタントの女性が，100人前後の婦人会メンバーたちに，この踊りの宗教上の機能や，相応しい上演のあり方等について説明したのち，実際に皆で踊りながらの実技指導が行われた。参加者の多くは，すでにこの踊りを学習済みであったが，A村では大きな寺院祭を控えており，全体で踊りの細部を揃えるためにダユを招待したのだという。2時間ほどのワークショップの最後には，ダユとアシスタントが一通り踊ってみせ，参加者たちにこれをスマートフォンで撮影しておくよう勧めた。この動画は，その後の練習時に参照されるのであろう。

　A村の場合は行われなかったが，しばしばこうしたワークショップの後，その成果発表も兼ねてコンテストが開催される。筆者が2018年8月18日に訪れたバリ島のバドゥン県B村のケースでは，村内の各集落を代表して19チームが参加し，一回ずつ計19回，CDを再生した伴奏音楽にのせてルジャン・レンテンを披露した。演技中には入れ替わり立ち代わり友人や家族と思しき人びとが応援に駆けつけ，非常に盛り上がった。最後には順位が発表され，審査員の講評が行われた。審査員長を務めた男性は，集中力，そして群舞としての位置取りやまとまりなどを，重要なポイントとして

挙げた。コンテストにおける順位付けと講評は，この新しい舞踊が
どのように踊られるべきかを明らかにし，また人びとにさらなる練
習を動機づける。その意味で，コンテスト自体が舞踊における優れ
た教育「メディア」という側面をもつ。いうまでもなく，こうした
コンテストの様子も撮影され，順位結果とともにネットにアップさ
れ，広く参照されうる。

　他方，文化局の講習を受けずとも，動画を通じて踊りを習得する
人びとがいる。上述のようにこの踊りの難易度は比較的低く，十分
な舞踊の経験がある者であれば動画から容易に振り付けを起こすこ
とができる。たとえばジャカルタでは，インターネット上の動画か
ら振りを学んだ人が，より舞踊経験の浅い人に教えることにより，
ほぼすべての地区のバリ・ヒンドゥ教徒のコミュニティへとこの踊
りが広がっている。動画とインターネット，そして動画を見て動
きを理解しそれをより熟練度の低い者たちに伝える生身の「メディ
ア」が連なることによって，新たな舞踊学習のチャネルが開かれて
いるのである。

　ダユ自身，こうした伝達回路を意識的に活用しており，『正しい
ルジャン・レンテンの指南（*Acuan Rejang Renteng yang Benar*）』と
題した，自らが中心となって踊る手本の動画を作成した。現在はこ
れにくわえ，いくつかの類似の動画がYouTubeを中心に出回って
いる。なお，メディアを介して芸能が学ばれるということ自体は，
インターネット時代よりも前からみられた。次節では，各種のメデ
ィアとバリ芸能の関係を歴史的に振り返る。

④ ラジオ，テレビ，そしてインターネット ────

　ラジオやカセット・テープが普及して以来，メディアは芸能の表
現や伝承のあり方，そして観客との関係に影響してきた。

　1970 年代のジャワでは影絵劇が，カセット・テープとして流通
し，宴の場で再生され，村の人びとに広く受容されていたことが報
告される（関本, 1994）。カセットは優れた技と名声をもつ一握りの
影絵師の上演が広域に消費される状況を生み出し，従来人びととな
じみの影絵師の対面的な関係性のなかで上演されていた影絵劇を，
ジャワやそれを含むインドネシアといった大きな共同体のなかに位
置づけ，そのなかでの評判や名声によって選ばれる影絵師の芸を広
く浸透させる（関本, 1994）。バリ島でも，カセットは影響力をもっ
たが，くわえてラジオ局やテレビ局で結成される劇団が全島的な人
気を博してきた。そしてそうしたいわゆるスター劇団のメンバーは，
村々に呼ばれて観客たちを楽しませたのみならず，その芸がその他
の芸能者たちの手本として模倣されることで，広く影響力をもった
（Hughes-Freeland, 1998：56）。

　特定の優れた芸能家の芸を全島規模で同時に消費可能にするこう
したメディアの特性を活用した舞踊教育も行われてきた。バリ島に
おけるテレビ放送は 1977 年に始まったが，1979 年には国営テレビ
のTVRI にて，高名な舞踊家であるニ・クトゥット・アリニ氏（Ni
Ketut Arini）が舞踊を教える番組『ビナ・タリ』（Bina Tari）の放
送が開始した（Dibia & Ballinger, 2004：16）。また，舞踊レッスンに
適した，同じ伴奏曲が繰り返し録音されているカセット・テープも
発売されるようになった（Dibia & Ballinger, 2004：16）。これらによ
ってバリ島中のどの地域に生まれた子どもたちも，アリニ氏など優
れた舞踊家の手ほどきを受けることが可能になった。他方で，豊か
な地域差，そして多様な個人のスタイルを有していた芸能は，こう
したメディアを通じて，標準化される。そこで取り上げられた芸は，
国語であるインドネシア語[3)] をベースにした番組の中で，バリに
存在する多様なバリエーションの単なる一つとしてではなく，国営
テレビにお墨付きを得た国民文化のスタイルとして表象されている

（cf. Hughes-Freeland, 1998：62-63）。

　ダユが作成した上述の動画『正しいルジャン・レンテンの指南』は，このようなメディアの標準化や権威づけの力をあてにしたものである。上述のアリニは，長谷川らに舞踊指導した一人でもあり，この動画では最前列のダユの隣で踊っている。また動画の冒頭では，インドネシア語の字幕で，この踊りが文化局の芸能復興プロジェクトから生まれたこと，その後ダユによって，主要テレビ局などのメディアを通じて広く伝えられたことが述べられ，レンテンの語源や，衣装や伴奏の適切なあり方についての解説もなされる。文化局，ダユ，テレビ，インドネシア語といった要素が，長年テレビで舞踊講師を務めたアリニの存在とあいまって，この動画の主張する「正しさ」の説得力を支えている。

　テレビ放送と異なるインターネットの特性もある。一つは，どこでもいつでも再生可能だという点である。バリではビデオデッキはあまり普及しておらず，通常，テレビ番組は放映時間に視聴されるのみである。他方インターネット上の動画は，必要な時に何度でも再生でき，巻き戻しや一時停止機能を使って分析的に動きを確認することも可能である。なおすでにVCDやDVDが普及したことでかなり芸能の動画は流通していた。インターネットという新しいメディアは，動画の拡散の範囲やスピードを増幅し，かつ共有や持ち出しを容易にすることで，特に学習上の利用を推し進めたと考えられる。現在は，練習中にスマホを取り出して，動画を参照する姿も珍しくなくなっている。

3）バリ人の母語は通常バリ語であり，舞踊訓練も従来はバリ語で行われてきた。インドネシア語は，現在かなり日常生活にも浸透しつつあるものの，人びとにとっては学校や行政や新聞など公的な場面で用いられる，近代的で形式ばった言語という感覚がある。

　くわえて，インターネットには，送信元が多様であるという特性
もある。先ほどの指南動画以外にも，YouTube や Facebook 等で
シェアされているおびただしい動画と静止画がある。それらの多く
は，ルジャン・レンテンの上演やその前後の様子を，地元の人びと
や，踊り手の知人や家族などが撮影したものである。そうした画面
に映されるのは，名声ある人物でも，特に卓越した芸でもない。そ
もそも影絵劇や歌舞劇と異なり，単純で誰でもそれなりに踊れてし
まうルジャン・レンテンでは，個人の演技が取り立てて注目される
ことは稀である。ネット上に溢れるのは大勢の無名の人びとが，揃
いの衣装を着て，ともに踊る姿である。上演のほんの数秒を切り取
っているものもある。演者と近しい者たちにとっては，それらは友
人・家族の晴れ姿かもしれないが，それ以外の人びとにとっては，
一人ひとりの芸を味わうためのものというよりは，いわば記号化し
たルジャン・レンテンの姿である。それは，儀礼の華々しさや，流
行りものとしての新鮮さ，またそれが奉納舞踊である以上，よきヒ
ンドゥ教徒としての姿を表現してもいるであろう。そして，そうし
た動画や写真がネット上で飛び交う現象が，バリ内外のヒンドゥ教
徒コミュニティにおけるルジャン・レンテンの盛り上がりの現れと
なり，またその盛り上がりの一部を成しているともいえるであろう。
次に，こうした盛り上がりとバリのメディア状況を反映して新たに
流行する，新しい上演形式を紹介する。

⑤　7,000 人の群舞

　ルジャン・レンテンが広く学ばれる一方で，その上演が本来の儀
礼での奉納のみならず，県などの自治体の記念日や，国が推奨する
村のスポーツ・芸術週間（PORSENIDES），そして芸術フェスティ
バル等にも広がっている。そうした上演のなかで，しばしば大人数

図 3-2　道をルジャン・レンテンの輪が埋め尽くす[4]

での一斉上演が実施されている点が興味深い。特に行政の主催する
イベントで，競うように大勢の踊り手が動員され，時に数千人とい
った規模となるのである。

　2019 年 3 月には島北部，ブレレン県のシンガラジャ地区にて，
県民による 7,000 人越えの婦人たちによるルジャン・レンテンが上
演され，ニュースとなった。大通りに延々と，そして整然と連なる
女性たちの舞姿がドローンで撮影され各種メディアを通じて人びと
に届けられた（図 3-2）。こうした視覚イメージは確かに，県の統制

---

4)　出典：「アセム集落ホームページ 2019」〈http://banjarasem-buleleng.desa.
　　id/index.php/first/artikel/167-REJANG-RENTENG-MASAL-DALAM-
　　HUT-KOTA-SINGARAJA-YANG-KE-415（最終確認日：2021 年 1 月 26
　　日）〉

力や，県民の団結力を表現するための「メディア」であり，また
それらを祝ううえでの有効なツールであろう。しかしその全体像は，
そこに参加したり，道端に実際に見にいったりした一人ひとりの視
界では捉えきれない壮大なものでもある。先行研究も指摘するよう
に，現代の伝統芸能はもはや情報メディアを通じて外部で視聴され
ることを前提にして構成されている（川村, 2005：161）。7,000 人以
上という規模で展開する群舞のスペクタクルは，その全体像をわか
りやすく切りとるよう上空から撮影され，そしてその動画や静止画
が素早く拡散され，短期間のうちに多くの人の目に触れるからこそ，
より効果的なのであり，それが可能となる現在のバリのメディア状
況を前提とした，極めて現代的な営みであるといえる。

❻ おわりに：メディアのなかの芸能と「メディア」としての芸能

　ルジャン・レンテンの流行を考察した本章は，この踊りがテレビ，
CD，コンテスト，ワークショップ，スマートフォン，インターネ
ット等，多様な「メディア」によって媒介され，またそのなかで舞
踊の標準化や地理的に隔たった場所での受容，極度に大規模な群舞
という新しい上演形式を生じていることや，メディアに頻繁に取り
上げられること自体が流行の一部を成していることを論じてきた。
　ところで，ルジャン・レンテンが儀礼以外のイベントでも頻繁に
用いられることに批判がよせられるようにもなった。この踊りは神
聖な奉納物であり，コンテストの種目にしたり，政治の道具にした
りすべきではないというわけである。初めはそれほど厳密に上演機
会を制限していなかった文化局も，2019 年に正式に寺院祭以外で
の上演を禁止する通達を出した。他方，この踊りは奉納芸というよ
りむしろ余興の一種であると考える人びともいる。奉納舞踊にして

は技巧的で見世物としての色彩が強いこと，一時のブームにすぎな
い可能性があることなどにくわえ，頻繁に世俗の行事で用いられて
いることがしばしば理由として挙げられる点は重要である5)。メデ
ィアの発達によって，人びとはますます，空間的に隔たった場所で，
どの踊りが，どのように用いられているのか知りうるようになった。
土地それぞれのやり方で，地元の人びとと神々の間で上演されてき
た従来型ルジャン・レンテンのような奉納舞踊の在り方とは違い，
この新しいルジャン・レンテンの上演の意味合いは，インターネッ
トやその他の情報メディアのネットワークの中で立ち現れるこの踊
りのイメージにも影響される。本章のはじめのほうで奉納時のルジ
ャン・レンテンは，人びとと神々をつなぐ「メディア」でもあると
述べた。しかしそのような機能が疑問に付されているというわけで
ある。舞踊をとりまくメディア状況は，「メディア」としてのこの
舞踊の側面を変質させていく要因の一つともなっているようである。

【付　　記】

本章は，雑誌『FIELD+』に寄稿した短いエッセイ（吉田, 2020）をもとに，
メディアの人類学という視点から大幅に加筆したものである。また内容の一
部は，科研費17K03277の成果である。

---

5) 今回文字によるネット上の情報交換についてはあまり取り上げることが
　できなかったが，こうした議論はもちろん新聞をはじめとしたマスメデ
　ィアや，SNS上でも展開されている。

●ディスカッションのために

1　舞踊とそれを踊る身体はどういう意味で「メディア」なのか。本文の記述に即してまとめてみよう。

2　従来型ルジャン・レンテンと新しいルジャン・レンテンの違いを本文の記述に即してまとめてみよう。また新しいルジャン・レンテンはどのようなメディアによって普及したのか，まとめてみよう。

3　あなたは TikTok や YouTube でダンス動画を見たり，踊ったりしたことがあるだろうか。もし経験があればその体験を，もし経験がなければ，動画を見て，その感想を，本章の内容と似ている点，似ていない点について考えながら周囲の人と話し合ってみよう。

【引用・参考文献】

オング, W. J.／桜井直文・林　正寛・糟谷啓介［訳］(1991).『声の文化と文字の文化』藤原書店

川村清志 (2005).「メディアのなかの民俗——アマメハギにみる相互交渉の場としてのメディア」飯田　卓・原　知章［編］『電子メディアを飼いならす——異文化を橋渡すフィールド研究の視座』せりか書房, pp.146-163.

関本照夫 (1994).「影絵芝居と国民社会の伝統」関本照夫・船曳建夫［編］『国民文化が生れる時——アジア・太平洋の現代とその伝統』リブロポート, pp.67-93.

吉田ゆか子 (2020).「ルジャン・レンテン——バリ島でいま一番アツい奉納舞踊」『FIELD+』*23*, 東京外国語大学アジア・アフリカ言語文化研究所, 14-15.

吉見俊哉 (2002).「メディア」永井　均・中島義道・小林康夫・河本英夫・大澤真幸・山本ひろ子・中島隆博［編］『事典 哲学の木』講談社, pp.921-923.

Dibia, I. W., & Ballinger, R. (2004). *Balinese dance, drama and music: A guide to the performing arts of Bali.* Singapore: Periplus Editions.

Hughes-Freeland, F. (1998). From temple to television: The Balinese case. In F. Hughes-Freeland, & M. M. Crain (eds.), *Recasting ritual: Performance, media, identity.* London & New York: Routledge, pp.44-67.

第4章

スマホ時代のメディア人類学

原　知章

みなさんは，「人類学」と聞いて，どのような学問を思い浮かべるだろうか。異文化理解を目的とする学問，調査方法としてフィールドワークを重視する学問，あるいは世界各地の「ネイティブ」を研究対象とする学問，といったイメージが強いかもしれない。もしかしたら

IoT のイメージ

本書に出会うまでは，人類学のイメージは，「メディア」とはあまり結びつかなかったかもしれない。ただ，本書の各章の内容から分かるように，メディアは，今日の人類学にとって重要なトピックの一つになりつつある。最近のメディア論では，メディアの捉え方が広がる傾向があるが，この章では，「情報の伝達のために主に用いられるツール」としてのメディアに焦点を当てる。そしてその上で，スマホや IoT（Internet of Things）の普及によって世界中の人やモノがつながりつつある現代における，人類学の視点を生かしたメディアとの向き合い方について考えてみたい。

① はじめに

　日本の人類学界においてメディアに対する関心が高まったのは，21世紀初頭のことであった。この時期に，日本の人類学の中心的な研究拠点である国立民族学博物館でメディアに関する共同研究のプロジェクトが始まり，日本文化人類学会の学会誌『文化人類学』でもメディアに関連する特集が組まれた（森山，2004）。筆者は，この特集に「メディア人類学の射程」という論文を寄稿した（原，2004）。この論文は，メディア人類学に関連する海外の先行研究を批判的に検討しつつ，人類学においてメディア論がもちうる意義，そしてメディア論に人類学が貢献できることを展望しようとする試みであった。

　いま振り返れば，当時は，携帯電話やインターネットが日本や他の先進国で普及し始めてまだ間もない「ICT（情報通信技術）革命」の黎明期であった（見方によっては，2020年代初頭の現在も，いまだ黎明期にあるといえる）。ただ，当時の人類学者の関心は，どちらかといえば，携帯電話やインターネットなどの新しいメディアよりも，テレビ・映画・雑誌などの歴史あるマスメディアに向いていた（飯田・原編，2005）。理由の一つは，多くの人類学者が調査・研究の対象としてきた途上国において，携帯電話やインターネットが，まだそれほど普及していなかった点にあった。しかしその後，今日までの15年あまりの間に，ICT革命は世界中の国々に波及した。特にスマートフォン（以下，スマホ）に代表されるモバイル端末は，「全地球的な規模で大衆化した唯一のメディア」（金，2016：8）といえるほどに，人びとの生活に浸透してきた。本章では，2020年代初頭の世界の現況を「スマホ時代」として捉えたうえで，スマホ時代とその次の時代を展望しつつ，メディア人類学の射程について改めて考えたい。

2 「メディア」とは何か

　議論を進める前に，本章におけるメディアの捉え方を述べておきたい。「メディアの未来」シリーズの読者のみなさんはお気づきだと思うが，「メディア」の捉え方は論者によって異なる場合がある。本章で「メディア」として主に念頭に置いているのは，「口頭メディア→文字メディア→印刷メディア→電子メディア」と，その歴史的展開の過程を図式化できる，情報の伝達──さらには情報の生産・記録・受容など──のために主に用いられるツールのことである。具体的には，音声，手紙，新聞，雑誌，書籍，電話，FAX，映画，テレビ，ラジオ，DVD，パソコン，スマートフォンなどである。

　近年のメディア論では，「メディア」の捉え方は広がる傾向にある。実際，「「人」や「モノ」「場所」自体をある種の「メディア」と捉える」（岡本・松井編, 2018：14）ことや，「あらゆるものがメディアとみなす」（池田, 2015：11）ことも可能であろう。筆者は，このようにメディアを広く捉える見方を否定するものではない。しかし，「スマホ時代」や，その先の「メディアの未来」について人類学の立場から考察する際には，上述した狭い意味でのメディアを対象とした議論から始めることに，一定の意義があると考えている。

　ただし，情報伝達のためのツールとしてのメディアにひとまず焦点を当てたとしても，依然としてメディアの全体像をつかむことは容易ではない。理由の一つは，メディアが重層的に構成されている点にある（原, 2008）。このことを具体的に理解するために，ある人が別の人に対して，パソコンを使ってメールで情報を送る場合に，どのようなメディアが用いられることになるかを考えてみよう。表4-1 は，この場合に用いられるメディアと用いられないメディアの例をまとめたものである。

　この表からは，私たちが用いることができるメディアに多様な選

表 4-1　パソコンを使ってメールで情報を送る場合に
用いられるメディア

用いられるメディア	用いられないメディアの例
文字	音声
ディスプレイと 文字入力機器	紙とペン
パソコン	スマホ
インターネット	USB メモリ
メール	SNS

択肢が存在すること，そして，私たちの日々の情報の伝達や記録という行為が，重層的に構成されたメディアによって支えられていることを，改めて確認できる。また，携帯電話やインターネットが存在しなかった時代には，私たちが用いることができたメディアが，選択の幅という点でも重層的な構成という点でもより限定されたものであったことも想起できよう。メディア技術の発達は，私たちが日々の生活のなかで接するメディアの多様化と重層化を同時に進めてきたのである。

❸　人類学とメディア

　先ほど述べたように，日本の人類学界においてメディアに対する関心が高まったのは，21 世紀初頭のことであった。ただし，それ以前からメディアや情報を主題にした人類学者による著作はすでに現われていたし（奥野, 1993），著者自身，1990 年代初頭に人類学を学び始めたころから，メディアに関心を抱いていた。

　筆者がメディアに関心を抱くようになったきっかけは，人類学においてなぜメディアが主題的に取り上げられることが少ないのか，不思議に思ったことであった。そもそも，かつて人類学という分野

のキーコンセプトであった（が，最近は評判がよくない）「文化」の
定義には，しばしば「集団内で共有されたもの」「世代をこえて継
承されたもの」といった文言が含まれていた。文化の「共有」や「継
承」においては，人と人との間のコミュニケーションが大きな役割
を果たすはずである。そしてメディアは，このような社会的コミュ
ニケーションを構成する重要な要素であるはずだった。また，当時
筆者は「象徴人類学」や「文化記号論」という研究の潮流に関心が
あった。これらの研究の潮流は，1960年代から1980年代にかけて
人類学において大きな位置を占めていた。にもかかわらず，「象徴」
や「記号」の媒介物であるはずのメディアが，ほとんど取り上げら
れないことも不思議に思ったのであった（人類学には「無文字（前文
字）社会／文字社会」といった概念が存在したものの，印刷メディアや
電子メディアが普及した社会を捉える概念がないことも不思議であった）。

　上述したことに加えて，1990年代前半に沖縄の離島で実施した
長期のフィールドワークの経験から，筆者はメディアに対する関心
を深めていった。そもそも島は，地理的境界を越える人やモノ，そ
して情報の移動が見えやすい空間である。また，筆者が滞在してい
た島の人びとの暮らしには，当時からさまざまなメディアがあふれ
ていた。なかには，筆者が関心を抱いていた島の口頭伝承に関する
書物を開きながら，インタビューに応じてくれる人もいた。音声言
語や身体というメディアを媒介して人びとの間で共有され，伝承さ
れてきた口頭伝承に，他のメディアからの影響が及んでいるのでは
ないかと思った瞬間であった。

　このフィールドワークの最中に，筆者は別の観点からもメディ
アのことを強く意識するようになった。そのきっかけとなったの
は，巨大な台風との遭遇であった。当時，一軒家を借りて島で暮ら
していた筆者は，できるかぎりの対策をして（したつもりで），この
巨大な台風に備えた。しかし，台風が島を直撃したあとしばらくす

ると停電し，パソコンが使えなくなった。台風は島のあたりで停滞し，最大瞬間風速は70メートルを超えた（風速計が壊れたため，実際の風速はそれ以上だったといわれている）。結局，筆者が借りていた家は半壊状態になり，パソコンも壊れてしまった。パソコンやフロッピーディスクに保存していた資料やデータはすべて消えてしまったものの，フィールドノートは，水びたしになりながらもそこに書かれた文字をなんとか判読することができた。この経験から，筆者は研究や教育で用いるツールとしてのメディアの存在を強く意識するようになったのであった。

　人類学の方法論の特徴の一つとして「全体論的アプローチ」が挙げられる。対象とする社会・文化を全体として把握しようとし，社会・文化を構成する諸要素をその全体との関わりのなかで捉えようとするアプローチである。全体論的アプローチの視座からすれば，当然ながら，人類学はメディアを視野に含める必要があるし，さらにいえば研究や教育に欠かせないツールであるという点もふまえて，メディアに向き合う必要があるのではないか。やがて，筆者はそんな風に考えるようになった。

4　「総合メディア人類学」の構想

　その後，国立民族学博物館で始まったメディア関連の共同研究プロジェクトに参加することになった筆者は，先行研究を探索するなかで興味深い論文を見つけた。それは，1970年代なかばにE.アイザラインとM.トッパーによって書かれた「メディア人類学——理論的枠組み」というタイトルの論文であった（Eiselein & Topper, 1976）。アイザラインとトッパーは，この論文のなかで，①メディアに関する研究，②メディアを用いた一般の人びとへの人類学的知識の伝達，③メディアを用いた資料の収集，④メディアを用いた教

育，⑤応用人類学におけるメディアの活用，という五つの領域からなる，いわば「総合メディア人類学」の構想を提示していた。「メディアは，研究の対象であるだけでなく，研究や教育に欠かせないツールであり，したがってメディアはすべての人類学者に関わる主題になりうる」と考えていた筆者は，アイザラインとトッパーによる総合メディア人類学の構想にわが意を得た思いがした。

　ただし，アイザラインとトッパーは，上記の五つの領域を個別的に捉えていた。これに対して，たとえば，単に授業のなかでメディアを利用する（＝上記の④）というだけでなく，そのメディアの利用の仕方が学生にどのような影響を及ぼしているのか，ということを記述や分析の対象とする（＝上記の①），という具合に，上記の五つの領域を相互に関連づけることも可能であるように筆者には思えた。そして，このように五つの領域の関連性を念頭に置きつつメディアに向き合うことを，全体論的アプローチを標榜してきた人類学ならではのメディア論の射程におさめることができるのではないかと考えた。

　以上からうかがえるように，1990年代から2000年代初めごろの筆者は，メディアを主に社会的コミュニケーションの媒体物という観点から捉えていた。すなわち，テレビ・映画・雑誌などの旧来のマスメディアであれ，携帯電話やインターネットなどの比較的新しいメディアであれ，フィールドの人びとの間，フィールドと人類学者の間，あるいはフィールドの人びととホームの人びとの間のコミュニケーションの媒体物という観点から捉えていたのである。

❺　多様化するメディア実践

　しかし，それから15年あまり経った現在，メディアは，社会的コミュニケーションの媒体物という以外の性格が強まってきたよう

に思われる。たとえば私たちはスマホを，電話機や音楽・動画プレイヤーとしてだけでなく，鏡や懐中電灯などの代わりとしても利用することができる。また，みなさんは，こうしたスマホのアプリを使うことや，誰かとコミュニケーションすることを意図していたわけではなく，なかば無意識のうちにスマホを触っていた，という経験をしたことはないだろうか。人が何らかの形でメディアに関わることを「メディア実践」と呼ぶならば，ここに例示したようなメディア実践の多様なあり方は，決して最近になって始まったものではない。しかし，スマホに代表されるように，メディアのデジタル化・多機能化・個人化・モバイル化・遍在化が進んできたことで，社会的コミュニケーションという範疇におさまらない人びとのメディア実践が，一層顕著になってきたように思われるのだ。

　また，最近では，私たちがスマホを介して何らかのコミュニケーションを行う際に，その相手がコンピュータプログラムをはじめとする「非人間」である場合，あるいは私たちがスマホに触れることがそれら「非人間」間のコミュニケーションを媒介している場合も，以前より増えている。近い将来，IoT の普及によって，私たちの身のまわりの家電製品や自動車をはじめとして，さまざまなモノがインターネットにつながると，「人間－非人間」間や「非人間－非人間」間（あるいは「非人間－人間－非人間」間）のコミュニケーションは，ますます増えていくに違いない。

　この点に関連して，哲学者のL.フロリディは，人間がICTに極度に依存するようになる世界を「インフォスフィア」（情報圏）と呼んだうえで，インフォスフィアでは，人間は「非人間」を含む多様な情報エージェントの一つにすぎなくなる，と論じている（フロリディ, 2017）。あるいは，私たち人間は，インフォスフィアにおいて，ICTと分かちがたく結びついたハイブリッドなエージェントになる，という見方も可能かもしれない（久保, 2018）。人類学には，特定の

地域において調査対象の人びとが，さまざまなメディアを使い分けながら，どのようなコミュニケーションを行なっているかを質的調査によって明らかにしようとする「コミュニケーション生態系」と呼ばれるアプローチがある（木村, 2018）。このアプローチを敷衍するならば，私たちはいまや，インフォスフィアにおいて，非人間を含めた多様な情報エージェントが織りなすコミュニケーション生態系に視野を広げる必要があるのではないか。

⑥ IoT 時代の到来と Society5.0 の出現 ─────

　日本では，政府が5年ごとに「科学技術基本計画」を策定して，体系的な科学技術政策を実行することになっている。そして，「第5期科学技術基本計画」（2016 ～ 2020 年度）では，人類史的観点から人間社会の変遷を「狩猟採集社会→農耕社会→工業社会→情報社会」と把握したうえで，次のステージの社会として，IoT によってすべての人とモノがつながり，現実空間とサイバー空間が高度に融合した「Society 5.0」を世界に先駆けて実現することが，目標として掲げられた（内閣府, 2016）。ここで思い描かれているSociety 5.0（あるいは，それに似た社会）は，おそらく近い将来，日本をはじめ世界各地に出現するであろう。

　この近未来の社会の技術的基盤となるIoT の普及に関して，世界的に強い影響力をもつ未来学者のJ. リフキンは，「2030 年までには，あらゆるものが相互に結びついていることでしょう。私たちはいわば地球規模の脳をつくり出しているのです」と述べたうえで，「そうなれば〈社会的起業家の精神〉と〈経済の民主化〉が世界中で一気に広がるはずです」とポジティブな見方を示している（リフキン, 2018：58）。しかしここで気になるのが，過去 20 年あまりの間に噴出してきたインターネットをめぐるさまざまな問題──サイバーテ

ロ，ダークウェブ，フェイクニュース，個人情報の流出，スマホや
オンラインゲームへの依存，巨大なプラットフォーム企業による市
場と情報の独占など——は，IoT 時代にどうなるのか，という点で
ある。リフキンは，インターネットの負の側面を「ダークネット」
と総称し，「ダークネットは恐るべき力で，これからの 3 世代にわ
たって，政治的な闘争へと私たちを駆り立てるでしょう。けれど
もダークネットの問題に対処することはできるはずです」（リフキ
ン，2018：58）と述べている。つまり，来るべき IoT 時代に，私たち
はこれまで以上にインターネットの恩恵を受けるようになる一方で，
ダークネットとの闘いを，少なくとも 100 年近く続けることになる，
というわけである。

⑦ スマホ時代／IoT 時代のメディア人類学の射程——

　スマホ時代の只中にいて，そして IoT 時代の入口に立っている私
たちは，これまで論じてきたことをふまえて，メディア人類学の射
程をどのように捉え直すことができるだろうか。

　まず，メディア人類学は，世界各地でスマホや IoT が普及し，そ
れこそ「あらゆるものがメディア」（池田，2015：11）化していくな
かで，人びとのメディア実践のあり方がどのように変わりつつある
のかを改めて問い直す必要がある。その際，たとえばスマホという
メディアに焦点を当てる場合には，人びとによる意図的なスマホの
使用だけでなく，スマホとの無意識的な関わりや，「非人間」を含
めた多様な情報エージェント間のコミュニケーション生態系も対象
化する必要があるだろう。また，時には，人びとのメディア実践と
ダークネットとの関わりを問題化せざるを得ない状況に直面するだ
ろう。

　一方で，メディア人類学は，人類学者自身による研究・教育活動

におけるメディア実践やコミュニケーション生態系にも目を向ける必要がある。たとえば，かつての人類学者はフィールドワークの際に，ノートブック，カメラ，テープレコーダ，文献資料，地図などを携行していたが，今日では，極端な言い方をすればスマホさえ携行すれば事足りるという状況が現れつつある。また，インターネットを活用することで，人類学者と他分野の研究者や一般の人びととの対話を促進しようとする試みも現れている（Shaffner & Wardle, 2017）。教育の面でも，周知のように，授業のオンライン化，さらには「教育DX（デジタル・トランスフォーメーション）」と呼ばれる動きが急速に進んでいる。人類学は，このような人類学的な知の生産や受容の過程における人びとのメディア実践やコミュニケーション生態系をも対象化する必要があるのではないか。

　たとえば，大学のゼミにおける学生による協働学習（学修）の様子を思い浮かべてみよう。彼らは調査実習のための研究計画をまとめている最中であり，机の上には各自のノートPCとスマホが置かれている。このとき彼らは互いにどのようにコミュニケーションをとり，どのようなメディア実践を行なっているだろうか。彼らの学習の過程やその成果は，紙の文献資料やノートブックを主に使っていたかつての学生とは，どのような点で変化している（または変化していない）のだろうか。

　ここで，教育・学習の場面における学生のメディア実践に関連して思い起こされるのが，「デジタルネイティブ」をめぐる議論である。幼いころからデジタルメディアに囲まれて育った世代の人びと——この人びとが「デジタルネイティブ」と呼ばれる——は，上の世代の人びととは，情報処理や思考の様式，価値観や行動パターン，さらには脳の構造までもが異なっている，と主張する論者がいるのだ（Prensky, 2001）。このような視点に立てば，これまで世界各地の「ネイティブ」を研究対象としてきた人類学者は，実は，最近に

なって世界に現われた新たな「ネイティブ」と日々接している（場合によっては，自らもその「ネイティブ」の一員である），ということになる。デジタルネイティブの概念の妥当性や有効性については批判的に検討する必要があるものの（木村, 2012），幼いころからデジタルメディアに囲まれて育ってきたことが，人びとの学習のあり方，思考様式，価値観などにどのような影響を及ぼしているのかという問いは，人類学にとって大きな問題提起であるといえよう。

　ただし，IoT 時代に「あらゆるものが相互に結びついて」（リフキン, 2018：58）いき，人間がICT にますます依存するようになっていくとしても，人類学の研究・教育が──さらにいえば，私たちの日常生活全般が──「デジタルなもの」に覆いつくされることはないだろう。人類学は，さまざまな学問分野のなかでも，とりわけアナログな性格が強い分野の一つである。最近は，研究・教育においてICT がさまざまに活用されるだけでなく，本書のいくつかの章にみられるように，デジタルな世界を研究対象とした「デジタル・エスノグラフィ（デジタル民族誌）」と呼ばれる試みも現れているものの（cf. Underberg & Zorn, 2013），多くの人類学者は，これからも基本的には「アナログなもの」へとその関心を向けてエスノグラフィを紡いでいくに違いない。

　人類学におけるこれまでの研究の蓄積は，「グローバル化／ローカル化」「文化の画一化／文化の多様化」など，一見相反するようにみえる社会・文化の変化が，実は分かちがたく絡み合いながら進行する様相をしばしば明らかにしてきた。私たちはいま，「デジタルなもの」が世界を覆う一方で，「アナログなもの」もまた，その存在感を増していく時代を迎えようとしているのかもしれない。そのような時代に人類学がメディア論に最も貢献できることの一つは，「アナログなもの」を起点とする研究・教育に磨きをかけつつ，「デジタル／アナログ」という二分法では捉えきれない世界の複雑さを

詳らかにしていくことにあると筆者は考えている。

◉ディスカッションのために

1 「総合メディア人類学」「インフォスフィア」「Society 5.0」「ダークネット」「デジタルネイティブ」という言葉の意味を，本文の説明を引用しながらまとめてみよう。
2 「Society 5.0」の実現にむけて具体的にどのような取り組みが進められてきたか，海外では似たような取り組みがないか，調べてみよう。
3 スマートフォンや PC をはじめとする電子メディアが，何らかの理由でしばらく使えなくなった状況を想像してみよう。そして，電気を使用するメディアを一切使わずにレポートを作成するとしたら，どのような手順で作成するか，考えてみよう。あなたの行動はどう変化するだろうか。周囲の人とシェアして話し合ってみよう。

【引用・参考文献】

飯田　卓・原　知章［編］（2005）.『電子メディアを飼いならす――異文化を橋渡すフィールド研究の視座』せりか書房
池田理知子（2015）.『日常から考えるコミュニケーション学――メディアを通して学ぶ』ナカニシヤ出版
岡本　健・松井広志［編］（2018）.『ポスト情報メディア論』ナカニシヤ出版
奥野卓司（1993）.『情報人類学――サルがコンピュータをつくった理由（わけ）』ジャストシステム
金　暻和（2016）.『ケータイの文化人類学――かくれた次元と日常性』クオン
木村忠正（2012）.『デジタルネイティブの時代――なぜメールをせずに「つぶやく」のか』平凡社
木村忠正（2018）.『ハイブリッド・エスノグラフィー――NC 研究の質的方法と実践』新曜社
久保明教（2018）.『機械カニバリズム――人間なきあとの人類学へ』講談社
内閣府（2016）.「第５期科学技術基本計画」
原　知章（2004）.「メディア人類学の射程」『文化人類学』*69*(1), 93–114.
原　知章（2008）.「人とメディア」内堀基光・本多俊和［編］『文化人類学

〔新版〕』放送大学教育振興会, pp.126–138.

フロリディ, L.／春木良且・犬束敦史［監訳］／先端社会科学技術研究所
　　［訳］(2017).『第四の革命——情報圏が現実をつくりかえる』新曜社

森山　工 (2004).「序 (〈特集〉マスメディア・人類学・異文化表象)」『文
　　化人類学』*69*(1), 91–92.

リフキン, J. (2018).『スマート・ジャパンへの提言——日本は限界費用ゼ
　　ロ社会へ備えよ』NHK 出版

Eiselein, E. B., & Topper, M. (1976). Media anthropology: A theoretical
　　framework. *Human Organization, 35*(2), 113–121.

Prensky, M. (2001). Digital natives, digital immigrants. *On the Horizon, 9*
　　(5), 1–6.

Shaffner, J., & Wardle, H. (eds.) (2017). *Cosmopolitics: The collected
　　papers of the open anthropology cooperative* (*Volume I*). St Andrews:
　　Open Anthropology Cooperative Press.

Underberg, N. M., & Zorn, E. (2013). *Digital ethnography: Anthropology,
　　narrative, and new media*. Austin: University of Texas Press.

第Ⅱ部 交差する見る・見られる関係

第5章　メディアのまなざしを拒む場所
　　　　視覚情報の欠如から「聖地」と「カメラ」の関係を考える

第6章　「伝統文化」をめぐるメディア人類
　　　　学のフィールド
　　　　中国客家社会における福建土楼を事例として

第7章　ダークツーリズムの複雑さ
　　　　メディアが作りだす，メディアを見る観光

第8章　先住民とメディア生産
　　　　台湾原住民をめぐる2つの映像作品から

　ある対象に対するまなざしはさまざまなメディアを媒介として形成される。情報通信技術の発展は，そのまなざしに内包される「見る者」と「見られる者」の非対称的な関係性を相対化する契機をもたらしている。第Ⅱ部「交差する見る・見られる関係」では，メディア状況の変化が従来の見る・見られる関係にもたらす影響に焦点を当てる。

　第5章「メディアのまなざしを拒む場所──視覚情報の欠如から「聖地」と「カメラ」の関係を考える」（大道晴香）は，宗教的な聖地とカメラとの関係に焦点を当て，新たなメディアが既存の社会や文化に与える影響について考察する。大道は，カメラの登場によって聖地が不可視化されるという一見矛盾してみえる現象に着目し，メディア状況の変化によって聖地の聖性が強化されてきたことを指摘する。新たなメディアの登場は，人びとの選択肢を増やすだけではなく，宗教的なもののあり方の再編を促すものでもある。

　第6章「「伝統文化」をめぐるメディア人類学のフィールド──中国客家社会における福建土楼を事例として」（小林宏至）は，福建土楼の世界文化遺産登録に伴い，現地社会にどのような影響を及ぼしたかを分析する。小林は，現地の民俗知識とは異なるかたちでの文化遺産登録に着目し，文化の構築性，そこに働く政治性を指摘する。さらにメディアのあり方によってその影響範囲が異なることを論じたうえで，国家やグローバルな権力の働く場であるサイバー空間が極めてローカルな情報のメディアとしても働くことが明らかにされる。そこにメディアをめぐる多様な実践を総合的に理解する人類学的研究の意義があるのだ。

　第7章「ダークツーリズムの複雑さ──メディアが作りだす，メディアを見る観光」（市野澤潤平）は，メディアという観点からダークツーリズムを分析する。ダークツーリズムには，歴史からの学びや他者への共感，地域経済振興といった肯定的な効果が期待されてきた。しかし，観光対象はメディアを媒介として成り立つものである。そのため，市野澤は，観光者は犠牲者の経験について直接見聞きすることはできず，遺構などのメディアを通じて間接的にしか知りえない以上，ダークツーリズムにおける他者の死や苦しみに対する共感的理解には構造的な困難が付きまとうと指摘する。

　第8章「先住民とメディア生産──台湾原住民をめぐる2つの映像作品から」（田本はる菜）は，台湾原住民に関する映像作品に焦点を当て，マジョリティとマイノリティという対立的図式に還元しえない映像制作のプロセスを論じる。田本は，原住民文化の普及と記録のために撮影された映像作品のメイキング映像として撮影された作品がさまざまな人びとの関与によって，意図せざる結果として，漢人主流社会に対する批判的メッセージであると同時にローカルな社会関係を結び直すメディアとなっていったプロセスを描き出し，そこに現代社会における先住民メディアの可能性を見出す。

第5章

メディアのまなざしを拒む場所

視覚情報の欠如から「聖地」と「カメラ」の関係を考える

大道晴香

　近世期，人びとは信仰と物見遊山を兼ねて盛んに社寺参詣の旅に出た。神社やお寺は今でも旅先で立ち寄りたい観光スポットの筆頭であり，日常から隔てられたその雰囲気は，旅行自体の非日常性も相まって，私たちにカメラでの撮影を欲望させる。真っ赤な鳥居，荘厳な仏閣，歴史を感じる仏像や御神体といった宗教的なモノは，日常とのギャップによって「映え」が演出しやすい格好の被写体だ。しかし，いざカメラのレンズを向けたそのとき，何となく悪いことをしているような，居心地の悪さを感じた経験はないだろうか。周りで熱心に祈っている人や，地元の人の目が気になってしまうことはないだろうか。カメラを介して対象を見るという行為は，自分の目で見るのとはまったく異なっている。カメラを向けるだけで，自分が「信仰者」ではなく「観光客」であることの表明となってしまうのは，メディアの介入が私たちと世界との関わり方を根本的に変えるからだ。聖地に発生するカメラのまなざしを拒む力は，私たちと聖なるものとの新たな関係を教えてくれる。

① 情報化社会における「見えない」場所──────

❖日本の〈秘境〉ブーム

　「秘境」と聞いて，あなたはどのような場所や光景を思い浮かべるだろうか。ジャングルの奥地に広がる原始的な集落，絶海の孤島，怪しげな住民と習俗の数々……これらの定型化された光景は，周知のとおり，エンターテインメントの分野で繰り返し描写されてきた，場の未知性や異質性を焦点化する消費イメージである。異国の地で「幻の未開部族」や「奇習」を追い求めて人気を博した「川口浩探検隊」シリーズが，「うさん臭さ」や「やらせ」を含めて楽しむタイプの番組だったように，日本においては1970・80年代の段階で，すでに〈秘境〉は虚実に重きを置かない娯楽の枠組みとして定着していた。ところが，このイメージが一定のリアリティをもって受容されていた時期がある。

　1950年代から60年代にかけて，日本では「秘境」や「探検」の語を冠した書籍がベストセラーになるなど，〈秘境〉の要素をもつコンテンツがブームの様相を呈していた（田中, 1999；飯倉, 2009）。〈秘境〉ブームの特徴の一つは，海外への強い関心である。エヴェレスト，チベット，アフリカ大陸といった具合に，当該期の人気作が扱ったのはいずれも海外の〈秘境〉だった。しかも，学術調査の成果すらも消費の対象となっていたように，ここには「彼の地の知られざる真実」という"リアル"に対する希求が介在していた。

　その背景にあったのは，日本国外への渡航をめぐる当時の社会情勢である（飯田, 2007）。戦後，日本で海外渡航が自由化されたのは，1964年のことであった。そう，1950年代〜60年代，海外は多くの人にとって直接的に目にすることの叶わない，しかも得られる情報も限られた，"未知の世界"だったのである。

❖視覚情報にあふれる現代社会

こうした 60 年ほど前の状況を踏まえたうえで浮かんでくるのは，今日の社会において「見えない」場所とはどこなのか，という疑問である。情報技術の発展とデジタルメディアの普及が著しく進んだ現在，私たちはもはや現地に行かずして，目標地点の子細な情報をインターネットで労なく獲得することができる。とりわけ，視覚情報の充実には目を見張るものがあり，「Google マップ」の「ストリートビュー」や「Instagram」などのサービスは，人びとが保有するデジタルカメラのレンズを「目」にして，自宅に居ながら世界中の風景を見ることを可能にした。今日の情報化社会のなかで，かつての「海外」に匹敵するような，人びとの意識にのぼる空間的死角があるとすれば，それは情報領域上でのアクセスが叶わない場所ということになるだろう。

インターネット上で流通する説話（ネットロア）を研究した伊藤龍平は，ネット時代の〈秘境〉の 1 つとして，ネットによって意識されるようになった情報の欠落した領域，「検索でたどり着けない場所」を挙げている（伊藤，2016）。

メディアを通じてあらゆる場所が容易に「見える」社会。しかし，そうであるからこそ，視覚情報の欠けた「見えない」場所には，介入するメディアと場の関係によって特別の意味や価値が発生しているとも考えられる。本論では「視覚情報の欠如」を切り口に，宗教的な文化空間である聖地と，カメラ（静止画の撮影機能をもつメディア）との関係を考えることで，改めて，私たちの社会や文化のなかに新たなメディアを呼び込んだときに生じる変化を捉えたい。

❷ インターネット上の〈聖地〉と死角 ─────

✥ 「映える」場所としての聖地

　流行語にもなった「インスタ映え」に象徴されるように，インターネットと接続した撮影機能をもつメディアの普及が，私たちの目に訴えかけるコンテンツ文化の発達を促し，視覚情報の拡充をもたらした。インターネット上で「映える」写真には一定の特徴があると解され，どうしたらフォトジェニックな写真が撮れるのかを指南するサイトは枚挙に暇がない。そうした写真を「映え」させる特徴のなかで，空間や場所性と密な関係にあるのが「非日常性」であり，ここで有力な被写体となっているのが，神社仏閣などの宗教的な聖地である。

　たとえば，筆者が長年足を運んできた恐山（青森県むつ市）も，例に漏れず格好の撮影スポットとなっている。恐山は寺院境内地であると同時に，死霊の集まるヤマと信じられる山岳霊場である。火山帯特有の荒々しい岩肌と立ち昇る噴煙，青緑色のカルデラ湖が織りなす〝地獄極楽〟さながらの奇観は，信仰と観光の両面で多くの人びとを魅了してきた。

　インターネット上には，霊場内を映したたくさんの写真がアップされている。試みに「Yahoo！JAPAN」を使用して「恐山」の語で画像検索してみると，2019年1月1日現在，約394,000件の画像がヒットする。また，「Googleマップ」の場合，「ストリートビュー」では霊場の入口までしか視認できないものの，マップの位置情報と紐づく形で，境内を映した906枚の写真を見ることが可能だ。

　とはいえ，「映える」構図や被写体があるため，当然のことながら，写されている景色には偏りがある。「Googleマップ」の906枚に関していえば，全体の26.3％は「死者のヤマ」のイメージに相応しい地獄エリアを撮影したものとなっており，続いて安置物（石仏・石

塔・石碑）14.2％，山門 13.0％，宇曽利山湖・極楽浜 12.4％，寺院（本堂・地蔵殿）7.4％と，5 タイプほどの被写体で全体の 7 割以上を占めていた[1]。こうした被写体の偏りは，対象の選択／その他の捨象というメディアによる表現行為の特性に由来した，情報の死角を物語るものといえよう。

❖写真撮影が禁止される場所

　だが，このメディア自体にもともと内在する限界性とは別に，恐山には視覚情報の欠落した，「見えない」場所が存在している。一般開放されている場所であるにもかかわらず，カメラでの撮影が禁止されている，もしくは撮影行為が是とみなされないような場所があるのだ。それは，どこか。一つ目は宿坊，二つ目は本尊を安置する本堂と地蔵殿，三つ目は賽の河原の八角円堂（地蔵堂）である。このなかで，聖地の宗教性と直結してくるのが，本堂・地蔵殿と八角円堂である。

　本堂と地蔵殿は当地における仏教信仰の中心地に当たり，死者供養の道場である前者に対して，後者は現世祈祷の道場と，各々が異なる機能を担ってきた。二つの施設は，従来，多くの参詣者たちに開かれてきた場所である。ただし，視覚的な接触に関していえば，許されているのは人間の「目」による接触のみである。現在，本堂と地蔵殿には「堂内撮影禁止」の札が掲げられ，メディアのまなざしは明確に拒絶されている（図5-1）。

図 5-1　本堂入口に掲げられた
「堂内撮影禁止」の札（筆者撮影）

1）2019 年 1 月 2 日時点でのデータ状況。

✣メディアのまなざしを拒む力

　広い霊場の敷地内には，自然物から人工物に至るまで，数え切れ
ぬほどの信仰対象や聖性を帯びた場所が点在している。しかし，対
外的に撮影禁止が明示されている箇所は，本堂と地蔵殿くらいし
か見当たらない。霊場を構成する他の要素との違いがあるとすれば，
それは，これらの施設が恐山菩提寺の本尊諸仏を安置する，信仰上
の要所とみなされる点だろう。

　聖地において，中核をなす信仰対象が撮影禁止となっていること
は，珍しいことではない。想定される理由は，文化財保護やプライ
バシー保護の観点に立つ合理性に依拠した理由と，信仰対象への崇
敬の念・信者への配慮という宗教性に基づく理由である。恐山の場
合も，両方の理由が作用していると考えられるが，死者供養という
センシティブな信仰に特化した当地では，とりわけ後者の面が強く
意識される。この"メディアのまなざしを拒む力"の作用を顕著に
示すのが，地蔵菩薩を納める八角円堂だ。

　八角円堂に撮影禁止の文言は掲げられていない。だが，そのなか
は非常に写真撮影のしづらい場所となっている。それは，この堂が
故人の遺品を納めるための場所となっているからだ。狭い堂内には，
生前に故人が身につけていた衣服や持ち物がひしめき合う。これら
の奉納品は，いやがおうでも死者のリアリティと遺族の想いを実感
させるものであって，撮影に躊躇を覚える人は多いだろう。たしか
に，内部を映した写真がインターネット上に皆無なわけではないも
のの，他所に比して数は少ない。

　つまり，カメラのレンズを通じて構成される情報領域上の〈恐山〉
では，参詣者や寺院サイドが特に強く聖性を感じ「重要だ」とみな
している場所，すなわち，実際の聖地空間で聖性の中枢となってい
る場所は，「見えない」状態となっているのである。

3　聖なるものとカメラのまなざし ────────

✛神仏を撮影するのは「罰当たり」？　「不謹慎」？

　聖地における撮影禁止区域の設定や，信仰対象を撮影する行為への忌避観といったものは，至極当たり前の，取り立てて論じる必要もない事柄と思われるかもしれない。神仏にレンズを向ける行為は「罰当たり」「不謹慎」だから，だと。しかし，よく考えてみると，今でこそ当たり前とされるこれらの現象は，カメラが誕生した近代以降，しかも人びとの手に機器が広く行き渡り，観光の必需品となったここ数十年で定番化した現象にすぎない。多くの寺社の歴史からすれば，比較的新しい文化だといえよう。

　インターネット上の「見えない」場所から浮かび上がってくるのは，カメラという近代メディアの宗教文化への参入，換言すれば，カメラを契機とした宗教的秩序の再編である。

　この現象を把握するのに，聖地はもってこいの場所といえる。なぜなら，撮影禁止という明確な意思表示が物語るように，聖地は視覚への意識が研ぎ澄まされ，それが顕在化しやすい場所だからだ。聖なるものは，「見る」ことに対して非常に敏感な文化事象である。たとえば，秘仏とされる仏像や神社の御神体の多くは，非公開のままに祀られ，特定の日にのみ信者の目に触れてきた。また，基本的に聖なるものは，私たちにとって日常的には見えないものとして存在してきた。これを直接的に知覚できるのは，宗教的能力者に限られる。

✛カメラのまなざし

　「見る」ことに価値が置かれ，みだりに視線にさらす行為が慎まれる文化領域において，カメラというまなざしの登場は，一定のインパクトを有した出来事だったに違いない。と同時に，何らかの対応を迫られる厄介な出来事だったと推察される。なぜなら，それは

人間の目とまったく異なる特性をもつ目だからだ。

　第一に，カメラのまなざしには，「所有」の機能が備わっている。「写真を撮るということは，写真に撮られるものを自分のものにするということである」（ソンタグ，2018：10）と指摘されるように，カメラは被写体を写真というモノ，もしくは画像データに転換したうえで，各人に従属した所有物へと変えてしてしまう。これと関連して，第二に，被写体を一片の写真として切り取るカメラのまなざしには，対象をもともと埋め込まれていた文脈から引きはがす，「断片化」の機能が認められる。断片化した被写体には，所有者の手で本来とはかけ離れた文脈と意味が与えられる可能性がある。見ず知らずの者に写真を撮られることの恐怖は，この点に由来するといえよう。そして第三に，写真の複製が可能であるがゆえに，カメラの目の向こう側には不特定多数の人の目が控えている。被写体の複製物である写真を通じた対象との視覚的接触は，実際の対象がもつ一回性（唯一無二性）を失っている点で，直接的な接触とは別種の経験だと理解される。ただし，被写体との強固なつながり（「事物がかつてそこにあった」ことを示す，指示対象との物理的な対応関係）によって，写真は見る者もしくは被写体に対して呪術的な影響力をもつ可能性が指摘される（佐藤，2013）。

　既述のようなカメラのまなざしと，視線の拒否を志向する聖なるものとが対峙したとき，そこに抵抗や反発の感情が湧いただろうことは想像に難くない。聖地における視覚情報の欠落には，こうしたメディアへの違和感を原動力とする「聖／俗」の再規定（カメラのまなざしを聖性にそぐわないものと捉え，聖なるものから分離する）や，聖性の階層の再規定（他の石仏はいいけど，強い聖性を感じる対象は撮ってはいけない）などの，宗教的秩序の再編をみてとることができる。

④　聖地と撮影行為

❖撮影行為を通じた場との関わり

　他方，写真を焦点化した「表象」の側面とは別に，カメラには撮影を通じた場との関わりという「行為」の側面が存在する。内宮・外宮の正宮での写真撮影を禁止している伊勢神宮では，その理由を「板垣と呼ばれる垣根の中は神聖な場所であること，またご神前は「心静かにお参りをするためだけの場所」であること」と明記したうえで，「皆様が清々しい気持ちでご参拝していただけるよう，写真撮影は内宮では石段の下，外宮では板垣の外でお願いします」[2]と呼びかけている。ここには，先ほどの写真に内在する特性の観点とは別に，①「神聖」性に反する行為，②「参拝」とは明確に区別される行為という，「聖地での撮影行為」に対する解釈の観点から，「見えない」場所が構築されている。

　「神聖」「参拝」との明確な区別とは，端的にいえば，撮影行為が神社側から「非宗教」的な行いと判断されていることを示す。撮影行為を完全に「宗教」と切り分ける客観的な根拠はない。にもかかわらず，これが往々にして「宗教」や「信仰」の対極に置かれてきたのは，眼前の対象との間にカメラを差しはさむそのコミュニケーションが，「見る／見られる」という構造を出現させると同時に，「非当事者／当事者」の区別を浮上させる，いわば場に「他者」を出現させる行いであるからだろう。

2）伊勢神宮 HP〈http://www.isejingu.or.jp/oisesan/visit.html（最終確認日：2019 年 2 月 19 日）〉。なお，2021 年 1 月 12 日現在，このページは閲覧できなくなっているものの，伊勢神宮の Facebook にて，同様の文言を確認することができる〈https://www.facebook.com/isejingu.official/posts/6114736090505941〉。

❖「カメラを向ける」ということ

　柳田國男は日本の祭の転換点の一つとして,「見物と称する群の発生, 即ち祭の参加者の中に, 信仰を共にせざる人々, 言はゞたゞ審美的の立場から, この行事を観望する者の現はれたこと」(柳田, 1998：382) を指摘し,「見られる祭」を, 信仰のみに動機づけられた従来の祭と区別した。ここで柳田がいう「見物」の発生とは, まさしく信仰の場における「見る／見られる」に対応した「非当事者／当事者」の発生に言及するものである。そして, これはそのまま「観光客」の発生にスライドする。

　恐山では 1960 年代頃から「観光客」の増加が取りざたされはじめたが,「観光」はやはり「信仰」の対立項と見なされ,「観光客」の増加が聖地の俗化を招くと, 各方面で問題視されてきた (大道, 2017)。たしかに, 理念的にみれば「観光」と「信仰」は目的を別にした別個の現象と捉えられるだろう。しかし, 地域社会での恐山参詣がレクリエーションを兼ねていたように, また, 観光ツアーの利用者に死者への切実な思いを抱く者があるように, 現実的には, この二つは不可分に結びついて現象を成立させている。ゆえに, 霊場の来訪者を「観光客」と「信仰者」に二分することはできない。

　ところが, 実際の目的意識とは別に, その場に「観光客」を瞬時に顕在化させる行為がある。それが写真撮影だ。近森高明は, 渋谷のスクランブル交差点でカメラを構える外国人を引き合いに,「カメラを構えているということは, その人がわれわれの日常の風景を, ある異なった見方で眺めていることの目印になる」(近森, 2014：238) と指摘する。

　撮影行為は,「観光のまなざし」を向けていることの表明に他ならない。「観光のまなざし」とは, 対象となる空間や文化を「日常とは, ある意味, 別物だととらえる」(アーリ＆ラーセン, 2014：7), 異質な「他者」を見るまなざしであり, この視線の表明は反転して,

自身が対象にとっての「他者」＝「非当事者」だという立場表明と
なる。信仰の場で撮影行為に生じる「非信仰」の価値づけ，そして
「見えない」場所の発生には，こうしたカメラに備わるコミュニケー
ション特性との葛藤も見え隠れする。

⑤　視覚情報の欠如が生み出す価値

✣「見えない」聖地の想像力

　カメラの聖地に対するインパクトは，空間への参入による「モノ」
としての直接的な働きかけだけではなく，当然のことながら，写真
という産出された視覚情報を経由した間接的な作用でも生じている。
写真のもつ影響力は，そこに映し出された「見える」要素にのみ起
因するのではない。〈秘境〉ブームが，「見えない」場所に対する大
衆の好奇心と想像力の産物だったように，「見えない」は時に新た
な価値を生み出す起爆剤の役を果たす。

　たとえば，2018 年 10 月よりレギュラー放送となった『ポツンと
一軒家』(テレビ朝日系列)は，衛星写真から見える孤立した“謎の”
家屋を調査する番組であるが，これは情報領域で全貌を確認しえ
ない場所に，新たな〈秘境〉的価値を見出す取り組みに相当しよう。
『車あるんですけど…？』(テレビ東京，2016 年 10 月〜 2019 年 3 月)
内のカーナビに表示されない道の先を探る企画などは，同様の趣向
をもつ取り組みと解されるが，この企画で“発見”された〈秘境〉
に，「謎の」鳥居や寺院が含まれる点は注目に値する[3]。

　情報領域上の死角は無限に存在するのであり，それがたとえ人び
との意識にのぼる死角であった場合でも，該当するあらゆる場所が

[3) 『車あるんですけど…？』2018 年 1 月 26 日放送回。同番組では，複数回
「カーナビにない道」を進む企画を実施している。

〈秘境〉となるわけではない。そうしたなかで，聖地が視覚情報の欠如によって，新たな価値を獲得もしくは既存の価値を強化しているのは興味深い。その好例は奈良県の三輪山だ。

✤ パワースポットとしての三輪山

　大神神社の御神体と位置づけられる三輪山は，神道の場であると同時に，「パワースポット」の文脈でも一定の認知を得ており，インターネット上には，当地を「不思議体験」の多発する場所と紹介する商業記事や個人ブログが散見される。だが，それらのウェブページに，山内の写真はない。なぜなら，神そのものと捉えられる三輪山では，一切の撮影行為が禁じられているからだ。

　禁足の山とされてきた当地は，今日でこそ受付をすれば所定のコースで登拝が可能なものの，入山にあたってはいくつかの遵守事項を守らねばならない。この遵守事項で，火気の使用・水分補給以外の飲食とならび禁止されているのが，「カメラ等での撮影」である。

　メディアを通じてある程度の様子を「見る」ことが可能な時代，ましてや，写真との親和性も高いパワースポット文化のなかにあって，こうした徹底的なまなざしの拒絶は当地への期待を惹起し，神秘性の名のもとに当地の宗教的な価値を"創造的に"増幅させていく。液晶画面のなかに〈三輪山〉を求める人びとは，登拝体験者たちの文章中に「見えない」聖域を幻視することしかできない。しかも，そこで重視されているのは，聖域に身を置かなければ会得のできない，個々の体験である。

✤ 「見えない」からこそ価値がある

　であるからこそ，当地には来訪の価値が生まれる。メディアを介して特定の場との結びつきを形成するツーリズムには，ガイドブックなどであらかじめ得たイメージを実際の場に求める，「イメージ

の消費」という特徴が指摘されてきた（ブーアスティン, 1964）。すでにあるイメージを追認し，同じであることに価値を置くのが「イメージの消費」だとすれば，三輪山で確認されるのは，イメージの空白を埋め，自らの想像的イメージとのずれを確認し，そこに価値を見出すという逆ベクトルの流れだ。空間への「投影」（アウトプット）ではなく，空間からの「吸収」（インプット）に当たるこのシステムは，聖域で「見た」すべての光景を肯定する。つまり，山内での視覚的な接触はそのすべてが真正性を帯びた体験となるのであり，ゆえに，たとえ「不思議体験」がなくとも，ここで得られた体験は十分に価値あるものだといえる。三輪山が他所とは異なる「最強」パワースポットと語られる一因は，メディアを介して「見えない」点にあると述べても過言ではないだろう。

　新たなメディアの誕生は，単なる「既存の手段の代替」や「選択肢の増加」ではない。それは，私たちと従来向き合ってきた対象，ひいては世界との関わりを抜本的に変容させるものであり，かつ私たちと対象の双方のあり方を変えるものである。そんな普段は意識されない社会の理を，インターネット上の「見えない」場所は可視化してくれる。

●**ディスカッションのために**
1　「カメラのまなざし」とは何か。人間の目で見ることとどのように違うだろうか。本文の説明を「引用」しながらまとめてみよう。
2　「観光のまなざし」とは何か。本文の説明を「引用」しながらまとめてみよう。
3　写真を撮るときに気まずさを感じたことはあるだろうか。もしそうした体験があれば，「カメラのまなざし」「観光のまなざし」という言葉を使ってその体験についてまとめてみよう。まとめたら周りの人とお互いに共有してみよう。

【引用・参考文献】

アーリ, J.・ラースン, J. ／加太宏邦［訳］（2014）．『観光のまなざし〔増補改訂版〕』法政大学出版局

飯倉義之（2009）．「美しい地球の〈秘境〉——〈オカルト〉の揺籃としての一九六〇年代〈秘境〉ブーム」吉田司雄［編］『オカルトの惑星——1980 年代，もう一つの世界地図』青弓社, pp.19–39.

飯田　卓（2007）．「昭和 30 年代の海外学術エクスペディション——「日本の人類学」の戦後とマスメディア」『国立民族学博物館研究報告』*31*(2), 227–285.

伊藤龍平（2016）．『ネットロア——ウェブ時代の「ハナシ」の伝承』青弓社

大道晴香（2017）．『「イタコ」の誕生——マスメディアと宗教文化』弘文堂

佐藤守弘（2013）．「遺影と擬写真——アイコンとインデックスの錯綜」『美学芸術学論集』*9*, 54–64.

ソンタグ, S. ／近藤耕人［訳］（2018）．『写真論』晶文社

田中　聡（1999）．『ニッポン秘境館の謎』晶文社

近森高明（2014）．「写真」大橋昭一・橋本和也・遠藤英樹・神田孝治［編］『観光学ガイドブック——新しい知的領野への旅立ち』ナカニシヤ出版, pp.238–241.

中塚朋子（2014）．「写真と語り——写真を撮るとき，見るとき，語るとき」遠藤英樹・寺岡伸悟・堀野正人［編］『観光メディア論』ナカニシヤ出版, pp.139–158.

バルト, R. ／花輪　光［訳］（1997）．『明るい部屋——写真についての覚書』みすず書房

ブーアスティン, D. ／星野郁美・後藤和彦［訳］（1964）．『幻影の時代——マスコミが製造する事実』東京創元社

ベンヤミン, W. ／浅井健二郎［編訳］／久保哲司［訳］（1995）．「複製技術時代の芸術作品〔第二稿〕」『ベンヤミン・コレクション 1——近代の意味』筑摩書房, pp.583–640.

マクルーハン, M. ／栗原　裕・河本仲聖［訳］（1987）．『メディア論——人間の拡張の諸相』みすず書房

マノヴィッチ, L. ／久保田晃弘・きりとりめでる［編訳］（2018）．『インスタグラムと現代視覚文化論——レフ・マノヴィッチのカルチュラル・アナリティクスをめぐって』ビー・エヌ・エヌ新社

柳田國男（1998）．「日本の祭」『柳田國男全集 第十三巻』筑摩書房, pp. 355–508.

第6章

「伝統文化」をめぐるメディア人類学のフィールド

中国客家社会における福建土楼を事例として

小林宏至

自文化を検索する現地の人

　伝統文化・民俗知識というと，古来から変わることなく伝えられてきた慣わしや世界観といったように感じてしまいがちだが，実は意外と変化に富んでいたり，近年になって定着するようになったものも少なくない。加えて，こうした伝統文化・民俗知識はメディアと不可分な関係にあるといってよい。実際，もし「あなたの国や地域の伝統文化について調べましょう」という課題に直面したとき，おそらく多くの人は関連する文献を調べたり，特定のウェブサイトを参照することであろう。われわれはメディアの助けを借りなければ，それらを語ることが難しい世界に生きている。メディアを文化人類学的に議論することの魅力の一つは，メディアから対象を見るのではなく，対象からメディアを見ることである。本章では筆者の事例に基づきその一端を提示する。

1 はじめに

　わたしたちの身の回りに存在するありとあらゆるものは，それが情報を伝えていると考えれば何でもメディアとして捉えることができる。一般にメディアというとテレビ，ラジオ，スマートフォン（以下，スマホ）[1]，VR などが挙げられるが，文化人類学的な視座からみれば，手話[2] やウインク，風や大地[3] などもメディアとして議論される可能性がある。一般にメディアをめぐる議論は，身体拡張とコミュニケーションの領域に分けて整理されるが[4]，ここではコミュニケーションをめぐる部分により重点をおいて話を進めていく。

　メディア研究の嚆矢であったマクルーハン（M. McLuhan）が指摘したように，メディア研究において重要なのは，媒介される内容と同様に，何によって（どのようなテクノロジーによって）その内容が媒介されるのか，ということである。つまり同じ情報，たとえば「アカ鬼とアオ鬼が喧嘩した」という物語であれば，それが口頭（ラジオ，オーディオブック）で伝えられるのか，絵本（テレビ，ネット動画）で伝えられるのかによって情報の質そのものが変化すること

---

1) 近年，スマホを対象とした文化人類学的研究も盛んに行われている。その先駆的なものとして羽渕ら（2012）がある。
2) 手は人間が獲得した最も原始的なメディアであるとされ，乳幼児も音声としての言葉より先に手で行うベビーサインを獲得する方が早い。手の開放（手のメディア化）こそが，人間の脳，ひいては言葉の発達に貢献したともいわれる。この点に関してはルロワ＝グーラン（1973），手話の文化人類学的考察に関しては亀井（2009）などを参照されたい。
3) たとえば中国漢族社会には風水という民俗知識があるが，風水の専門家は山や川の流れ，大地の起伏から，よい「気」が流れるとされる「龍脈」を探し当て，吉祥の地を選定しようとする。詳しくは渡邊（1994），聶ほか（2000）などを参照のこと。

になる。日本社会における青鬼はグリーンからブルーの中間色で描かれることが多いが、音によって伝えられる青鬼と画によって伝わる青鬼は異なったイメージを受け手に与える。つまり情報は媒体を含めて情報なのであり、その点に注意を向けることがメディア研究において重要となる[5]。

② 文化や伝統をめぐる議論をはじめる前に ————

　一般に国、地域、民族という単位で語られる集団は、いわゆる文化や伝統とセットで語られることが多い。具体的に、中国文化、上海文化、苗族文化、そして伝統に関しては少林寺拳法、雑技団、中華料理……これらのイメージは特に違和感なく受け入れることができるであろう。しかし、日本人[6]である私たちが日本文化を語るとき、そこに何を表現しうるだろうか？　たとえば桜やお花見、茶

4）メディアにコミュニケーションの面と身体拡張の面があることに関しては、メディア研究の第一人者であるマクルーハンが題した二つのシンプルなタイトルからもうかがえる。具体的にコミュニケーションに関しては、「メディアはメッセージ（The medium is the message）」（McLuhan, 1964）であり、身体拡張に関しては「メディアはマッサージ（The medium is the massage）」（McLuhan & Fiore, 1967）である。冗談めかしたタイトルだが、彼が主張したいのは、メディアはそれ自体がメッセージ（情報）であり、それ自体がマッサージ（知覚）であると捉えられよう。

5）実際、音声で伝えられるアオ鬼はグリーンかブルーかはわからないが、映像で伝えられるアオ鬼は、明確にその色が伝わる。日本語においてアカやアオという言葉は、実際の色彩以上に実に広い意味をもつ。たとえばそれは、信号機のアオ、プランクトンの異常発生によるアカ潮、アオ野菜、アカ錆、アオ白い顔などの言葉からもうかがえよう。しかしそれが出版された絵本としての『泣いた赤鬼』となると様相が異なってくる。

6）ここでは日本語を母語とする日本人を主たる読者として書いているため、このような表現を用いたが、本章は日本人のみに向けて書かれているわけではない。

道，富士山，日本刀，和食などが挙げられよう。しかしお花見を楽しむ日本人は多かろうが，茶道を嗜む日本人は少ない。富士山に登ったことがある人や日本刀に造詣が深い人も決して多いとはいえないだろう。天麩羅や寿司は代表的な和食だろうが，私たちがよく食べている肉じゃが，カレーライス，ラーメンは和食だろうか。このように国，民族，地域という単位で語られる文化や伝統は，私たちの実生活，実体とはかなりかけ離れたものとなっている。しかし出版・電子メディアを介して伝えられる情報の多くが，いわゆる富士山，寿司，茶道であることは，想像に難くないことであろう。

　このような現象に関しては，これまでさまざまな分野から研究がなされてきた。その古典的なものとして，伝統と近代に関してホブズボウム（E. Hobsbawm）らによる研究[7]，また特定の単位で語られる集団に関してはアンダーソンの出版資本主義と「想像の共同体」に関するものがよく知られている[8]。これらの研究からわかるのが，文化や伝統とされるものは決して遠い「過去」のものではないこと，そして特定の社会集団に対するイメージはその「外部」の存在が重要であること，さらに出版・電子メディア上では，特定の社会集団について固定化された語りがなされる傾向が強いこと，が

7）彼はスコットランドのタータンチェック・キルトを例に，スコットランドは外部（イングランド）との接触・統合に際し，自らの民族性を体現するものとしてかつては野蛮なものとして避けていたタータンチェック・キルトを，伝統的で民族性を示すものとして採用したとした。つまり外部との接触により，ある集団の伝統が新たに創られたと主張したのである。詳しくはホブズボウムとレンジャー（1992）を参照のこと。

8）アンダーソンは出版資本主義が国民という「想像の共同体」の誕生に大きく貢献したと主張した。すなわち，廉価かつ大量に複製可能な出版物が出現することにより，これまで意思疎通がほとんど不可能であった者同士が出版物を介して連携し，あたかも同じ歴史的・社会的背景を共有する共同体として意識されるようになったのである。この点に関してはアンダーソン（1997）やゲルナー（2000）を参照のこと。

挙げられる。

　つまり日本文化を例とすれば，日本社会において「伝統」と語られるものは決して遠い「過去」のものではないこと（たとえば1990年代から始まるYOSAKOI系の祭り），世界文化遺産に際して地域の文化財が観光資源化されること（各世界遺産候補地の整備・再整備），テレビ番組やガイドブックを介して特定の地域・集団が固定化されること（「県民性」をテーマとしたTV番組や出版物）などが典型的なものとして考えられよう。では実際，文化や伝統が出版・電子メディアによって運ばれ，それがある社会集団に対して固定化する語りを与えるということは，どのようなものであろうか。以下では，筆者の調査事例をもとに，それぞれのメディアが得意とする領域と特性について論じていく。

③ 住んでいる場所が突然，世界文化遺産になったら？

　一般に，文化人類学という研究分野は，二つの仕事を通して行われる。一つはフィールドワークを行うこと[9]，もう一つは民族誌を書くこと[10]である。本章で議論する内容も，この二つの仕事と密接にかかわっている。筆者（小林）の調査地は，中国福建省の西南部に位置するのだが，その土地の人びととは2004年から2019年現在に至るまで，約15年以上にわたって関係を続けている。筆者が

---

9) 文化人類学のフィールドワークは調査対象と長期にわたって深い関係をもつこととなる。そのため時として，スローサイエンス（スロースタディ）と呼ばれることもある。

10) 民族誌は成果物でもあり，研究手法でもある。特定の社会集団（あるいは対象）における，さまざまな細かな現象を全体的な世界観（あるいは社会状況）と結びつけ描き出すことである。部分と全体，全体と部分を適切な形で関連づけ（あるいは関連づけないで），特定の社会集団（あるいは対象）の文化を論じる。

図6-1 筆者が滞在した土楼の外観
（直径約60m，高さ10数 m。最盛期には数十世帯数百人が居住）

　調査を行なったのは，主に土楼という巨大な集合住宅（図6-1），そしてそこに居住する人びと[11] であったが，ちょうど筆者が滞在[12] していた2008年7月に現地社会を大きく変える一大事件が起こった。土楼が世界文化遺産に登録されたのである。

　世界文化遺産はユネスコの諮問機関であるイコモスが世界文化遺産にふさわしいかどうかを審査するのだが，基本的に世界文化遺産の審査の対象となるリストは，当該国が用意している。また，それらのリストの多くは各地元政府の要望により，選出されている。具体的に「福建土楼」の場合は，福建省や永定県といった地元政府の強い働きかけにより世界文化遺産へ登録されるに至っている。しかしそこには，Ⓐ地元住民の意向が反映されるかというと必ずしもそうとはいえないこと，また，Ⓑ現地の民俗知識が適切な形で文化遺産として登録されるわけではないということ，という問題があり，

11) 現在は少なくなってしまったが少なくとも筆者が調査していた当時は多くの人が土楼内に居住していた。
12) 2008年〜2010年にかけて中国政府奨学金の高級進修生として厦門大学に所属し，その間の多くは，土楼に住み込みフィールドワークを行なっていた。

これには出版・電子メディアの力が強く働いている。以下では，Ⓐ，Ⓑについて具体的にみていこう。

　世界文化遺産に登録されるということは，当該社会に大きな影響をもたらす。世界各地から観光客が訪れるのみならず，登録された文化遺産が適切な形で保護・管理されているかどうかがチェックの対象となるのである。土楼が世界文化遺産に登録されて以降，村人の生業は大きく変わることとなった。これまで農業に従事していた人びとは，農業から観光業へ，具体的にはツアーガイド，バイクタクシーの運転手，民宿の経営などに仕事を変え，道路や広場に至るまでこれまでとまったく異なった景観が創出されることとなった。しかし，観光業の多くは，行政主体の観光会社によって管理されるものであり，地元の人びとが「勝手に」観光ガイドをしたり，土楼をとりまく景観を変更することはできなくなった。つまり現地社会は，Ⓐ地元住民の意向が反映されるわけでなく，観光業を興そうとする現地政府の意向により沿った形で開発が行われるという現状に見舞われたのである。

　現地住民の意向を超えて，新たな価値が創出されるというのは，生業や景観に限らない。彼らの民俗知識とされる領域にまで，その影響は及んでくる。たとえば土楼の中心部には現地社会で「中堂」あるいは「中庁」と呼ばれる，小屋のような建物があるのだが，その小屋の意味も文化遺産登録後に変化するようになった。

　筆者が調査している地域一帯（多くの世界文化遺産を含む一帯）では，土楼の中心部に祖先を祀る慣習は「なかった」。祖先祭祀を行うための祠堂は，土楼の外に位置し，2年間の滞在期間中（またそれ以降も），土楼内部にて祖先祭祀が行われるのを筆者は一度も目にすることがなかった。土楼内部で行われるのは，天公，観音，保生大帝[13]といったさまざまな神への祭祀であった。またそこでは親族内の会議，宴なども行われるものの，祖先を祀る場所として利

図6-2 筆者が滞在した土楼の内観
（中心部の建物には観音や保生大帝が祀られる）

用される場面は，少なくとも調査地一帯（福建省永定県一帯）では見ることがなかった。しかし，世界文化遺産に登録される際，土楼中心部の建物は「祖堂」として認識され，そしてそれは文化遺産としてそのまま「保存」されることとなったのである。

　2008年7月に世界文化遺産に登録されて以降，現地社会では土楼中心部の建物を「祖堂」とするテクストが溢れるようになった。たとえばユネスコの「公式文書」もそうであるし，現地の看板，そして観光ガイドが使用する「教科書」もまた，土楼中心部の建物を「祖堂」とする説明がなされるようになった。つまり，現地では観光ガイドが案内する際，そのお手本となるテクストに，「皆さま，目の前に見えますのが，○○楼の祖堂です。こちらでは……」というような解説がなされるようになったのである。当時，教科書を見せてもらった筆者は，現地の友人であった女性ガイドに，「これを

13）天公は，現地における道教の最高神であり，玉皇上帝とも天帝とも呼ばれる。観音は日本でもなじみ深い観音様，保生大帝は当該社会で厚い信仰を集める傷病治癒の神様。

本当に祖堂と説明するの？」と尋ねたことがあるが，彼女らは「するわけないでしょう。これは祖堂じゃないし祖先祭祀もしていないのだから」と答えていた。しかし，現地出身でない観光ガイドはもちろん，教科書通り，「前方に見えますのが，○○楼の祖堂です」と何の躊躇いもなく解説していた。

　ここで筆者が指摘したいのは，土楼中心部の建物の正しい解説は，「中堂」であり「祖堂」ではない，ということではない。少なくとも筆者が調査した時点ではそうであったが，その後10年以上にわたって，「祖堂」という解説が与えられると現地の民俗知識も変化しうる可能性があるということである。実際，一部の土楼では，土楼中心部に祖先の人形を置くようになっている。観光客や観光用テクスト，ウェブサイト，SNSなどさまざまなメディアを介して，彼らの民俗知識も大きな影響を受けているのである。つまり<u>B現地の民俗知識が適切な形で文化遺産として登録されるわけではない</u>のである。しかし筆者はそれを否定する立場にない。もともと文化，伝統，民俗知識というものは変化しうるものであり，その点にこそむしろ注意を向けるべきなのである。

❹ メディアが運ぶ「文化」と「伝統」──────

　さて，本章では世界文化遺産である土楼の事例を通して文化や伝統が，<u>A現地の文脈から離れ</u>，<u>B民俗知識が再創生される</u>，という状況を概観してきたが，そこにはさまざまなメディアが関与している。実際にこれらは相互で関係しあっているが，ここではあえてそれらをシンプルに三つの領域に整理し議論を進めていくことにする。ここでいう三つの領域とは，①（手描きで書かれた）文字資料や声という村落内のみで交換される情報，②出版物・テレビといったマスメディアで流される情報，③パソコンやスマホで得られるネット

メディアからの情報を指す。

　議論の詳細に入る前にここで，なぜ本来存在しないはずの「祖堂」が土楼内部に「出現」してしまったのかということに関して，筆者の調査に基づいた結論を述べておきたい[14]。客家というエスニックグループは非常に多様性に満ちた社会集団である[15]。土楼が点在する地域一帯は，客家が居住するエリアではあるが，客家全体としては周縁的な地域とされてきた。同じ客家地域といえども，分水嶺[16]を越えると方言が異なるため客家語を用いた意思疎通が難しいなど，簡単にひとくくりにすることはできない。実際，筆者が調査した村でも客家同士で結婚したにもかかわらず，互いに言葉が通じないため標準中国語で話す夫婦が多数いた。このように客家文化は実に多様なのである。しかし世界文化遺産登録に際しては，客家文化を画一的なものとして論じてしまった。そのため本来存在しないはずの「祖堂」が土楼の中に現れてしまったのである。

　広東省の梅州は客家の「首都」とも呼ばれる場所であり，言語に関しては「標準」客家語と称されることもある[17]。そして梅州の民間建築には中心部に祖先を祀る祠堂を造ることが多い。つまり客家文化の「首都」では住居の中心に祖堂があることが多いのである。しかしそれがすべての客家地域にあてはまるとは限らない。土楼のなかの中堂は，「標準」的な客家文化である梅州の住宅プランがそ

14）この点に関する詳しい議論は，筆者の別稿（小林，2012）を参照のこと。

15）客家がいかに多様であり，また文化的に創られた概念・イメージであるか，またグローバルに展開する客家社会に関する情報に関しては，『客家──歴史・文化・イメージ』（飯島ほか，2019）を参照のこと。

16）雨水が流れ込む川を分かつ山々が連なる場所。実際この地域帯では，水系の境界となる部分が文化圏の境界となることも多い。

17）少なくとも筆者の調査地である土楼一帯では，梅州の客家語を「標準」的な客家語であると語る。

のまま土楼に当てはめられてしまったと考えられる。そのため土楼
内部には本来存在しないはずの「祖堂」が突如，出版物，テレビ，
インターネット空間の中に出現したのである。

　議論をメディアの話に戻そう。このような状況のなかで，先述の
三つの領域においてメディアはどのような作用をもたらしたのだろ
うか。世界文化遺産に登録されて以降，土楼の入り口には看板が備
えつけられ，土楼中心部の建物を「祖堂」と表記するようになった。
だが，これに対して土楼の住民らは①手描きで訂正を行い，「祖堂」
の「祖」の字を消して「庁堂」と書き直している。しかし，その影
響力は微々たるものであり，観光客に注目されることもない。また
本題とは別に，（手描きの）文字を用いたものとして，現地社会では，
族譜（漢族の家系図），一族内の役職一覧，寄付一覧などの記録があ
るが，これらの影響力もまた（複製しない限り）村落内部に留まっ
ている。

　一方で②出版物・テレビといったマスメディアの影響は非常に大
きい。これまで多くの土楼にまつわる書籍のなかで，土楼中心部の
建物は「祖堂」と表記され，それが繰り返し「複製」されること
で，土楼内部の「祖堂」は定説化し，ユネスコの公的文章において
も「祖堂（Ancestral Hall）」として記録されることとなった。これ
は何も出版メディアのみならず映像メディアでも同様である。たと
えば日本のメディアでは，1992年5月にNHKで放送された『NHK
スペシャル』という番組[18]にて「円楼の中心には祖先を祀る祖堂
が置かれています」というナレーションとともに「祖堂」というキ
ャプションが入る。また2009年にTBSで放送された『世界ふしぎ
発見』[19]という番組でも「建物の中心には先祖を祀る祖堂がある」

18）同番組の放送タイトルは「客家円楼　～巨大円形集合住宅の一族～」。
19）同番組の放送タイトルは「世界が注目！　中国客家の秘伝」。

というナレーションとともに同じく「祖堂」というキャプションが
表示された。しかし繰り返しになるが，少なくとも筆者の知る限り
土楼内部で祖先祭祀が行われてきたという住民の記憶，文字史料と
しての記録は「ない」。

　次にネットメディアについても触れておきたい。土楼という建物
は世界文化遺産に登録された頃から，インターネット上にその情報
が多く掲載されるようになった。そこで書かれている内容のほとん
どは，マスメディアで報道されていることとほぼ変わることはない。
ただ注目に値するのは，土楼一帯の人びともまた，時としてその情
報を参照するということである。ある日（長期調査中であった 2009
年），わたしは村の老人に彼の住んでいた土楼が建てられた年代を
問うていた。すると彼は「ちょっと待ってろ，いまパソコンで調
べてみる」といって特定のウェブサイトを参照したのである。2019
年現在，彼らはスマホを用いてこれらの情報に容易にアクセスして
いる。このように彼らはいとも簡単に「正しい」情報[20]にアクセ
スできるようになっているのである。

5　管理の中の伝統文化と局所的メディアの可能性 ─

　土楼の中心部にある建物は，現地の人びとから中堂，庁堂などと
称され，これまでそこで祖先祭祀が行われることはなかった。しか
し，世界文化遺産登録に前後して「祖堂」という名称が与えられる

---

20) 中国社会において「正しい」情報は固定されている。一般の人びとが自
　　由にアクセスし，情報が蓄積されていく，いわゆる「集合知」としての
　　役割を果たすウェブサイトは政府の管理の対象となっている。具体的
　　には中国社会で閲覧可能だったウィキペディアは 2019 年 4 月に遮断さ
　　れることとなった。ここで指摘したいのは，ウィキペディアが提供する
　　情報の正確性ではなく，管理体制の特徴である。

ことになり，いずれ祖先祭祀が行われるようになるかもしれない。
筆者は別に，このこと自体を否定するつもりはないし，否定すべき
ことでもないと考えている。そもそも文化は動的なものであり，先
に触れたとおり伝統は創られるものだからである。

　さて，これらの事象をメディアという観点で捉えるならば，ここ
からどのようなことが見出されるであろうか。たとえ同じ内容であ
っても，手書きのもの，出版されたもの，インターネット上のも
のは異なった様相を帯びてくる。手書きのものは複製されない限り，
それが媒介する範囲は村落社会内に留まることになる。出版された
ものとインターネット上のものは，脱地域的に広がりをみせるもの
の，その可変性には大きな違いがある。たとえば中国社会において
（中国社会以外にも当てはまることなのだが），サイバー空間は政府に
よって常に「監視」されている。そのため政府に不都合な内容はす
ぐに書き換えられるか，削除される状況にある[21]。政府見解で「白
い」とされていたものが，ある日突然，政府の都合により「黒い」
ということになると，出版物では変化の経緯を探れる可能性がある
が，サイバー空間上は検証不可能となる。これは何も中国社会のみ
に限った話ではない。日本も欧米も状況は同じである。よく知られ
ているものとして法学者であるレッシグ（L. Lessig）の議論がある。
サイバー空間はそのように設計（アーキテクト）されかねないので
ある[22]。

21）実際，2019 年現在，中国社会において Twitter, Facebook, YouTube,
　Google といったアプリケーション，検索サイトが使用できないことは
　広く知られた事実である。また中国のインターネット上にて特別な言
　葉を検索するとネットワークから（一時的に）遮断されるという状況は
　続いている。加えて，出版メディアにおいても香港では 2016 年，政府
　に批判的な本を置いたとされる香港の銅鑼湾書店が閉店した。

　つまり，私たちがメディアを介して誰かの（自分の）文化や伝統を語る際，そこには必ず何かしら政治的な影響力が働いているということである。たとえば日本社会においては，農林水産省の「ため池百選」，各地の国宝・重要文化財，ひいては富士山の世界文化遺産登録も同様である。なぜ，自分がかつて遊んだ思い出深い「ため池」ではなく，隣村の「ため池」が評価・保護の対象となるのか。なぜわが家の仏壇ではなく，法隆寺の仏像が保護されるのか。なぜ富士山が，自然という価値（自然遺産）ではなく，日本人の自然観としての評価から文化遺産に登録されるのか[23]。私たちが出版・電子メディアを介して創り出す，あるいは感じる文化・伝統というものは，非常に政治的である。

　一方で，手書きの貼り紙やオーラルなコミュニケーションを介して，特定の社会集団全体を表出する文化や伝統が創られる場面は非常に少ない。これらはメディアとして非常に局所的である。しかし社会的影響力が限定されているからこそ，逆に新たな可能性を有していることもまた確かである。最後にそれについて触れておこう。

---

22) サイバー空間上のアーキテクトとは，何かしら管理側の意図とは異なった行動を起こそうとしても不可能なように設計されているということである。法律は罰則によって行動を規範化しようとするが，アーキテクチャは既にそれが行為できないように設計されているということである。たとえば乗り物の無免許運転を罰則で取り締まるか，免許を所持していなければ乗り物が動かないように設計されているか，の違いである。詳しくはレッシグ（2007）を参照のこと。

23) 文化庁を含めた各行政組織はこれまで何度も富士山を自然遺産としてユネスコに申請するように準備してきたが，自然遺産としての価値で評価されることはなかった。そのため文化遺産として富士山を申請し，2013年に登録されることとなった。この経緯には日本（人）の自然観ではなく外部からの富士山への「まなざし」が大きく影響していることがうかがえる。世界遺産登録に際して，日本政府もその「まなざし」に合わせる形で世界遺産登録を目指すこととなった。

図6-3　中国農村部のある集団内における SNS 上の会話
（このグループには 100 人程度の親族が参加している。
基本的に文字ではなく現地語の音声メッセージが主となっている）

　スマホの普及により農村部の高齢者，つまり非識字層のコミュニケーションツールにインターネットが活用されるようになった。これはSNS の音声メッセージによって可能となったのだが，その結果SNS 内のグループ会話の多くも音声でなされるようになった。これは漢族社会農村部のみならず中国の多くの少数民族地域など [24)] にもみられる現象となっている。つまりウェブ上のコミュニケーション空間は，極めて「グローバル」な（漢字・英語の）領域と極め

---

24) ここでは具体的な文献や事例を示すことはできないが，2018 年〜 2019 年にかけて筆者が滞在した漢族農村部，中国西南部では確実に音声チャットが増えている。

て「ローカル」な（現地語の）領域に二極化したのである。同じツールとしてスマホを使っていても，メディアとしては「正しい」情報があふれる領域と，地元民しか理解できない音声が飛び交う領域，と2つの使われ方をするようになったのである。

⑥　結びにかえて

　冒頭で述べたとおり，メディアというものは何も出版物，テレビ，インターネットだけではない。最も原初的なメディアである「手」もまた未だに中国社会において頻繁に使用されている。たとえば四と十の発音が伝わりにくいとき，彼らは指を重ねたり並べたりするし，ささやかななお茶会にて「ありがとう」を伝えるとき，彼らは軽く指で台を数回叩く。

　現地社会においてメディアは，どれかがどれかに完全に置き換わるのではなく，重層的に使用されている。しかし，より高度な技術・インフラを要するメディアであればあるほど，地域社会外部の影響を受けやすくなる傾向は否めない。しかし同じインターネットというメディアであっても，近年スマホというツールを介して，「正しい」情報を運ぶ領域と極めて局所的な対話の領域というように，二極化した使われ方をするようになってきている。

　まとめよう。わたしたちが文化や伝統と呼んでいるものは，非常に動的であり，またそれらが出版・電子メディアで語られる際，政治性と無関係であることはない。しかしユネスコのようなグローバルな力が働く一方で，極めてローカル，あるいは限定的な領域内での会話が各地で行われるようにもなってきているのも確かである。メディアの発達により現地社会を調査する必要がなくなったと考えるのであれば，それは二極化したメディアの一側面にしか目を向けていないといえよう。情報はメディア（身体拡張とコミュニケーショ

ンの領域）を含めて情報なのである。文化人類学的な視点からメディアを調査・研究することの意義は，ある社会集団（あるいはネットワーク）を対象とし，直接の対話にせよ，ネット空間にせよ，膝を突き合わせるレベルから，外部から表象されるレベルまで，部分と全体，内部と外部を総合的に考えることができる点である。

●ディスカッションのために
1 筆者の調査地において，土楼中心部の建物の扱いが，どのように変化したのか，事例に基づいてまとめてみよう。
2 筆者は，その理由についてどのように説明しているか，本文に基づいて，まとめてみよう。
3 本章の「文化，伝統，民俗知識というものは変化しうるもの」だという論点を読んで，身近で似たような事例を思いつくだろうか。似たような事例を思いついたら，変化した理由も含めて調べた上で，自分の言葉でまとめ，周りの人たちと共有してみよう。

【引用・参考文献】

アンダーソン，B.／白石さや・白石　隆［訳］（1997）.『想像の共同体——ナショナリズムの起源と流行〔増補版〕』NTT 出版

飯島典子・河合洋尚・小林宏至（2019）.『客家——歴史・文化・イメージ』現代書館

亀井伸孝（2009）.『手話の世界を訪ねよう』岩波書店

ゲルナー，E.／加藤　節［監訳］（2000）.『民族とナショナリズム』岩波書店

小林宏至（2012）.「福建土楼からみる客家文化の再創生——土楼内部における「祖堂」の記述をめぐる学術表象の分析」瀬川昌久・飯島典子［編］『客家の創生と再創生——歴史と空間からの総合的再検討』風響社，pp.97-127.

聶莉莉・韓敏・曽士才・西澤治彦［編著］（2000）.『大地は生きている——中国風水の思想と実践』てらいんく

羽渕一代・内藤直樹・岩佐光広［編］（2012）．『メディアのフィールドワーク──アフリカとケータイの未来』北樹出版

ホブズボウム，E.・レンジャー，T.［編］／前川啓治・梶原景昭ほか［訳］（1992）．『創られた伝統』紀伊國屋書店

ルロワ＝グーラン，A.／荒木　亨［訳］（1973）．『身ぶりと言葉』新潮社

レッシグ，L.／山形浩生［訳］（2007）．『CODE VERSION2.0』翔泳社

渡邊欣雄（1994）．『風水──気の景観地理学』人文書院

McLuhan, M. (1964). *Understanding media: The extensions of man.* Cambridge: The MIT Press.

McLuhan, M., & Fiore, Q. (1967). *The medium is the massage: An inventory of effects.* New York: Bantam Books.

第7章

ダークツーリズムの複雑さ

メディアが作りだす，メディアを見る観光

市野澤潤平

　近年，観光人類学や社会学の分野で注目されている，ダークツーリズムという現象がある。漢籍の古典『易経』にある「国の光を観る」という表現から由来するとされる日本語の「観光」には，美しい，素晴らしい，優れた……といったポジティブな意味で特別視される著名な事物を人びとが観覧に訪れるような語感があるが，ダークツーリズムは，そうした常識的な観光のイメージから逸脱する観光のあり方として，研究者の興味を惹いている。すなわち，大規模虐殺の現場や災害被災地など，暗く凄惨な歴史を背負った（と一般に了解されている）場所を訪れる観光が，ダークツーリズムである。他の観光現象と同様に，ダークツーリズムとメディアには切っても切れない関係がある。

1 はじめに：観光とメディア

　現代の観光を，メディアとの関わりを抜きに理解するのは，困難である。メディアによって紹介された「有名なもの」の存在を再確認しにいくという一面が大衆観光に存することは，早くも1950年代に指摘されている。

　たとえばコペンハーゲンの人魚姫像を観光しに行く人びとは，おそらくはアンデルセン童話を読んで感銘を受け，テレビや雑誌などで見た人魚姫像のイメージを目に焼き付けて，コペンハーゲンを訪れる。そして現地に到着すると，自分が知るイメージどおりの銅像がそこにあることを喜び，そのイメージをなぞるような構図の（ときに自らも映り込んだ）写真を撮影して，帰途に就くのである。こうした今日の典型的な観光の次第において，「見に行きたい（そして写真を撮りたい，SNSで共有したい）」と欲望されるものは，（潜在的な）観光者がメディアを通じて知ったものでしかありえない。つまり，ごく単純にいえば，ある事物は，メディアによる表象を通じて観光者と接点をもつことによって，初めて観光対象として立ち上がるのである。本章は，観光者と観光対象をメディアがつなぐというこの観光の基本的な構図から出発して，ダークツーリズムを考察する。

2 メディアによって作られるダークツーリズム

　ダークツーリズム（dark tourism）とは，何か。学術的に厳密な定義がまだ確立していない新しい概念だが，大まかに「（多くの人びとの／特筆すべき事件として生じた）死や苦しみにかかわる場所を訪れる観光」であると理解しておけばよいだろう。ダークツーリズムとは基本的に，観光の対象によって規定される概念である。特定

の場所や展示物など，過去の死や苦しみにまつわる何かを観光的な興味の対象とする旅行はすべて，ダークツーリズムとみなせる。たとえば東日本大震災の被災地への一時的な訪問は，その目的がボランティアでも，死者の慰霊でも，物見遊山でも，一種の肝試しでも，防災のスタディーツアーでも，すべてダークツーリズムである。ダークツーリズムとは相当に大雑把な定義／概念であり，だからこそ便利に使用されて広く普及したわけだ。

　ダークツーリズムという言葉が使われるようになったのは，最近のことだ。とはいえ，歴史的な死や苦しみに関わる地を訪れる観光は，古くから存在していた。たとえば広島平和記念資料館や長崎原爆資料館，沖縄戦跡のひめゆりの塔などは，修学旅行の訪問先になるほど，日本人にはなじみの深い観光地である（かのアウシュヴィッツ＝ビルケナウ強制収容所も，ヨーロッパでは修学旅行先によく選ばれるという）。こうした死と苦しみの現場の観光対象化は，冒頭に例示したコペンハーゲンの人魚姫像とまったく同様な仕方で，メディアによる表象に導かれて成立する（修学旅行であれば，事前学習の授業などもメディアとなる）。メディアを通して見た「有名なもの」との出会いを期待して観光客がその地を訪れるという意味では，今日ダークツーリズムと呼ばれている現象は，昔ながらのありふれた観光実践であるともいえる。

　しかしながら，社会学者の遠藤英樹は，そのような「以前から存在していた多様な観光現象を，「ダークツーリズム」という画一の概念でくくるという点」こそが，ダークツーリズムを論じることの新しさなのだと指摘する（遠藤, 2019：12）。かつて生じた死と苦しみの痕跡を求める観光者たちの動機や思惑，そして彼らが形作る旅の有り様は，千差万別である。ダークツーリズムという概念には，「それらの違いをこえ，すべてを"人類の歴史"における負の産物をめぐる旅であるとくくっていく」志向を生み出す作用があった

（遠藤, 2019：12）。たとえばハワイやタヒチへ旅行をする目的は人それぞれだろうが，私たちはその多様性についてはほとんど気にもせず，熱帯の島嶼への旅行であれば一様に「楽園リゾート観光」とでもいうべき特定のイメージ（吉田, 2013）において捉えている。それと同じように，戦死者を偲ぶ慰霊の旅，津波被災地へのボランティアツアー，原爆資料館への修学旅行といった，それぞれ目的も活動内容も異なる旅が，歴史的な悲劇の地を訪れるという共通点からダークツーリズムという概念に括られて，新しい意味を帯びた新しい観光とみなされるようになった。言い換えれば，ダークツーリズムという概念が，一つの新しい観光のジャンルを生み出したのだ。

　ダークツーリズムなる言葉は，元来は観光研究における学術用語として誕生した。ところが，それは瞬く間に学術の世界を飛び出し，各種メディアを通じて人口に膾炙した。美しいもの，良きものを追い求めるという常識の逆をゆく，いわば天の邪鬼な観光のあり方として，ダークツーリズムには人びとの好奇心を刺激するところがあったのだろう。今日では，多くのウェブサイトに関連記事が掲載され，ダークツーリズムの目的地を紹介するような書籍も相次いで出版されている。そうした需要を受けて，一般読者向けの解説を執筆することが，研究者に求められるようになる。さらに，インターネットを主戦場とするあまたのライターたちが，研究者の言説を参考にしながら，ダークツーリズムのお手軽な解説や紹介の記事を，大量生産していく。結果として「専門家」である観光研究者によるダークツーリズムの捉え方が，巷の人びとのダークツーリズム観を形作る下地となっていく [1]。

---

1) こうして一般に共有されていく，ある場所を特定の性格をもった観光地として捉える見方を，J. アーリは「観光（客）のまなざし」と呼んだ（アーリ＆ラースン, 2014）。

　日本においてダークツーリズムという語が市民権を得る上では，東日本大震災の記憶がまだ新しい時期に東浩紀らが提唱した「福島第一原発観光地化計画」が，大きな役割を果たした。被害状況の大々的な報道を受けて全国的に災害ボランティアの気運が盛り上がり（他方で無責任な自称ボランティアへの批判もあったが），東北地方の産品購入や観光訪問も間接的な支援になるという言説が広がった。東らの「計画」は，そうした時流に適合して，世間の耳目を集めたのだ。同名の書籍（東, 2013）が出版されると，その主張に肯定的な感想を述べる記事がネット上に数多く登場した（学識者による書評に加えて，一般人によるブログやSNSなどへの書き込みが多かった）。「福島第一原発観光地化計画」とは，文字通り，福島の原発遺構および周辺の廃墟をダークツーリズム・サイト（観光地）として将来的に振興しようという一種の思考実験である。1986年に過酷事故を起こしたチェルノブイリ原発の周辺地域への観光ツアーが2011年頃から始まったことに，着想を得ている。東らは，「計画」をダークツーリズムと接合することで，それが原爆資料館やアウシュヴィッツを訪れるのと同じく「人類にとっての負の遺産を訪れる旅」なのだと，読者に印象づけた。数万もの人びとから故郷を奪った原発事故地を，四半世紀後の想定とはいえ観光地化しようという計画など，不謹慎な奇想とみなされ非難を浴びてもおかしくない。しかしそれはダークツーリズムなのだと説明されることにより，現に実践されている観光活動の延長にあるものとして，多くの人びとに了承されたのである。

　アカデミズム内部にとどまらず広く話題となった「計画」は，ダークツーリズムの概念を利用して自身を正当化すると同時に，その言葉を一般に啓蒙し普及させる役割も担った。主導者たちは「計画」について，観光の楽しみや関連業者の利潤よりも，安全管理が不十分であった過ちの記憶を長く伝える，被災地復興に充てる財源

を創出するといった，より人道的で公益的な目的に基づくものだと説く。「計画」の趣意文は，ダークツーリズムの効用や有用性を強調し，その振興を目指す意図を鮮明にしている。学術用語としてのダークツーリズムは観光される対象によってのみ定義されるが，その語が東日本大震災をめぐるメディア上の言説に乗って一般に普及するときには，効用や倫理に関するプラスの価値をまとうことになった。「計画」は，ダークツーリズムとはそのような意味で「明るい」ものなのだという理解を世に広めた言説の，典型例である（市野澤, 2016）。

　今日の日本で一般に流通するダークツーリズム概念に特有の「明るさ」とは，具体的には以下の三点に整理される。すなわち，①過ち／悲劇を繰り返さないための学び，②経済社会的な地域振興効果，③被害／被災者への共感的理解の涵養，である。①は教訓を風化させずに伝承する必要性から語られることも多く，②ではダークツーリストが現地に落とす観光収入が期待され，③については被害／被災者への支援増大につながる可能性が示唆される。いずれも，倫理的に正当だと世間から認められやすいポイントである。一般向けの啓蒙的な情報発信に積極的な観光研究者の井出明は，ダークツーリズムを「人類の悲しみを継承し，亡くなった方をともに悼む旅」であると位置づける（井出, 2013）。井出によれば「ダークツーリズムが意味するところは，レジャーや娯楽とは離れた対極に位置して」おり，「ダークツーリズムでは，観光を“楽しいもの”“愉快なもの”と考えるのではなく，学びの手段として捉えている」（井出, 2012）のだという。こうした言説が多種多様なメディアを通じて流布されることで，人びとが気兼ねなく（さらには義心から積極的に）参加しやすいような，「明るい」（そして倫理的に「正しい」）ダークツーリズム像が形成されていく。結果として，取り立てて有名ではなかったある場所がふとした拍子にメディア上でダークツーリズムと紐づ

けられれば，そこは説明に多言を費やさずとも，容易に観光対象へ
と転化することになるのである。

3　メディアを見る観光としてのダークツーリズム──

　ダークツーリズムの「明るい」可能性については，日本の社会
学者が観光客の経験をめぐって示唆深い議論を展開している（遠藤,
2019；須藤, 2016；2017）。ただしダークツーリズムの現場にあっては，
学びや悼みといった動機の薄そうな観光客を少なからず見かけるし，
史跡や展示資料の見学を通して真摯な感銘を受けているらしき者ば
かりでもない（図7-1）。2004 年のインド洋津波に襲われた直後のタ
イのプーケットでも，東日本大震災で大打撃を受けた三陸沿岸でも，
笑ってVサインを作る観光客は散見された。修学旅行で広島や長
崎を訪れる学生の中には，被爆者の体験談を伺う機会にすら，真摯
に向き合わない者がいるようだ（朝日新聞, 2014）。私たちは，ダー
クツーリズムの「明るい」可能性に期待をかける一方で，それが表
層的な娯楽体験（ときにはつまらないという落胆）しか生んでいない

図 7-1　強制収容所を背景に記念撮影をする観光客
（碇陽子氏撮影，2019 年 8 月）

場合が多々あることにも，留意する必要がある。

　本章の冒頭で確認したのは，観光対象はメディアによる表象を通じて初めて観光的な欲望の対象となる，ということだった。世界のどこかに素晴らしく可憐な人魚姫の銅像があったとして，それを取り上げるメディアが皆無であれば，観光客はその存在を知るよしがなく，魅力を感じようもない。ダークツーリズムもその図式の例外ではないことは，前節で示したとおりである。ただし，メディアという観点から現実の観光実践を分析してみると，その図式はもう少し込み入っている場合がある。コペンハーゲンの人魚姫像は，近年では「がっかり名所」としても知られるようになった[2]。雑誌やテレビなどのマスメディアを通じて人びとが目にする人魚姫像の写真の多くは，構図や色合いに工夫を凝らして撮影されたもので，アンデルセンの童話の世界観と見事に調和している。しかし，現地を訪れて人魚姫像を目の当たりにしてみると，それはメディア上の写真から受けた印象よりもはるかに小さく貧弱で，背景には巨大な工場が鎮座してメルヘンチックな風情をぶち壊している——期待していたのと全然違う，というわけだ。メディアを通じて形成された人魚姫への欲望は，現地で本物の銅像と対面しても満たされず，行く先を失って彷徨うことになる。実はダークツーリズムにおける観光対象も，これと似た構図において，観光客の欲望や関心を正面から受け止めずに，はぐらかしてしまう。

　ダークツーリズム・サイトの魅力を生み出す根源的な資源は何か——そこで悲惨な死と苦しみがあった，という過去の事実であ

2）シンガポールのマーライオンとベルギーの小便小僧像も，主に写真で見た印象よりもはるかに小さいという理由から，人魚姫像とあわせて「世界三大がっかり」などといわれている。さらには，メディアで見知った「がっかり体験」をわざわざ求めて，かの地を訪れる観光客が増えているという——期待通りにがっかり，というわけだ。

図 7-2　ユダヤ人犠牲者の遺品である靴の山
（碇陽子氏撮影，2019 年 8 月）

る（戦場や難民キャンプを訪れるような観光は，さしあたり考察から除
外する）。では私たちは，史跡や遺構，資料館や博物館などにおいて，
その死と苦しみの実際を目の当たりにすることができるだろうか
──もちろん不可能だ。ダークツーリズム・サイトが主に提供する
のは，過去に存在した他者における死と苦しみの，残痕と複製，お
よびそれらを補強する説明にすぎない。残痕とは，かつて何かが実
際に存在していた証左となる，その存在の残滓や跡形である。たと
えば，アウシュヴィッツ＝ビルケナウ強制収容所のガラスケース内
に積み上げられた，おびただしい数の犠牲者の靴（図7-2）。現在で
は盛り土工事が進んだ南三陸町に災害遺構としてぽつんと残る，三
階建ての防災対策庁舎の鉄骨構造。プノンペン郊外の野原を少し掘
り起こせば顔をのぞかせる，破損した人骨。こういったものが，過
去の死と苦しみの残痕である。対して，当時の状況，出来事，人物
像などを題材にとって，いかにも真実らしく新たに拵えた虚構が，
複製である。神戸にある「阪神・淡路大震災記念 人と防災未来セ
ンター」で上映される，地震で街が破壊されていく様子の再現映像
や，広島原爆資料館でかつて展示されていた通称「被爆再現人形」
のジオラマ（あまりにリアルで怖いと苦情が寄せられたため同館リニュ
ーアル後の現在は撤去されている）などが，それにあたる。こうした

過去の事実の残痕／複製こそが，ダークツーリズムにおける物理的な意味で直接の観光対象になるのだが，それらは死にゆく／苦しむ他者そのもの（すなわち観光客の興味と好奇心を掻き立てる源泉）ではない。それどころか，死と苦しみが，現在は／本物としては不在である事実を告げる証拠ですらある。対象が現に存在しているなら残痕はいまだ無く，本物があるところに複製を展示する必要はないからだ。ダークツーリストが訪問先で目にするさまざまな事物——残痕と複製は，手を触れることはもちろん目視すら不可能な，時間という絶対的な壁に隔てられた過去を（擬似的に）垣間見るための，覗き窓にすぎない。

　壁の向こうで営まれている他人の秘め事を覗き見れば，多くの人間は興奮するだろう（その体験を擬似的に再現するのが，ポルノ映像である）。けれども，他人の行為を覗くためにしつらえた窓それ自体に興奮する者はいない。覗き窓は，壁のこちらとあちらを橋渡しする単なる媒介——すなわちメディアである。そしてダークツーリズムにおける物理的な観光対象も，原理的にはそれと同じ意味でのメディアなのだ。

　2004年のインド洋大津波によって大きな被害を受けたタイのカオラックには，海岸線から遠く打ち上げられた海上警察の巡視艇が，津波の威力を物語る格好の残痕として据え置かれている（図7-3）。ガイドブックにも紹介されている観光スポットである。しかしながら，巡視船をカメラに収めて帰っていく観光客たちを見ていると，どうもその光景が心に響いている様子がない。声をかけて感想を聞いても，歯切れが悪い答えしか返ってこない。それもそのはず，巡視艇がただ広場にあるその様子は，何やら陸上保存された記念艦か博物館船かといった趣きで，津波の脅威も被災者の苦難も，そこからは感じ取れないからだ。観光客が抱くダークツーリズム的な欲望は，この巡視艇のように飾り気なく無造作に置かれた過去への覗き

図 7-3　津波で内陸まで打ち上げられた巡視艇
（筆者撮影，2015 年 8 月）

窓に相対したところで何ら満たされず，行き場を失ってしまう。このような，物理的な意味で直接の観光対象が，真に欲望されるものを表象するメディアでしかないという罠から，ダークツーリズムは逃れ出ることができない。歴史に名高い凄惨な出来事の跡地を訪れながらも，面白くないとか拍子抜けといった所感が頭をもたげてくる場合があるのは，このダークツーリズムの根源的な構造に起因する。

4 おわりに：ダークツーリズム研究の可能性

　ダークツーリズムに期待される「明るさ」は，同時に倫理的な意味での「正しさ」でもある。それでは，誰もが認めるであろう「正しい」あり方とは異なるダークツーリズム実践が横行しているのは，なぜだろうか。筆者はそこに，他者の死と苦しみへの共感的理解を涵養する回路としてのダークツーリズムがはらむ，本質的な困難が現われていると考える。すなわち，ダークツーリズムとは，犠牲者の経験について直接に（かつリアルタイムに）見聞きする活動ではなく，あくまでもメディアを介在しての間接的な「覗き見」にすぎないということだ（市野澤，2016）。

　現在から過去を覗き見るメディアであるかつての出来事の残痕は，出来事それ自体と同等同質の迫真性と衝撃性を持ち得ない。虐殺されたユダヤ人たちの靴も，気仙沼リアス・アーク美術館が展示する多数の津波被災物も，知らずに見れば単なるゴミの山である。それを見る観光客の感動を呼び起こすには，何らかの演出や説明が不可欠になる（市野澤, 2016）。さらにその延長線上には，もっともらしい虚構を創作することへの誘惑が，口を開けて待っている。ゴミの山にいくら念入りな説明を加えたところで，感動を生む効果には限界があるというわけだ。かくてダークツーリズム・サイトの運営者は，過去の残痕を派手に演出し，出来事を複製する品質向上に努めることになる。

　人と防災未来センターが提供する「このまちと生きる」と題された映像は，突然の被災から復興に向かうある家族の足取りを描くもので，巧みな演出によって観客の心を揺さぶり涙を誘う。ただし，それはドキュメンタリー風ではあるが，あくまでも「体験談に基づくフィクション」として製作されている（市野澤, 2016；寺田, 2015）。ナチスによるユダヤ人大量虐殺を扱った歴史博物館のなかには，エルサレムやロサンゼルスなど悲劇の現場とは異なる場所に立地するものもあるが，それでも情報提供の仕方を工夫することで，訪問者自身が真正だと捉えるような感動や学びの経験（橋本, 2011）を提供できているという（コーエン, 2012）。それ自体は素晴らしいことだ。しかしながら，「このまちに生きる」を鑑賞したり，エルサレムの博物館で教育プログラムに参加したりして得た体験は，震災を題材にしたドラマを自宅で見て，学校で歴史の授業を受けるのと，本質的な違いはないのではないか？　もしそうだとするなら，わざわざ悲劇の地を訪ねる「ツーリズム」は，娯楽や経済効果以外の正当性をもちうるのだろうか——それを不快に思う遺族や被災者がいるかもしれないのに？

　ダークツーリズムには，その名に反して「明るい」可能性があり，単に非倫理的で悪趣味な娯楽にとどまらない意義をもちうる。しかしながら本章は，ダークツーリズムの「明るさ」について，諸手を挙げて称賛する態度はとらなかった。メディアによって作られた観光であるのみならず，メディアを観光対象とする観光であることが，ダークツーリズムの実践が生み出す意味を複雑なものにしている。（過去に生きた）他者における経験／現実と，ダークツーリズムによって観光客が得る経験／現実の間には，絶対的な隔たりがある。私たちは果たして，その隔たりを乗り越えて犠牲者たちに共感しうるのだろうか？　他者に向き合い，人間の営みの複雑さを受け止めようとする，人類学的な研究視角からダークツーリズムを観察すれば，考察すべき課題が次々にみえてくるはずだ。

●**ディスカッションのために**
1　ダークツーリズムとは何か，本章での定義を確認してみよう。
2　ダークツーリズムに特有の「明るさ」とは何か，ダークツーリズムにおける「メディア」とは何か。本章の言葉を用いて説明してみよう。
3　あなたは，ダークツーリズムを「体験」したことはあるだろうか。もし，あれば，本章を熟読した上で，そのときの体験について，周囲に語ってみよう。なければ，ダークツーリズムを「体験」したいと思える場所・出来事について調べ，周囲とシェアしてみよう。

【引用・参考文献】
朝日新聞（2014）．「修学旅行生 5 人，長崎の被爆者に暴言──横浜の中学校謝罪」『朝日新聞』2014 年 6 月 8 日付朝刊
東　浩紀［編］（2013）．『福島第一原発観光地化計画──思想地図 β vol.4-2』ゲンロン
アーリ, J.・ラースン, J.／加太宏邦［訳］（2014）．『観光のまなざし〔増補改

訂版］』法政大学出版局

市野澤潤平 (2016).「楽しみのダークネス──災害記念施設の事例から考察するダークツーリズムの魅力と観光経験」『立命館大学人文科学研究所紀要』*110*, 23–60.

井出　明 (2012).「日本におけるダークツーリズム研究の可能性」『第 16 回進化経済学会論集』セッションB5-1〈http://jafeeosaka.web.fc2.com/pdf/B5-1ide2.pdf（最終確認日：2021 年 1 月 8 日）〉

井出　明 (2013).「再録「ダークツーリズム」って何ですか──観光学者・井出明先生に聞いてみた」〈https://genron-tomonokai.tumblr.com/post/94145697695/（最終確認日：2021 年 1 月 8 日）〉

遠藤英樹 (2019).「他者に寄り添い共生するゲームとしての「ダークツーリズム」──「ダークツーリズム」から「ポリフォニック・ツーリズム」へ」『立命館大学人文科学研究所紀要』*121*, 5–32.

コーエン, E. ／小槻文洋［訳］(2012).「「人々のなかの遺跡（in populo site）への教育的ダーク・ツーリズム──エルサレムのホロコースト記念館」（エリック・コーエン著）について──『ツーリズム研究年報』所収論文・解説と翻訳」『神戸夙川学院大学紀要』*3*, 57–74.

須藤　廣 (2016).「ダークツーリズムが持つ現代性と両義性」『立命館大学人文科学研究所紀要』*110*, 85–109.

須藤　廣 (2017).「現代観光の潮流のなかにダークツーリズムを位置づける」『立命館大学人文科学研究所紀要』*111*, 5–36.

寺田匡宏 (2015).「「無名の死者」の捏造──阪神・淡路大震災のメモリアル博物館における被災と復興像の演出の特徴」木部暢子［編］『災害に学ぶ──文化資源の保全と再生』勉誠出版, pp.61–115.

橋本和也 (2011).『観光経験の人類学──みやげものとガイドの「ものがたり」をめぐって』世界思想社

吉田竹也 (2013).『反楽園観光論──バリと沖縄の島嶼をめぐるメモワール』人間社

第8章

先住民とメディア生産

台湾原住民をめぐる2つの映像作品から
田本はる菜

1990年のハリウッド映画『ダンス・ウィズ・ウルブス』（ケビン・コスナー［監督］）が，ネイティブ・アメリカンの「素朴な」表象をめぐって賛否を巻き起こしたように，マジョリティによるマイノリティの表象は，その政治的正しさをめぐって広く関心を集めるようになった。こうしたなかで，マイノリティが行う自己表象は，主流の表象に対する「カウンター」とみなされることがしばしばある。完成した作品を観る

Dances with Wolves, 劇場公開時のポスター＊（Orion Pictures）

私たちは，そこにマジョリティとマイノリティという既存の対立を当てはめ，容易く消化しようとしてしまうのである。しかし，作品がつくられていく段階には，果たしてそのような区別や対立があらかじめ存在するのだろうか。本章では，マジョリティとマイノリティを横断して作品が生産され，流通していく具体的な過程をたどることで，カウンターよりも複雑さをはらんだ，「先住民メディア」の生産に光を当ててみたい。

＊出典：http://www.impawards.com/1990/dances_with_wolves_ver2.html

1　はじめに

✛二つの映像作品

　2008 年 4 月，ショートムービー『泰雅千年 (Once Upon a Time)』（陳文彬［監督］，2007 年）の国際映画祭入賞のニュースが，台湾の主要メディアを通じて大きく伝えられた。北部の山間地に位置する，原住民[1] タイヤル（泰雅）の集落で撮影されたこの作品は，出演者や協力者の多くを地元住民から募り，全篇にわたってタイヤル語が使用されたことでも話題になった。

　その翌年，台北市内の映画館の一室で，もう一つの映像作品が発表された。『走過千年 (The Moment Run Through)』（Pilin Yapu［監督］，2009 年）である。これは，タイヤルの映像作家ピリン・ヤプが，自らもスタッフとして参加した『泰雅千年』の制作過程を追いかけた，約 1 時間のフィルムである。

　同じ時期に同じ現場で撮影された二つの映像は，当初「本編」と，その工程を記録した「メイキング」になるはずであった。しかし両者の関係は，撮影の進行と完成後の反響を通じて意外なものになっていく。撮影隊と集落との度重なる交渉，紛糾する会議の場，そして関係者による戸惑いの表情や語りまでをも記録した「メイキング」は，むしろ原住民タイヤルの監督が発信した「ドキュメンタリー」とみなされ，漢民族主導の映像プロジェクトにまつわる語られない事実を暴露したものとして注目されることになったのである。

✛先住民メディアの生産

　『走過千年』が原住民タイヤルの監督によって撮られたものであ

---

1) 本章では，台湾での先住民（族）の公称に従って「原住民」と表記し，とくに集団的権利の主体であることを強調する際は「原住民族」を用いる。先住民（族）は一貫して「先住民」と表記する。

図 8-1　DVD『泰雅千年』（左），『走過千年』（右）

ったように，これまで被写体／被調査者であった人びとがメディア
へのアクセスをもち，自ら制作や発信を行う状況が世界各地でみら
れるようになった。すでに先住民によって構想され生産されるメデ
ィアを指して，「先住民メディア（indigenous media）」という語も
用いられるようになっている（cf. Turner, 1992：2002）。こうした状
況は，メディアをもっぱら西洋に由来するもの，もしくは西洋の支
配下にあるものとして捉えてきた既存のメディア人類学に，次なる
課題を提起してきた。すなわちF. ギンズバーグらが述べるように，
（西洋的メディアが）どのように他者を表象できるのかという問いか
ら，むしろ異なる社会にメディアがいかに取り込まれ，意味あるも
のになるのか，という問いへの転換である（Ginsburg et al., 2002：4）。

　この問題を共有したうえで，先住民メディアの実践と研究の先
駆けとして知られるT. ターナーは，先住民メディアの生産が「多
義的プロセス（multivocal process）」であることに注意を促す。ブ
ラジル先住民カヤポを主体とする映像制作プロジェクトを立ち上げ，
その過程を民族誌的に記述したターナーは，カヤポが抗議活動など
対外的な政治運動のために映像を用いるだけでなく，映像制作をコ
ミュティの内部政治——社会的結束や個人の威信獲得——に積極的

に利用することを指摘する。彼らは西洋的メディアによって自文化を「喪失」するのではなく，むしろ自社会の内部と外部に向けた多様な目的のために利用していくのである（Turner, 2002：77, 80）。

　本章では，この先住民メディアの生産がはらむ多義性への注目を踏まえ，台湾原住民タイヤルをめぐる映像プロジェクトの経緯をみていく。ここでの映像制作は，原住民と，専門家，スポンサー，視聴者といった非原住民の関与により，半ば予期せぬ形で実現していった。その協調と対立をはらんだ過程からは，今日の先住民メディアのもつ制約と可能性もまた浮かび上がってくる。

② 映像プロジェクトの始まり ─────────

✣多文化調和と映像制作

　冒頭の『泰雅千年』が，台湾山地の豊かな自然とともに描き出すのは，そこに暮らしてきた原住民タイヤルの伝統的な生活様式である。映像の中で，民族衣装に身を包み，顔にイレズミを施した人びととは，ガガ（*Gaga*）と呼ばれる慣習的規範の下で自給的な生活を営み，夢にあらわれた祖先のお告げを受けて新たな居住地を探す旅に出る。

　原住民文化にフォーカスしたこの映像を企画したのは，実は出演しているタイヤルの人びとではなく，彼らの居住地周辺の山地を管理する雪覇国立公園であった。国立公園のような公的機関が原住民文化の普及に力を入れるこの状況は，近年の台湾におけるエスニシティ政策の転換と密接に関わっている。

　1980年代からの民主化と原住民族運動の高まりを受け，台湾政府は1997年，「国家は多元文化を認め，原住民族の言語と文化の発展を積極的に擁護する」とする多文化条項を憲法に明記した。これを一大契機として，原住民族への政策的配慮を柱とした，「上からの」多文化共生が各方面で進められるようになった[2]。国立公園と，

その周囲に暮らす原住民との友好の証としての映像計画もまた，マクロな次元では，政府による多文化調和のプロジェクトの一端を担っていたといえるだろう。ただし現実に計画が動き出したとき，そこに関わる組織や人びとの思惑の違いが，「調和」に収斂しない形であらわになっていく。二つの映像作品を生むことになった『泰雅千年』のプロジェクトは，それを具体的に示すものとなったのである。

❖ 「本編」の制作

　2006 年 7 月，雪覇国立公園は「タイヤル文化の普及と記録」を目的とした映像制作を，公募で採用した民間組織に委託する。これを機に，漢人のプロデューサー，映画監督，人類学者，そしてプロジェクトの進行を記録する原住民のピリン・ヤプらからなる撮影隊が組織される。撮影隊はロケ地を選定するため，国立公園周辺で長年フィールドワークを行なってきた人類学者を中心に，半年を要して近隣のタイヤル集落を調査した。こうして最終的に選ばれたのが，

図 8-2　『泰雅千年』の撮影風景（賴粹涵, 2008：45）

2) メディアという領域もその例外ではない。公共通信における多文化配慮を定めた通信電波基本法（2004 年），原住民族のメディアアクセス権保障を含む「原住民族教育法」（1998 年），「原住民族基本法」（2005 年）を経て，2005 年には政府予算により原住民族テレビ局が開局した。

流暢なタイヤル語話者の多い二つの集落，「鎮西堡」と「新光」で
あった。

　「タイヤルの人びとを主体に」という公園側の意向により，映像
制作は全行程を二集落の協力の下で進めることになっていた。すな
わち，二集落合同の作業委員会を組織して分担を決め，共同でロケ
地となるタイヤルの古集落を設営すること。そして住民自身が「祖
先を演ずる」という仕方で映像に出演し，撮影後は古集落を共有の
文化財にすることである。

　ピリン・ヤプによる記録映像の制作もまた，当初こうした「参加
型プロジェクト」の一部として宣伝されていた。計画を紹介する国
立公園の文書によれば，タイヤルの人びとが準備から撮影のすべて
に参加するというプロセスそのものが記録に値するものであり，そ
れを自身もタイヤルであるピリン・ヤプが「原住民の観点」から記
録することに意義があるのである[3]。このように撮影隊の中心部か
らすれば，ピリンの仕事は「千年計画」の参加型プロセスを証明す
るものであり，その意味で計画の一部であった。

③　メイキングからドキュメンタリーへ ──────

❖プロジェクトが抱かせた夢と現実

　『泰雅千年』の完成に続き，2009 年にピリン・ヤプの『走過千年』
が発表される。しかしそこに描かれていたのは，住民参加によって
一つの作品ができていく過程ではなく，むしろその筋書きに向けら
れた疑義であった。映像の冒頭，ヒューストン国際映画祭で誇らし
げに舞台に上がる陳監督の姿を映したあと，カメラは 2006 年 10 月

---

3) 内政部営建署新聞「一部社区『営造，部落参与式』泰雅族生態文化映像
　　──泰雅千年」（2007 年 5 月 31 日）。

に戻って撮影の経緯をたどり直す。冒頭の華やかさと対照的に，終盤のインタビューに答える関係者たちの表情は硬い。撮影隊と集落のパイプ役を担ってきた人類学者の林益仁，集落のタイヤル男性アタウは，インタビューのなかでそれぞれ次のように言う。

> 撮影隊にとってみれば，この事態は，我々が意思疎通の複雑さを見くびっていたということです。撮影を通して初めて，我々は集落に対して映像を撮ることが一体どういうことなのか説明しなければならないということに気づきました。確かなことは，我々は集落について理解が足りなかったということです。

> 私が言いたいのは，こういう漢人たちは集落のある種の状況を理解してないということなんです。理解していないというか，そういう状況についてもっと深く理解しようとすべきです。何が「先」で，何が「後」なのか。それはすごく大事なことなんです。

　彼らの発言が暗に示す出来事の一つは，参加者の中心だった鎮西堡の住民が撮影から撤退したことである。タイヤルの古集落の復元という当初の説明に賛同し，住民たちは撮影隊とともに民間助成金を獲得するに至る。だが，事前の説明にない詳細を知るにつれ，彼らは自分たちが単に経費不足を補うために利用されたという思いを強めていくのである[4]。

　さらにこの経緯は，集落内部，二つの集落の関係にも波紋を広げ

4）実際に，当初撮影隊が二集落それぞれに提示したメリットの大半は実現しなかった。またこの溝は，『泰雅千年』が成功を収めた後，その恩恵を撮影隊だけが享受したと住民たちが感じたことによってさらに深まっていった。

た。鎮西堡では，集落内政治にも関わる用地選定をめぐり，住民の
あいだに潜在していた不和が露呈する。また文化再建を柱に計画を
受け入れた鎮西堡が消極的になると，もう一方の新光が，経済効果
という別の思惑から撮影隊との協力を密にしていく。「参加型プロ
ジェクト」はこうして，撮影隊と集落のみならず，二つのタイヤル
集落のあいだ，集落内部の差異をも顕在化させ，いくつもの軋轢を
生むことになったのである。

❖「ドキュメンタリー作品」へ

　ピリン・ヤプの映像はこのように，『泰雅千年』に出てこなかっ
た人びとや，計画が人びとに抱かせた夢と現実のギャップを描くこ
とで，その成功の影に隠れていた事実を明るみに出そうとする。た
だし，それが「ドキュメンタリー」として『泰雅千年』から明確に
区別されていくまでには，映像がさらに多くの人や資金と結びつけ
られていく過程があった。

　2008 年 10 月，台湾の人類学会では，林益仁を中心に「千年計画」
を題材としたパネル討論（「誰がどのような伝統生態知識を語っている
のか？──原住民の知識の生産と研究倫理についての検討」）が組まれた。
これは『泰雅千年』監督の陳文彬，ピリン・ヤプ，出演したタイヤ
ルの若者を登壇者として召集したものであった。

　翌 2009 年，『走過千年』は，同じく人類学者の胡台麗がディレク
ターを務める台湾国際民族誌映画祭に招かれ，閉幕式で初めて一
般向けに上映される。その後，林益仁による交渉で，雪覇国立公
園からのDVD と書籍の出版が決まり，12 月に官製版[5]が発行され

---

5)「官製版」とするのは，次節で触れるように DVD 化にあたって再編集が
　行われたためである。『走過千年』には，民族誌映画祭放映版，雪覇国立
　公園発行版，ディレクターズカット版の三つのバージョンがあるとされ
　る（鄭勝奕, 2017）。

る。さらにその翌年には，フィルムは台湾で最も知名度の高い映画
賞の一つ，金穂奨のドキュメンタリー部門にノミネートされる。これ
により，『走過千年』は台湾各地で巡回上映の機会を得るととも
に，「原住民ドキュメンタリー（原住民記録片）」として民間での上
映回数を重ねていく[6]。紙面やウェブ上では今も，『走過千年』が
世論に喚起した議論の数々——伝統文化の消費，撮影倫理，漢人と
原住民の文化的衝突などの観点から繰り広げられた——を見ること
ができる。こうして，「千年計画」の一部とみなされていたフィル
ムは，「ドキュメンタリー」として現実に居場所を獲得し，ピリン・
ヤプはその作者として知られていくことになったのである。

4　映像の二重の目的

❖批判的メッセージとしての映像

　ピリンのフィルムは，なぜこのように多くの関係者を作品に巻き
込んでいくことができたのだろうか。少なくともその一因は，『走
過千年』が，政府と漢人主導のプロジェクトへのわかりやすい批判
として受け入れられたことにあるだろう。

　したがってそれは，『泰雅千年』を主導した監督，スポンサーで
ある国立公園といった撮影隊の中心部にとっては「検閲」の必要が
あるものだった。DVD 化の決定後，ピリンが陳監督と国立公園に
提出した初編集バージョンにはいくつかの注文が付き，ピリンが削
除に最も抵抗したシーンの一部——陳監督が撤退した住民たちを批
判している——もまたカットされることになった[7]。関係者にとっ

6）例えば 2010 年以降，台湾原住民族図書資訊中心（2010 年 3 月），国立台
　湾史前文化博物館（2010 年 5 月），政治大学民族系（2010 年 11 月）など
　で，また屏東県泰武郷平和部落（2010 年 5 月）など原住民集落で上映会
　と座談会が行われている。

てそれらは都合の悪い抗議だったのである。

　一方で，『走過千年』はまさにそうした抗議として解釈されたことにより，多くの人びとの支持を集めていった。ピリン・ヤブ本人も述べるように，一般上映の際に多くの反響を呼んだのは，マジョリティである漢人とマイノリティである原住民の文化的摩擦，さらにはその不均衡な力関係という論点であった。『走過千年』は，そのなかで原住民自らが発した，政治的正しさを求める声として受け止められたのである。フィルムへの反応はさらに，映画関係者や人類学者など，複数の専門家からも寄せられた。それらのコメントは，『走過千年』により明確な意図を読み込むだけでなく，ピリンによる批判の不十分さに苦言さえ呈している[8]。

> いささか残念なのは，カメラと記録者の「観察」のポジション〔原住民という立場〕が，ここではさして効果を発揮していないことである。……平地漢人文化と原住民文化が多くの点で共通認識に至らなかったことについて，ピリン・ヤブの質問と受け手の回答にはどことなく躊躇があり，核心を突くものではないため，やや隔靴掻痒の不十分な感じが残る（鄭秉泓，2010：235）。

　『走過千年』を「告発ドキュメンタリー」として理解しようとするとき，その主張の曖昧さは欠点でこそあれ，映像に不可欠なものにはなりえない。だがそれでは，ピリンのドキュメンタリーの歯切

---

7) ピリン・ヤブ氏へのインタビュー（2019年3月10日）による。またこの箇所は，2009年の台湾国際民族誌映画祭での上映後に大きな物議を醸し，陳監督は外部からの批判を受けることになったという（鄭勝奕，2017：127）。

8) 『走過千年』にみられる問題提起の曖昧さ，不鮮明さは，複数の論評で指摘されている（たとえば鄭勝奕，2017；林文伶・呂欣怡，2010）。

れの悪さや曖昧さは，なぜそこにあるのだろうか。『走過千年』は，確かに漢人主導のプロジェクトが原住民集落にもたらした影響を批判している。しかし，同時にそこにある「わかりにくさ」は，映像がわかりやすい対立以上のものを含んでいることを示しているのではないか。

✥ 『走過千年』のもう一つの側面

　そもそもピリン・ヤプにとって，ドキュメンタリー完成までの経緯は予期したものではなかったという。『走過千年』が生まれた経緯を尋ねた際，彼は次のように話した。

> もともとはコメディを撮るつもりだった。始めから終わりまで笑いだけの記録映像。撮影過程で起こるはずのたくさんの笑い話を撮って，みんなが楽しくなるような作品にしようと思ったんだ。でも次から次に起こる問題を撮影しているうちに，ぜんぜん笑えないものになってしまった。それから計画を変えなければならないと。自分が見たものを映像にしなければと思ったんだ。

　「千年計画」が引き起こした問題を撮ろうと決めた一方で，ピリンは自分が「見たもの」を全部映像にすることなどできなかったという。なぜなら彼が真っ先に映像の視聴者として想定していたのは，一緒にコメディを見るはずであった二つの集落のタイヤルの人びと，そして撮影隊の人びとだったからである。

> 事実をはっきり描こうと思えばできたはずだが，それはしなかった。なぜなら私と彼ら〔撮影隊〕は友人だし，私と両集落の人びととはもっと親しい友人だから。もし〔見たものを〕詳細に明

> るみに出せば，自分は賞を獲ったかもしれない。すごく有名に
> なったかもしれない。でも10年後，傷付くのは彼らだ。50年
> 後，彼らの子や孫が映像を見て「祖父はなんて卑劣なんだ」な
> どと思う，そんなことはあってはならない。

　『走過千年』[9] の最後は，「〔自分にできるのは〕タイヤルの人びと
の議論の場をともに作ることだけである。将来われわれが真摯に考
えをめぐらせ，より広く，大きく，遠くまで見通せるタイヤルの視
野を創造できるように」というナレーションで終わる。映像の編集
がほぼ終わったあと，ピリンは集落に足を運び，住民たちに向けて
上映を行ったという。彼らが映像を見て，起こった問題を省みるこ
とがあれば，それで作品は目的を果たしたとピリンは言う[10]（鄭勝
奕，2017：127）。実際に，『走過千年』が一般の視聴者に曖昧さや不
明瞭さを感じさせたのとは対照的に，集落のタイヤルの人びとは，
映像のなかの遠回しな語りや描写が問題にしているすれ違いの中身
をすぐに理解したという。そうした集落の人びとの反応に，ピリン
は手応えを感じたと述べる。ここでは，映像は単なる出来事の記録
でも，広く政治的メッセージを訴えるものでもなく，特定の人びと
がそれを介して互いの新たな関係の可能性を想像し，再び関係を結
び直すための媒体として作られていたといえるだろう。

⑤　おわりに

❖協働が作る先住民の観点

　当初「千年計画」の一部とみなされていたピリンのフィルムは，

9）雪覇国家公園発行版（2009年）。
10）また本人によれば，2009年の台湾国際民族誌映画祭での上映が決まった
　　際には，会場に陳監督，林益仁を招待したという。

撮影隊や当人も予期しなかった形で,『走過千年』という先住民メ
ディア——先住民によって構想され生産されるという意味で——と
して受容されていった。それが現実を「原住民の観点」から記録し
たもの(「原住民ドキュメンタリー」)とみなされ, そこに積極的に「原
住民の主張」が読み込まれていった過程からわかるのは,「原住民
の観点」が, その字面が想像させるような単純なものではないとい
うことである。ここでの事例が示すように, メディアと制作者の関
係は一義的ではない。すなわち, メディアが「原住民の観点」とい
う既存のものの見方を伝えるというよりも, むしろメディアの制作
と流通の過程で,「原住民の観点」が社会的に確かなものになって
いくのである。

　したがってこの協働は, ピリン個人にとっては制約としても働い
た。国立公園からのDVD化に際して映像の一部が意に反して削除
されたことは, 映像を流通させるうえで, 関係維持のためのやむを
えない妥協があったことを示している。

　「多文化的」協働によって成立する先住民メディアは, このよう
に先住民制作者の意思決定という点からは制約があるといえるだろ
うし, そもそも先住民メディアが非先住民の関与によって成立する
ことへの根本的な懐疑とも隣り合わせである[11]。ただし, ここで
の事例が示すように, 先住民メディアはそのような協働によって成
り立ち, かつその協働によって複数の目的を遂行するのである。

✤先住民メディアの「みえない」部分

　『走過千年』が, 広範な関係者の協働から成り立っていたにもか

---

[11] たとえば, ターナーによる先住民メディアの理解が「生産」のみに焦点
　　化し,「消費」を度外視しているとする J. ファリスは, 先住民メディア
　　が西洋の消費者に向けて作られることを強調し, それが結局のところ西
　　洋の知と支配を拡張するものになりうると主張する (Faris, 1993)。

かわらず，その関係者の多くにとって不明瞭なもの，曖昧なもので
もあったことは重要である。このことは，ピリンの映像がわかりや
すいメッセージであっただけなく，「多義的」であったことを示唆
している。

　冒頭で述べたように，ターナーは先住民メディアの生産を「多義
的プロセス」と表現した。先住民が非先住民社会に対して一枚岩の
表象を用いているようにみえても，そうした表象が作り出され，主
張される社会的プロセスは単純ではない。それは非先住民社会への
対抗的メッセージとなり，かつ先住民社会の内部政治に利用されて
いくように，異なる目的を媒介するからである（Turner, 2002）。

　ピリン・ヤプの映像は，そもそも政府の多文化調和のプロジェク
トから生まれ，漢人を含む多くの人びととともに作品化を実現した。
しかしそれは，大衆と違う情報を共有する「友人たち」に向けて作
られ，したがって大衆にはみえない部分を含んだものでもあった。
すなわちピリン・ヤプの『走過千年』は，漢人主流社会に向けた原
住民のメッセージになると同時に，「千年計画」内部の関係の再構
築に向けられていた点で，カヤポの場合と比べうる多義的なものだ
ったのである。

　先住民と非先住民，さらにいえば政府，専門家，民間資本，消費
者などとの協働のなかで，今日の先住民メディアの多くは成立して
いる。そうした協働のネットワークを広げながら，同時にローカル
に（もしくは「友人たち」のあいだで）働くメディアを多方向に作り
出していくこと，それが「多文化」が政治化され商業化される社会
における，先住民メディアの可能性であるといえるだろう。

●ディスカッションのために

1　『泰雅千年』『走過千年』とはどのような映像作品だったか，本章での記述にしたがってまとめてみよう。

2　先住民メディアとは何か。『泰雅千年』『走過千年』の違いに着目しながら，本章での記述に基づいてまとめてみよう。

3　先住民メディアはなぜ「多義的プロセス」になるのか。1，2の問いをふりかえりながら考えてみよう。

【引用・参考文献】

陳韋臻（2011）.「在紛爭裡踏尋祖靈的足跡──專訪導演陳文彬，比令亞布」『破』〈http://www.pots.com.tw/node/7860（掲載日：2011 年 4 月 4 日）（最終確認日：2019 年 5 月 1 日）〉

鄭勝奕（2017）.『泰雅記憶──比令・亞布紀錄片中的原住民影像』台北：秀威資訊科技

鄭秉泓（2010）.『台湾電影愛與死』台北：書林出版有限公司

比令亞布・賴愷筑（2009）.『Yaba 的話──一個當代泰雅人的傳統沈思』苗栗：雪覇國家公園管理処

賴粹涵［編］（2008）.『泰雅・千年』苗栗：雪覇國家公園管理処

林怡蕿（2014）.『台湾のエスニシティとメディア──統合の受容と拒絶のポリティクス』立教大学出版会

林文玲・呂欣怡（2010）.「兩個千年的對話」〈https://guavanthropology.tw/article/319（掲載日：2010 年 1 月 8 日）（最終確認日：2019 年 5 月 1 日）〉

Faris, J. C. (1993). A response to Terence Turner. *Anthropology Today, 9* (1), 12–13.

Ginsburg, F. D., Abu-Lughod, L., & Larkin, B. (2002). Introduction. In F. D. Ginsburg, L. Abu-Lughod, & B. Larkin (eds.), *Media worlds: Anthropology on new terrain*. Los Angeles: University of California Press, pp.1–38.

Turner, T. (1992). Defiant images: The Kayapo appropriation of video. *Anthropology Today, 8*(6), 5–16.

Turner, T. (2002). Representation, politics, and cultural imagination in indigenous video: General points and Kayapo examples. In F. D. Ginsburg, L. Abu-Lughod, & B. Larkin (eds.), *Media worlds: Anthropology on new terrain*. Los Angeles: University of California Press, pp.75–89.

第Ⅲ部　メディアがつなぐ
新しいコミュニティ

第 9 章　祭礼とメディアの民俗学
「佐原の大祭」における新たなメディアの活用をめぐって

第 10 章　ヴァーチャルとリアルのもつれ合い
中国雲南省昆明市におけるムスリム・コミュニティの変容

第 11 章　和製コンテンツ文化の海外受容
香港ポケモン翻訳事件に映る複雑な様相

第 12 章　仮想空間はいかに解体されたか
『ポケモン』における多様性と標準化

　第Ⅲ部「メディアがつなぐ新しいコミュニティ」では，現代的な電子メディアやコンテンツの登場によって生まれた新しい関係性に着目する。第9章「祭礼とメディアの民俗学──「佐原の大祭」における新たなメディアの活用をめぐって」(塚原伸治)は，千葉県香取市佐原で行われる山車祭りを事例として，インターネットでの交流を通じた新しい祭礼の担い手の登場や，祭りの当事者による動画共有サービスの利用を論じている。塚原は，「視覚的想像」に関するフォスターの議論を念頭に置きながら，祭礼における「見る」「見られる」関係を固定されたものと捉えるのではなく，無数の「見る－見られる」関係の網の目が張り巡らされた状況で祭礼が少しずつ変容していると指摘する。

　第10章「ヴァーチャルとリアルのもつれ合い──中国雲南省昆明市におけるムスリム・コミュニティの変容」(奈良雅史)では，都市に分散して居住するようになった回族の事例が取り上げられる。回族にとって，モスクは分散した人びとが集まるネットワーク上の結節点であったが，敬虔な信徒が減少傾向にあり，そのような機能は失われた。代わりにアプリを利用した回族のオンラインコミュニティが生まれ，友人や結婚相手を見つける場ともなってきた。奈良は，SNSを介した伝統的な社会的紐帯への回帰というミラーの見解を斥け，敬虔さの度合いが異なる者たちを包摂する混淆的なコミュニティの創発という視点を提示している。

　第11章「和製コンテンツ文化の海外受容──香港ポケモン翻訳事件に映る複雑な様相」(アルベルトゥス=トーマス・モリ)は，日本製コンテンツの海外受容の事例研究として，『ポケットモンスター』における中国語訳をめぐる抗議活動に焦点を当てる。任天堂は，2016年に同作品に登場するモンスターの中国語名を変更したが，それは広東語を使う香港のユーザーにとって，幼少時の思い出を奪われる出来事であった。香港では，中国政府によるマンダリン（北京語）の強要政策に対する政治的抵抗が盛んになるなか，コンテンツの翻訳が政治的な意味合いをもちうるようになったと，モリは文化的ヘゲモニー論を参照しながら論じている。

　第12章「仮想空間はいかに解体されたか──『ポケモン』における多様性と標準化」(久保明教)では，「現実空間」と「仮想空間」の二分法への批判が『ポケモン』を事例として展開される。1996年の発売当時，『ポケモン』は「仮想空間」への耽溺によって子どもに害悪をもたらすとされた。久保は，開発者の田尻智が少年時代に経験した昆虫採集とゲームを重ね合わせながら「生き物でもデータでもある」存在として『ポケモン』を生み出した経緯に触れたうえで，同作品が生物／非生物の矛盾を回避するパラメーター（「なつき度」など）を導入して，仮想性への批判を無効化する多様性が達成されるとともに標準化が生じると説明する。

第9章

祭礼とメディアの民俗学

「佐原の大祭」における新たなメディアの活用をめぐって
塚原伸治

これはある祭りの写真である。大きな山車や，華やかな衣装を身に着けた人びとが映っている。そして，この写真の右半分に目をやると，そこには写真を撮る人たちや，写真をとったあとにスマホを操作する人が映っている。このなかには，SNS で写真を発信する人が

ある祭りの風景

いるかもしれない。あるいは，それを見て「いいね！」のボタンを押す人がいるかもしれない。

重要なのはその先だ。こうしてシェアされた写真を祭りの参加者がみて，もっとカッコよく映るように衣装を変更したり，あるいは祭りのなかで見せ場を作ったりする。いま，このようなことが祭りの現場では生じているのである。このような事態が生じたことで，祭りをつくり出しているのは誰か，ということについての考え方を研究者たちも改めつつある。考えてみれば，この写真を撮って祭礼について分析を加え，論文を書いたりする研究者としての私だって，祭礼をつくり出す無数の要素の一つかもしれない。このようにメディアを無視しては語れない 21 世紀の祭りについて，考えてみよう。

1 　はじめに：祭礼の 21 世紀

　祭礼といわれるものが，大小さまざまな規模で日本中にある。それがテレビや雑誌のコンテンツとなり，多くの来訪者を集め，地域に賑わいを与える。これはおそらく多くの祭礼にとって当たり前の出来事であろう。20 世紀末からそこにインターネットが加わり，動画共有サービスやSNS などによって情報を得た外部の人びとが祭礼の見物に足を運ぶことも，その影響力の強弱はあるにせよ，当然のこととしてそれぞれの祭礼に織り込まれている。

　そして，祭礼の担い手が，観光客やメディアの影響をふんだんに受けて変化していくことも，やはりめずらしいことではなくなっている[1]。それを扱うメディアが大規模である場合は特に，そのメディア側の意図にしたがって演出が加えられ，地元の人びととメディアの共同作業として表象が生みだされるということもある[2]。そこに近年では，観光客がスマートフォンでそれぞれに撮った写真や動画が，動画共有サービスやSNS などを介して流通し，拡散するという事態が加えられた。いずれにせよ，祭礼において，外部の視点が意識される機会は，加速度的に増しているといえるだろう。

　ところで，祭礼におけるメディアの影響を，外部の視線と当事者のふるまいとの間の関係においてのみ理解するならば，これは必ずしも近年の動向とはいえない。たとえば，柳田國男は，祭りと祭礼を分ける最も大きい要素は，「たゞ審美的の立場から，この行事を観望する」「見物と称する群」であり，その発生によって，祭礼は

---

1) このような当事者と外部の見物人・観光客などとの関係を，祭礼研究では，「みる－する関係」などとして議論してきた（松平, 1990）。
2) マスメディアの担い手と当事者を含んだ相互行為のなかで民俗文化を読み解く視点は，川村清志の論考から影響を受けている（川村, 2001；2005）。

他のマツリから分離することとなったという（柳田, 1998：382）。この柳田の定義によれば、そもそも祭礼には担い手以外の視線が組み込まれているものであるといえる。だから、祭礼がメディアの影響によって外部の視線を受けるようになり、その結果として祭礼自体や担い手の意識が変化するということは、祭礼そのものに最初から組み込まれている要素だともいえるだろう。

　一方、21世紀以降の祭礼におけるメディアの影響を考えた場合、外部のまなざしによって祭礼が変化するということ以外にも、考慮すべき事態は生じている。この点について、民俗学者のマイケル・ディラン・フォスターは興味深いことを述べている。フォスターは、文化遺産制度やメディア、あるいは観光などの文脈で向けられる外部のまなざしが、人びとによって自覚化されることで生じる権力関係を、「視覚的想像」をキーワードとして議論したが、それに続けて以下のように述べる。

> 近年のエレクトロニクス技術の拡散（極小のビデオカメラ・スマートフォン・Twitter・YouTube など）によって、記録し、録音・録画し、可視化するための技術は、手軽になりつつあり、ますます拡散しつつある。伝統的な公と私の考え方の区別、グローバルとローカルの区別、そして我々のものと彼らのものの区別が、前掲のような装置によって曖昧になりつつある。このような装置の存在は、視覚的想像の基礎の転換や、社会的な関係性の根本的な変化も意味する権力の力学の混交を、表象しているともいえるだろう。（フォスター, 2013：82）

　21世紀以降の民俗文化をとりまく状況は、それ以前に前提とされていたさまざまな二分法を曖昧にし、それによって、担い手自身が伝統文化を想像するあり方が根本的に変化しつつあるというので

ある。そもそも，「見る＝外部＝見物人」「見られる＝内部＝担い手」という一対の関係自体が，もはや前提とできないということが，そこには含意されている。

本章では，このような現在的状況をふまえ，フィールドの具体的な祭礼において起こりつつある二つの事態を紹介しながら，21世紀以降のメディアと祭礼の関係について考えてみたい。

2 佐原の大祭とは何か

❖佐原の大祭の概要

本章で取り上げるのは，千葉県香取市佐原で行われる「佐原の大祭」という祭礼である[3]。正確には，佐原の大祭は7月に行われる八坂神社の祇園祭（夏祭り）と，10月に行われる諏訪神社の祭礼（秋祭り）という二つの異なる祭礼を含んでいる。それぞれの神社の氏子の範囲は重なっていないが，同型の山車祭りである。

千葉県香取市の中心市街地が佐原という町である。佐原は江戸時代から利根川を利用した水運で栄えた町で，大祭も，豪商たちが蓄積した財を投じて豪華な山車を造り，使用人たちが曳きまわしたのがその始まりである（塚原，2014）。

明治・大正期をピークとして衰退に転じた後も祭礼は継続された。そして，2004年に重要無形文化財に指定され，その後，2016年には「山・鉾・屋台行事」の一つとしてユネスコ無形文化遺産に登録されている。山車の上には日本神話や武将，昔話などから題材をとった大人形が載せられている（図9-1）。現在，佐原の大祭で曳きまわされる山車は24台で，それぞれ「町内」という単位で山車を所

---

3) なお，私は1984年に佐原で生まれ，2018年まである町内の若連のメンバーでもあった。

有している。

祭礼における町内の動きは，おもに
若連，当役，古役という男性からなる
年齢階梯的な諸集団によって担われ
る。年齢組織は厳密な制度となってお
り，年齢に応じていずれかに参加しな
い限りは祭礼に参加することができな
い（塚原, 2011）。

それ以外に，「佐原囃子」と呼ばれ
る囃子を演奏する集団を「下座連」と
いい，演奏される囃子を「下座」という。

図9-1 山車を曳く人びと

下座は周辺農村部の集落ごとに伝承されてきたものである。そのた
め，各町内がそれぞれ下座連に依頼して演奏してもらうという形式
をとっており，下座連はあくまでも町内とは別組織として扱われる。

❖佐原の大祭と外部のまなざし

さて，あえて古い話を持ち出すならば，佐原の大祭は，現在の
姿を整えた江戸時代中期以降，ずっと外部の視線にさらされてき
た。佐原は交通の要衝であったため，外来者の往来は多く，したが
って祭礼にも見物人が多く訪れていた。たとえば，現在の茨城県相
馬郡利根町に在住した赤松宗旦が安政2年（1855年）に書いた地誌
である『利根川図志』には，「この両祭礼至つて賑はしく，（略）見
物の群衆人の山をなし，まことに目ざましき祭なり」と書かれてい
る（赤松, 1938：313）。このような記述が幕末にはすでにみられるこ
とからもわかるように，当初から佐原の大祭が地元の人びとだけで
閉じていたことはなかった。メディアとの関係に着目しても，『利
根川図志』はそもそも，利根川流域の人びとの生活を描いて広く頒
布することを目的としていた。江戸時代にはすでに佐原の大祭は出

版メディアと親しい関係にあったといえよう。

　このような事情であるため，佐原の祭礼がメディアをとおして外部の視線にさらされること自体を，近年の動向ということは必ずしもできない。それが印刷物を中心としたものからテレビ放送，そしてインターネットメディアへと変化していった形式の変化や，メディアの影響力の度合いが強まったことを指摘することはできるが，内部と外部という一対の状況だけに着目してしまえば，根本的な変化が生じているとまではいえないだろう。

❸ インターネットと祭りの新たな担い手 ─────

✛インターネットを経由した自主的なグループ

　21世紀のメディア状況と祭礼の関係を考えるにあたり，従来からあった外部からのまなざしがより強くなったということや，その形式が変化したということだけに注目していては，おそらく重要な点を見落とすことになる。むしろ私たちが採用すべきは，フォスターの議論にならって，新たなメディア状況がこれまでの外部／内部という分断や，私たちのものと彼らのものという区別を曖昧にする結果をもたらしつつあるかもしれないという視点であろう。

　それに関連してここで取り上げたいのは，「砂切会」[4] という佐原囃子を演奏する同好会についてである。このグループを立ち上げたメンバーの多くは，もともと佐原とはまったく関係のないところで生まれ育ち，現在も遠方に在住する人びとである。しかし現在では，佐原の大祭で下座を演奏する担い手となっている。

　このような事態について，真野俊和は近年の動向として「祭りを

---

4) 団体名称や，このあとに登場するインフォーマントの氏名などはすべて仮名である。

見物する立場にあきたらず，みずから祭りに参加する人びと」の重
要性を指摘した（真野，2001：171-176）。現代の祭礼を論じるにあた
りこのような存在を無視することは難しいだろう。そして，このよう
うな地域を超えた祭礼の担い手を可能にしているものの一つがイン
ターネットであることもまた，わずかながら指摘されつつある（三
隅，2016）。

　砂切会の動きも，結果的にみれば「見物する立場にあきたらず，
みずから祭りに参加する人びと」ということができるが，メンバー
は山車で囃子を演奏することを目的に集まったわけではないこと，
当初は外部の人びとを中心としていたが，内部の者を巻き込んでい
ったことの二点が特徴的である。

❖砂切会の誕生と発展

　その発端は1990年代後半，インターネットを手段として関東在
住の祭り愛好家がつながりをもち，情報交換を始めたことにある。
当時盛んになり始めたBBSと呼ばれる電子掲示板を通じた情報交
換がまずは舞台となった。これらの人びとは，佐原囃子だけではな
く関東地方の民俗芸能全般に関心のある愛好家たちであった。

　たとえば初期メンバーの佐藤氏は茨城県にある技術系の研究所に
勤務する研究者であり，趣味で茨城県南・千葉県北の祭礼や民俗芸
能について紹介するウェブサイトを運営していた。また，中村氏は
埼玉県在住のシステムエンジニアで，やはり関東地方の祭りや芸能
について紹介するサイトを運営していた。

　当時のインターネットでは，個人が経営するウェブサイトのBBS
コーナーに書き込むことを介して交流し，サイト管理者と読者，あ
るいはサイト管理者同士がつながっていくというのが普通であった。
このような形で次第に，グループが形成されていった。もっぱら話
題は関東地方の民俗芸能についてで，相互の影響関係についての検

討などをしていた。

　このグループのなかにたまたま，佐原で電気店を営む高野氏が加わったことが，重要なきっかけとなった。高野氏は，下座連の一員として山車に乗って演奏する，現役の下座師であった。グループの人たちが関心をもっていた関東の祭礼のなかでも，佐原の大祭や佐原囃子は目立つ存在であったうえに，たまたま当事者が参入したことで話は動いた。実際に会ってみようということになって佐原でオフ会が開催されたのが1999年のことである。

　その場で話はまとまり，高野氏が所属する下座連から演奏を習おうということになった。そして，2000年1月21日に，初稽古を果たした。当初は演奏を体験してみる会として始まったのだが，次第に稽古は月2回で定例化していった。遠方から通う者も含めて次第に熱が入っていき，演奏体験の会とはいえないレベルに達した。そして2002年には「砂切会」という名称の演奏団体となり，各種のイベントなどで演奏するようになっていった。

　イベントで演奏できるレベルになると，中にはサークル的な活動では満足しない人もあらわれてきた。彼らはより高次の演奏技術を求めて，砂切会に加えてその指導にあたっていた下座連の稽古に通うようになった。そして最終的には，下座連の正式なメンバーとなっていったのである。もちろん，下座連のメンバーとなれば，山車に乗ることができる。

　それ以前の下座師は，佐原市内や周辺で育った人たちで，物心ついたときにはすでに佐原囃子が身近にあった者に限られていた。多くは幼少期に親や親戚，友人などの誘いで楽器を持った者である。あくまでも，佐原囃子は佐原や周辺の村落という土地にはりついたものであった。そのようななかで，砂切会から下座連へのルートが確立したことの意味は大きかった。偶然の産物とはいえ，インターネットによる交流の結果，佐原囃子をバックグラウンドとしてもた

ない者が下座師になるルートが拓かれたのである。これまで見物したり演奏を聴いたりして楽しんでいた者が，演奏する側に回る可能性が出現したといってもよい。

さらに砂切会の特徴として，習い事に近い形で小中学生，あるいは比較的高年齢の人びとを取り込んだという点が挙げられる。下座連は山車で演奏することを前提としたグループであるため，演奏技術や心構えにおける要求水準は高い。また，若者のうちから加入して徒弟制に近い形で習熟していくため，成人後の参入が非常に困難である。

その点において，そもそも気軽な体験会からスタートしている砂切会は，演奏をしてみたいけれども下座連に入るのには困難がある，あるいは躊躇するという人たちを，習い事気分で取り込むことができた。砂切会のなかで力をつけて下座連に入っていく人びとを輩出する一方で，それを目指さず楽しめればよいという人びとのニーズにもこたえている。ある意味では，砂切会の存在は，佐原囃子への参入のハードルを大幅に下げたともいえるだろう。

④　動画共有サービスの登場

❖ YouTube 以前

このような事態とは別に，現在進行中の現象として，祭礼の担い手がスマートフォンを日常的に操るようになった結果，インターネットの動画共有サービスが，祭礼に対して影響を与えつつある。以下では，これらのサービスの利用が佐原の大祭にとってどのようなものになりつつあるのか考えてみたい。

佐原の大祭の担い手が，自分たちの祭りを動画で観るということはYouTube が登場する以前からあった。たとえば千葉テレビは，1980 年代から毎年 10 月第 3 週の週末に，佐原の大祭を 1 時間番組

で放送し続けてきた。秋祭りが終了した翌週に，その年の夏秋両祭礼を編集した番組が放送されるというものである。ちょうど祭礼直後の放送であることもあって，佐原の人びとの間では非常に人気が高い。どの町内のどのような場面が取り上げられたのか，あるいは誰が映像の中に映っていたのかなど，細かい点について佐原の人びとは気にしている。そして翌日，職場や学校などで，前日の放送について話題にするのである。

　また，放送に乗るものではないが，市内の業者が毎年制作する祭礼のビデオも人びとの関心を集めてきた。こちらはナレーションや字幕，映像効果などを極力排し，山車の運行そのものに着目した映像が中心になっている。これは担い手以外が観れば退屈な映像であるが，一方で，長回しのシーンが多く，山車の運行そのものに関心がある地元のニーズには合致している。これら二つの性質が異なる映像を，佐原の人びとは長らく共有してきた。

❖ YouTube の登場

　上記のような前提に覆いかぶさるようにして登場したのが，動画共有サービスであった。佐原の大祭で人びとがYouTube を利用していることの重要性に私が気づいたのは，2011 年の夏祭りでのことであった。このタイミングは，動画の撮影からアップロード，鑑賞までを1 台で可能としたスマートフォンの普及とも軌を一にしていた。

　私の参加する町内ではこの年，十数年ぶりに踊りの演目に「八木節くずし」という新曲を加えることになり，この年は祭礼の前週に行われる通例の踊りの練習に加えて，6 月に臨時で練習が行われた。この臨時の練習に参加できない人びとに向けて導入されたのが，動画をネット公開するというものだった。私服の若連たちが録音された囃子にあわせて淡々と踊る様子を撮影したこれらのYouTube 動

画は，町内のメンバーが視聴することだけを目的に，共有されたものである。少なくともこの町内においては，YouTube は外部の人ではなく，身内に向けて活用され始めたのである。

　やはり同じ年のことであるが，私は以下のような形で新しいメディアの活用の現場に居合わせることとなった。2011 年 7 月 18 日，夏祭りが終了した翌日のことである。祭礼の翌日は後片付けをして山車を蔵に戻し，決算を済ませたうえで「神納」と呼ばれる直会の宴会を行う日となっている。この日の片づけに参加しながら，私はある若連のメンバーの周りに人だかりができているのに気がついた。見せてもらうと，7 月 16 日の夜の「のの字回し」の動画がすでにYouTube にアップロードされているという。

　「のの字回し」というのは，ひらがなの「の」を描くように左前の車輪を軸にして山車を回転させるもので，祭礼の見せ場の一つとなっている。話題となっていた動画は，私たちが所属する町内の「のの字回し」を，しかも山車の全体を映すのではなく，あくまでも人の目線で山車を操る若連の動きだけを映し続けたものであった。

　千葉テレビや業者のビデオでも，のの字回しのシーンは取り上げられてきたが，建物の 2 階から撮られた山車の全体を映したものばかりである。その点で，YouTube にあがっていた映像はこれまでとは異なるものであった。7 月 18 日の神納は，この映像で曳きまわしの細部を確認しながら反省する場となった。これ以降，神納の場でそれぞれが見つけた動画を確認しながら酒を飲むことが当たり前の光景となっていった。

　現在，YouTube で共有されている佐原の大祭関連の動画は数万件を数える。しかも，そこで映像に収められているのは多くがアマチュアの手によるもので，これまでテレビや業者のビデオに映されていたものとは異なる視点によるものが多い。これを撮影し，アップロードしているのは，観光客，祭りマニア，他の町内の人，近隣

の祭礼参加者，佐原の大祭の参加者自身などさまざまであるが，それらの人びとが各々の視点から動画を共有し，アクシデントや失敗を含めて，ありとあらゆる視点からの映像が蓄積・流通していくのである。これは，外部のまなざしと担い手たちによるまなざしの内面化といったような単純な事態ではもはやなく，無数の「見る－見られる」関係が張り巡らされる網の目のなかに，祭礼が位置づけられつつあるといっていいかもしれない（フォスター, 2013）。

⑤ おわりに：メディアは祭礼の何を変えるか？──

　これまで，20世紀末以降，私たちの生活を，あるいは世界の見方を大きく変化させてきた新たなメディア環境が，ローカルな祭礼に影響を与えつつあることについて具体的な事例を用いて述べてきた。ここで慎重に述べておきたいのは，これらの事態をまとめて「新たなメディアの登場によって，佐原の大祭は大きく変化した」と言い切ることの困難さである。たとえば，佐原の大祭全体からいえば囃子を演奏する下座連はほんの一部であり，したがって砂切会の活動が，人びとが佐原の大祭に参加するあり方を根本から変化させたわけではない。あるいは，動画共有サービスにしても，それ以前からさまざまな形でメディア表象がみられたことを考えれば，必ずしも目で見える形で大きな変化を生じさせたとはいえない。どちらかといえば，ここで生じているのは時間をかけてゆっくりと生じているような変化である。

　とはいえ，インターネットの登場によって生み出された動きが，これまでは山車に乗って演奏することを夢見ることさえしなかった人びとに対して，新たな選択肢を開いたことは確かであり，ネットに上がっている動画に人びとが言及することや，それらの動画をもとに山車を操る技術が評価されたり反省材料になったりすることも

年を追うごとに増加している。これらは微細な変化ではあるが，確実に，祭礼の当事者自身による祭礼の見方を変えつつある。そして，このような微細で着実な変化の結果，人びとにとっての祭礼がかつてとはまったく異なったものになっていくかもしれないという未来の可能性が，そこには胚胎しているのである。

●ディスカッションのために
1 砂切会とは，どういうメディアを介して形成されたどのようなグループか，本章の記述を辿りながらまとめてみよう。
2 YouTube は「佐原の大祭」でどのように利用されているのか，本章の記述を辿りながらまとめてみよう。また YouTube 以前と以後で何がどうかわっただろうか。整理してみよう。
3 これまでスマートフォンで自分の撮ったさまざまな映像や写真に思わぬものが意図せず写っていて，驚いたことはないだろうか。人に見せてもよい写真や映像があれば見ながら，自分が何に驚いたのか，少しまとめてみて，周囲の人とシェアしてみよう。

【引用・参考文献】
赤松宗旦 (1938).『利根川図志』岩波書店
川村清志 (2001).「映像メディアにおける「民俗」の表象とその受容——石川県鳳至郡門前町七浦地区を中心として」『国立歴史民俗博物館研究報告』*91*, 673–691.
川村清志 (2005).「メディアのなかの民俗——アマメハギにみる相互交渉の場としてのメディア」飯田　卓・原　知章［編］『電子メディアを飼いならす——異文化を橋渡すフィールド研究の視座』せりか書房，pp.146–163.
真野俊和 (2001).『日本の祭りを読み解く』吉川弘文館
塚原伸治 (2011).「豪商の衰退と年齢組織の成立——近現代におけるダンナの動態をめぐって」『史境』*62*, 54–71.
塚原伸治 (2014).『老舗の伝統と〈近代〉——家業経営のエスノグラフィー』

吉川弘文館

フォスター, M. D. ／塚原伸治［訳］(2013).「視覚的想像——「甑島のトシドン」における見る／見られる関係の一考察」『日本民俗学』*273*, 55–95.

松平　誠 (1990).『都市祝祭の社会学』有斐閣

三隅貴史 (2016).「「神輿会」研究の課題——都市祭礼研究の一視点」『京都民俗』*34*, 1–24.

柳田國男 (1998).「日本の祭」『柳田國男全集 13』筑摩書房

第10章

ヴァーチャルとリアルのもつれ合い
中国雲南省昆明市におけるムスリム・コミュニティの変容
奈良雅史

儀礼をスマートフォンで撮影するムスリムたち

　日常生活においてSNSなどを通して知り合った人たちと「オフ
会」をすることは日本ではそれほど一般的なことではないかもしれ
ない。しかし，私が一緒に過ごした回族と呼ばれる中国におけるイ
スラーム系少数民族の人たちは頻繁に「オフ会」を行い，ネット上
のニックネームで互いを呼び合っていた。しかし，彼らは伝統的に
モスク（イスラームの宗教施設）を中心に集住し，凝集性の高いコ
ミュニティを形成してきた。情報通信技術の発展はこうした従来の
コミュニティのあり方にいかなる影響をもたらしてきたのだろうか。
本章では，回族コミュニティの社会的，宗教的な変化との関係から
考えたい。

1　はじめに

　ここ数年，国際会議などで中国の研究者に名刺を渡すと，「もうほとんど名刺を使うことはないんだよね」と言われ，名刺交換が成り立たない。その代わりに「微信はないの？」と聞かれ，微信（中華圏以外では一般にWeChatと呼ばれるアプリ）での友達申請が行われる。

　WeChatは中国版のLINEあるいはFacebookともいわれるアプリで，中国で最も普及しているSNSの一つである。2018年にはその月間ユーザー数が10億人を超えたとされる[1]。WeChatを提供しているのはテンセント（騰訊，Tencent）という企業だ。テンセントは日本ではあまり馴染みがないかもしれないが，2017年には時価総額でFacebookを抜いたこともある大企業である[2]。そのテンセントがWeChatに先立って1999年に提供を開始したサービスにQQというインスタントメッセンジャーがある。筆者が中国雲南省で調査を始めた2008年当時，現地の人びとのあいだではQQが普及していた。現在は連絡先を交換する際，WeChatの友達申請が行われるが，当時はQQアカウントが携帯電話番号と同じように交換されていた。

　日本においてLINEやFacebookのアカウント名を本名以外に設定する人は少数派であろう。しかし，QQにしろ，WeChatにしろ，中国ではニックネームをアカウント名とする場合がほとんどである（両サービスでアカウントが共有されている場合も多い）。

　筆者が調査している雲南省昆明市の回族[3]と呼ばれるイスラー

1）BBC〈https://www.bbc.com/japanese/features-and-analysis-43312223 （最終確認日：2019年5月8日）〉。
2）Bloomberg〈https://www.bloomberg.co.jp/news/articles/2017-11-21/ OZRZVD6TTDS101（最終確認日：2019年5月8日）〉。

ム系少数民族のあいだでは，友人関係にある人たちの対面コミュニ
ケーションにおいてもSNS上のニックネームで呼び合うような状
況がみられる。なかには友人の本名を知らない者もいる。つまり，
オフラインとオンラインのコミュニティが交錯した状況がみられる
のである。

　本書第1章で藤野が述べたように，人類学においてメディアや情
報技術に関心が向けられるようになったのは比較的最近のことであ
る。オンライン・コミュニティに関する人類学的研究をレビューし
たウィルソンは，2002年にインターネットを基盤とする社会的な
諸実践への人類学的なアプローチはまだ確立していないと述べたが
（Wilson & Peterson, 2002：450），その状況は現在もそれほど変わら
ないだろう。

　しかし，そのなかでも一貫して注目されてきたトピックとして，
インターネット空間と実際の社会空間との相互作用が挙げられる。
対面コミュニケーションを基盤としないインターネット空間は既
存の社会関係から切り離されて理解される傾向にあったが，人類学
的研究ではいかにインターネット空間と社会空間が連続し，前者
が後者に埋め込まれているのかに関心が向けられてきた（たとえば
Isabella, 2007；Dong, 2017）。そのため，SNSの登場は情報技術やメ
ディアと人びととの関係を考えるうえでとりわけ重要だとされてきた
（たとえばHorst & Miller, 2012）。

　たとえば，ミラーは，イギリスにおけるフィリピン人出稼ぎ移民
などの事例から，従来，孤立化した諸個人を特定の利害のもとに結
びつけるネットワークとして理解される傾向にあったインターネッ
トが，SNSの登場によって人びとに親族関係のようなある種の強

---

3) 回族は主に唐代から元代にかけて中国に移住した外来ムスリムとイスラ
　ームに改宗した漢人との通婚の繰り返しにより形成された民族集団とさ
　れ，中国全土に1,000万人以上が暮らす（奈良, 2016）。

固な社会関係を可能にしたと論じた（Miller, 2012）。そのため，彼は「SNS は伝統的な人類学的関心であったような社会性へと世界を回帰させる並外れた能力を有する」（Miller, 2012：148）とその重要性を論じる。

　冒頭で提示した回族コミュニティにおけるSNS 上のニックネームの使用は，「伝統的な人類学的関心」が向けられてきた民族集団とSNS が不可分な関係にあることを示している。しかし，それは伝統的な民族集団への「回帰」を意味するのだろうか。本章では，雲南省昆明市における回族コミュニティの具体的な状況からこの点を検討したい。

2 回族をとりまく社会的・宗教的変化

　回族は伝統的にモスク周辺に集住し，「教坊」などと呼ばれるコミュニティを形成してきた。教坊では宗教指導者がイスラーム法に基づく刑罰制度を実施するなど，モスクを政治的，宗教的中心として，漢人社会からある程度の自律性が保たれていた（岩村, 1949）。しかし，昆明市ではこうしたモスクを中心とした回族コミュニティは新中国成立から文革期に至るまでの一連の政治運動，改革・開放

図 10-1　再開発により取り壊された昆明市のムスリム街（筆者撮影）

以降の都市開発によってほぼ解体した（図 10-1）。その結果，回族と漢族の雑居率が高まった。回族は族内婚を重視する傾向にあったが，漢族との日常的な関係が深まった結果，両民族間の通婚も増加した（奈良，2013）。

　これらの社会的変化は，回族のあいだでの宗教的変化をも引き起こしてきた。現在，昆明市では日常的にモスクで礼拝を行う回族は少ない。雲南省の回族のあいだではムスリム男性は日常的にモスクで礼拝を行うことが求められる傾向にあるため，こうした状況は宗教意識の低下と捉えられている（奈良，2016）。また，改革・開放以降の普通教育の普及に伴い，回族のあいだでもヒジャーブ着用や礼拝などのイスラーム実践よりも就学や就職が優先される傾向にある。つまり，回族は社会的変化に伴い，一層漢族を中心とした主流社会に取り込まれつつあるのだ。

　一方，改革・開放以降，中国では宗教が急激に復興し，回族のあいだでもモスクの再建や宗教教育などイスラームに関わる活動が活発化してきた（奈良，2016）（図 10-2）。また，同時期にイスラーム関連の漢語書籍の出版や漢語ウェブサイトの開設も活発化し，これらのメディアを通して，回族は宗教指導者を介さず容易に宗教的知識にアクセスすることが可能になった（Nara, 2013）。

図 10-2　昆明市のモスクにおいてメッカ巡礼に向かう回族と
それを見送る親族や友人たち（筆者撮影）

　このように宗教活動が活発化するなか，より厳格なイスラーム言説が影響力を増してきた。その結果，現地の回族のあいだでは意識的かつ厳格にイスラームを実践することがムスリムであることの条件とみなされる傾向にある。こうしたイスラーム言説の影響に伴い，それまで必ずしも厳格にイスラームを実践していなかった回族のなかには，自ら上記のさまざまなメディアを通じてイスラームを学び，より意識的かつ厳格にイスラームを実践しようとする者が現れるようになった。このように敬虔化した回族は，礼拝やヒジャーブ着用などを日常的に行わない回族を「豚肉を食べないだけの回族」「本当のムスリムではない」などと批判する傾向にある（Nara, 2013）。

　これらの社会的・宗教的変化は，改革・開放以降の昆明市の回族コミュニティにおける二極化の傾向を示している。モスクを中心とした回族コミュニティの居住形態が，急激な社会変化によって解体するなか，回族のあいだでは宗教意識の弱体化が生じてきた。しかし，その一方で改革・開放以降の宗教復興に伴い，より厳格にイスラームを実践する回族も現れた。つまり，回族コミュニティは敬虔さの度合いという点で分裂傾向にある。

　さらに，モスクを中心とした凝集性の高いコミュニティがみられなくなった現在，敬虔さの度合いの異なる回族のあいだでの対面コミュニケーションも限定される。分散して日常生活を送る回族にとってモスクが回族ネットワークの結節点となりうるが，上述のようにモスクで礼拝を行う者は減少している。敬虔な回族しかモスクにやって来ない状況下，モスクは宗教性の異なる回族を横断するネットワークの結節点として必ずしも機能していない（奈良, 2016）。

　このように分裂傾向にある回族コミュニティにおいて，モスクなど既存の宗教的・社会的基盤が回族たちを結びつける結節点としてうまく機能しなくなってきたなか，SNS が重要な役割を果たすようになってきた。

3 回族のオンライン・コミュニティ

　本章冒頭で取り上げたQQを利用する昆明の回族たちは2005年に「昆明回族QQ群」というオンライン・コミュニティを立ち上げた[4]。このコミュニティでは，グループチャットやタイムラインへの投稿を通じて，メンバーのあいだで昆明市におけるイスラームに関する活動の情報，就職や商売の情報，ハラール・レストランに関する情報，結婚活動などに関する情報が交換されていた。

　ただし，メンバーたちはQQコミュニティを介して，スポーツや観光，食事会などのレクリエーション活動を定期的に実施しており，実際に顔を合わせる機会が少なくない（Nara, 2013）[5]。そのため，本章冒頭で述べたように，QQ上のニックネームが対面コミュニケーションでも用いられるような状況が生まれている。つまり，QQコミュニティはメンバーたちのあいだでのオンライン上のコミュニケーションの場として機能しているだけではなく，オフラインでの対面コミュニケーションにも拡張しているといえる。

　こうしたQQコミュニティの特徴は，上述した回族をとりまく社会状況に則して，このコミュニティが設立されたことと関係する。その初期メンバーたちは，レクリエーション活動を通じて分散して居住するようになった回族の民族としての団結を促進することを主な目的としてこのオンライン・コミュニティを設立した。実際，QQコミュニティを媒介とした最初のメンバー間での対面コミュニケーションの機会はバドミントンであったという（奈良, 2016）。そ

---

4) 2011年以降，このオンライン・コミュニティはWeChatグループにも引き継がれているが，本章では便宜的にQQコミュニティと呼ぶこととする。

5) また，このQQコミュニティは必ずしもオープンなものではなく，管理人の承認を経ていない者の閲覧や書き込みは制限されている。

の意味で，このQQコミュニティは一見すると，ミラーが述べるように，社会的・宗教的変化に伴い，分裂傾向にあった回族たちを結びつけ，凝集性の高い民族集団への「回帰」に寄与しているようにもみえる（Miller, 2012）。しかし，QQコミュニティは，モスクを中心とした伝統的な回族コミュニティへの回帰へと向かうのではなく，近年の社会的・宗教的変化に伴うメンバー間のコンフリクトを内包しながら拡大してきた。

④ 分化する「回族」と「ムスリム」――――――――――

　当初，QQコミュニティを媒介とした活動がレクリエーション活動を中心としていたことには，このコミュニティの主たるメンバーの宗教性が関係している。彼らの多くは，イスラームを必ずしも厳格に実践しない者たちであった。上述のように，信仰に目覚め，厳格にイスラームを実践する敬虔な回族たちは，彼らからみて敬虔ではない回族に対して「ムスリムではない」として批判する傾向にある。そのため，敬虔な回族の多くはQQコミュニティに対しても批判的であった。たとえば，ある30代回族男性は，「QQコミュニティに参加する者の多くはタバコも酒もやっている。彼らは，ただ豚肉を食べないだけで，イスラームのことを何も知らないんだよ」と批判した（奈良, 2016：120）。実際，QQコミュニティのレクリエーション活動では，礼拝時間になっても礼拝が行われることは基本的になく，ヒジャーブを着用する女性も極めて限定的である。

　QQコミュニティのこうした特徴は，前節で述べた回族のあいだでの宗教的変化を反映している。先に述べたように敬虔化した回族は，意識的かつ厳格にイスラームを実践することをムスリムであることの条件とみなし，そうではない回族をムスリムではないと批判する。これは回族社会において従来，不可分であった民族的カテゴ

リーと宗教的カテゴリーが区別されるようになってきたことを意味
する。「ムスリムであること」が後天的に宗教実践を通して獲得さ
れる属性と見なされ，先天的に出自や制度によって決まる「回族で
あること」から切り離されてきたのだ（奈良, 2014）。

　先述のように回族の民族団結を企図して設立されたQQコミュニ
ティは，敬虔化した回族が「回族ではあるが，ムスリムではない」
と評する人たちを中心としていた。実際，このコミュニティでは主
にイスラームとは直接関係しないレクリエーション活動が行われて
きた。しかし，彼らは敬虔化した回族とは対照的にQQコミュニテ
ィを肯定的に評価する。上述の社会変化に伴い深まる回族と漢族な
どの非ムスリムとの交友関係において，豚肉やアルコールなどの禁
忌が問題となるためだ。「豚肉を食べないだけ」といった批判に示
されるように，必ずしも厳格にイスラームを実践しない回族も豚肉
などの食物禁忌は順守する傾向にある。そのため，彼らも漢族と行
動をともにする場合，漢族がハラールではない食堂に食事に行き，
回族は外で食事が終わるのを待ったり，飲み物のみを注文したりす
ることになる（奈良, 2016：120-122）。こうした状況がQQコミュニ
ティ設立の主な要因の一つである。QQコミュニティは回族を中心
としているため，そのメンバーの多くがそこでの活動を「心地良い」
「楽しい」などといって好むのだ。

　このようにQQコミュニティは必ずしも敬虔ではない回族を主な
メンバーとしてきた。その意味で，このオンライン・コミュニティ
は回族コミュニティの分裂傾向を反映したものだといえる。しかし，
このコミュニティは，QQコミュニティおよびそのメンバーに対し
て否定的な敬虔化した回族を巻き込むことで発展してきた。

⑤ 「回族」と「ムスリム」の結節点としての SNS ——

　敬虔さの度合いの異なる回族たちはその宗教性の違いにかかわらず，より一層，非ムスリムを中心とする主流社会に取り込まれつつある。そのため，彼らは都市部に暮らすマイノリティとして部分的に利害を共有している。その一つが婚姻である。

　ムスリムには教義上，金曜礼拝やイスラームの祭礼において集団礼拝に参加する義務がある。そのため，敬虔化した回族には定期的にモスクで顔を合わせる機会がある。しかし，その義務は基本的に男性に限られている。そのため，モスクは未婚の回族たちがムスリムの異性と出会う場としては機能しにくい。また，上述のように回族が分散して居住するようになった昆明市では，回族同士が出会う機会も限定的である。こうした状況への対処がQQコミュニティ設立の要因ともなっていた。回族間の関係が希薄化し，回族がムスリムの結婚相手を見つけることが困難になってきたのだ（奈良, 2013）。

　現地の回族のあいだで婚姻はイスラーム信仰の一部とみなされ，ムスリムとして果たすべき義務の一つとも捉えられてきた（忽, 1985）。そのため，敬虔な回族にとっても婚姻は無視できない問題となっている。一方で，必ずしも敬虔ではない回族にとっても回族の結婚相手を見つける必要がある。現在，回族と呼ばれるムスリムたちは歴史的に男性が改宗した漢人女性を娶ることによってその人口規模を拡大してきたが（邱, 1996：373-374），清末期の漢人との対立激化に伴い，族内婚への選好が形成され（黄, 1996：9），それが今日まで続いている。そのため，回族あるいはムスリムの結婚相手を見つけることは敬虔さの度合いを問わず回族に共有される問題となっている（奈良, 2014）。

　こうした状況下，前節で取り上げたQQコミュニティにおけるレクリエーション活動には民族団結だけではなく，男女の出会いの場

図 10-3　昆明市内で行われた「独身者友好活動」の様子（筆者撮影）

の提供という含意がある。実際，QQ コミュニティではより直接的に「独身者友好活動」と呼ばれる，独身の回族を中心としたピクニックや食事会などのレクリエーション活動も実施されてきた（図10-3）（奈良, 2014）。そのため，回族あるいはムスリムの異性との出会いを求める敬虔な回族は，上述のようにQQ コミュニティを否定的に評価しながらも，そこに加わるようになってきた。日ごろQQ コミュニティを批判していたある 20 代の回族男性は，その結婚活動に参加した際，「昆明のような都市部においてムスリムの結婚相手を見つけるのはすごく難しいんだ。だから俺たちにはこういう活動がとても必要なんだ」と筆者に語った（奈良, 2019）。

　以上のように，QQ コミュニティは回族が分散して居住するようになった状況に応じ，必ずしも敬虔ではない回族を中心に民族団結を目的として設立されたコミュニティであった。そのため，その活動もイスラームとは直接関係しない娯楽活動を中心としていた。ただし，イスラーム実践とは直接結びつかないコミュニティのあり方は，厳格なイスラーム実践を重視する敬虔な回族からの批判を招くこととなった。しかし，都市部に暮らすマイノリティとして婚姻などの利害を部分的に共有しているため，敬虔な回族もそこに加わるようになった。その結果，QQ コミュニティは日常生活において接点が限られた敬虔さの度合いの異なる回族を結びつける結節点とし

て機能するようになってきた。

　さらに，敬虔な回族がQQコミュニティに参加することで，それまでの娯楽的要素の強い活動にイスラーム的な要素が加えられていくことにもなった。たとえば，敬虔な回族たちは本章で取り上げた結婚活動をイスラーム教育の機会と位置づけ，イスラームにおける男女関係や婚姻の位置づけなどについて学ぶ宗教教育をかねたお見合いパーティーを定期的に開催するようになった（奈良, 2014）。言い換えれば，QQコミュニティは，「回族であること」と「ムスリムであること」，すなわち民族的カテゴリーと宗教的カテゴリーが分化する状況下，民族的であると同時に宗教的でもあるコミュニティとして展開してきたのである。

6　おわりに

　改革・開放以降，モスクを中心とした伝統的な回族コミュニティが解体し，回族の宗教意識が弱体化する一方で，宗教復興に伴い，敬虔化する回族も現れるようになった。つまり，回族は敬虔さの度合いにおいて，二極化の傾向にある。それは「回族」という民族的カテゴリーと「ムスリム」という宗教的カテゴリーの分化として表出した。

　こうした状況下，QQやWeChatといったSNSは，地理的に分散し，宗教的にも分裂傾向にある回族の利害を結びつける結節点として機能するようになった。しかし，それはミラーが述べるようにSNSによる伝統的な社会的紐帯への回帰を必ずしも意味しない。SNSは伝統的な回族コミュニティにおけるモスクを代替するわけではないのだ。

　たとえば，本章で焦点を当てた婚姻は，宗教性の異なる回族にとって異なる意味をもっている。敬虔な回族にとってムスリムとの婚

姻は，イスラーム実践の一部であり，ムスリムにとっての義務とし
て捉えられる傾向にある。それに対して，必ずしも敬虔ではない回
族にとっては族内婚が重要であり，イスラーム実践の一部というよ
りは，彼らの歴史に根差した伝統だといえる。

　QQ コミュニティはこれらの異なる意図をもった，敬虔さの度合
いの異なる回族たちが宗教性を共有することを促進するのではなく，
彼らの利害を部分的に結びつけることで，宗教性が異なったまま彼
らを横断するネットワークをつくっていく。ここでいう部分的な利
害の結びつきとは，イスラーム実践としての婚姻，族内婚の伝統と
しての婚姻といったように宗教性の相違により，婚姻の位置づけが
異なりながらも，回族あるいはムスリムの異性との出会いの場が求
められるという点では利害が一致するということである。

　このように宗教性において分裂傾向にある回族をそのままに結び
つけるSNS を媒介とした回族コミュニティは，イスラーム法が社
会を規定していたモスクを中心とした伝統的な回族コミュニティと
は異なるものである。その意味で，SNS は従来のコミュニティへ
の回帰ではなく，混交的な新しい回族コミュニティの生成をもたら
している。

　この新たな回族コミュニティは，日常的に接点のない回族たちの
オンライン・コミュニティではあるが，このオンライン・コミュニ
ティを可能にしているものの一つは，婚姻といったオフラインにお
ける身体的，社会的な利害の部分的な共有であり，対面コミュニケ
ーションなしには成り立たない。それは本章冒頭で示した，このコ
ミュニティのメンバーが互いに本名も知らず，SNS 上のニックネ
ームで呼び合いながら顔を合わせるという状況にも表れている。回
族コミュニティはヴァーチャルとリアルのもつれ合いとして展開し
ているのである。

【付　記】

本章は，拙稿（奈良, 2017；2019；2021；Nara, 2013）に基づき，大幅に加
筆修正したものである。

●ディスカッションのために

1　インターネット空間と実際の社会空間との相互作用について本文の
　言葉を使いながら説明をできるようまとめてみよう。

2　1を踏まえたうえで，QQ コミュニティの成り立ち，特徴について本
　文をふりかえりながらまとめてみよう。

3　あなたはオンライン・オフライン問わず何らかのコミュニティに属
　したことがあるだろうか。また属したことがあれば QQ コミュニ
　ティと重なる点，重ならない点はあっただろうか。属したことがあり
　そのことを話してもよいのであれば，周囲の人に可能な範囲で QQ
　コミュニティと比較しながら話をしてみよう。属したことがなけれ
　ば属したことのある人から可能な範囲でよいので話を聞いてみよう。

【引用・参考文献】

岩村　忍（1949）．『中国回教社会の構造（上）』日本評論社

奈良雅史（2013）．「「国家の余白」としての「宗教的なるもの」──中国雲
　　南省昆明市における回族の結婚活動を事例として」『史潮』*74*, 53–72.

奈良雅史（2014）．「游走在"回族"与"穆斯林"之間的宗教性──以云南省
　　昆明市回族社会為例」『宗教人類学』*5*, 324–340.

奈良雅史（2016）．『現代中国の〈イスラーム運動〉──生きにくさを生きる
　　回族の民族誌』風響社

奈良雅史（2017）．「"公益"的生成──以昆明市回族社会的公益活動為例」
　　範可・楊徳叡［編］『"俗"与"聖"的文化実践』中国社会科学出版社,
　　pp.283–298.

奈良雅史（2019）．「ムスリムによる公益活動の展開──中国雲南省昆明市回
　　族社会の事例から」石森大知・丹羽典生［編］『宗教と開発の人類学──
　　グローバル化するポスト世俗主義と開発言説』春風社, pp.291–326.

奈良雅史（2021）．「分裂とつながり──現代中国におけるムスリム・コミュ
　　ニティの変容と生誕祭の活発化」山田義裕・岡本亮輔［編］『いま私た
　　ちをつなぐもの──拡張現実時代の観光とメディア』弘文堂, pp.216–

235.

Dong, J. (2017). Chinese elite migrants and formation of new communities in a changing society: An online-offline ethnography. *Ethnography, 18* (2), 221–239.

Horst, H. A., & Miller, D. (eds.) (2012). *Digital anthropology*. London and New York: Berg.

Isabella, S. (2007). Ethnography of online role-playing games: The role of virtual and real contest in the construction of the field. *Forum: Qualitative Social Research, 8*(3) 〈http://www.qualitative-research. net/index.php/fqs/article/view/280/616（最終確認日：2019 年 5 月 10 日）〉

Miller, D. (2012). Social networking sites. In H. A. Horst, & D. Miller (eds.), *Digital anthropology*. London and New York: Berg, pp.146–161.

Nara, M. (2013). Fragmented yet associated: *Waqf* activities in an urban Hui Muslim Internet community. *Inter Faculty, 4*, 35–58.

Wilson, S. M., & Peterson, L. C. (2002). The anthropology of online communities. *Annual Review of Anthropology, 31*(1), 449–467.

忽文恵（1985）.「昆明回族婚俗」『昆明民族民俗和宗教調査』雲南民族出版社, pp.7–9.

黄庭輝（1996）.「回族」厳汝嫻［主編］／江守五夫［監訳］／曽士才［訳] 『中国少数民族の婚姻と家族 中巻』第一書房, pp.5–24.

邱樹森［主編］（1996）.『中国回族史』寧夏人民出版社

第11章

和製コンテンツ文化の海外受容
香港ポケモン翻訳事件に映る複雑な様相
アルベルトゥス=トーマス・モリ

「Japan. Cool Japan.」ロゴマーク*（内閣府）

　昨今，外国人に対して「何のために日本に来たのか？」とインタビューする番組は少なくない。その回答はさまざまだが，日本のマンガやアニメなどをはじめとするメディア製品が好きだからという動機がかなり多い。それらはかつて日本社会の中では，「オタク」などと関連して比較的ネガティブなイメージを有していたが，海外では逆に日本を象徴するような文化商品として多くの人びとに好まれている。2010 年代以来，多くの業者も日本国内でしか販売しないという従来の姿勢を改め，海外の市場に目を向けるようになった。しかし，そのような市場はいつから，いかに形成されたのかについてあまり深く追究されたことはない。日本の文化商品が海外で受け入れられるようになった経緯に関心をもつ人が少なく，逆に「日本はすごい！」と満足する人がほとんどである。本章では近年香港で起きたことを取り上げ，日本発の文化商品をめぐる海外受容の複雑さを紹介する。

* 出典：https://www.cao.go.jp/cool_japan/logo/logo.html

1 はじめに：海外受容への無関心

　日本国内では1980年代以来，コンテンツ文化をめぐる研究が徐々に体系化されてきた一方，海外の受容事情への関心は非常に少ないようにみえる。正確にいえば，オーソドックスなメディア研究においてはすでに岩渕功一の『トランスナショナル・ジャパン──アジアをつなぐポピュラー文化』という大作があり，未だにその右に出る者はいないといえよう。

　岩渕は，日本の文化商品のグローバル化について包括的に論述してきた。具体的にいえば，戦後アメリカの文化的ヘゲモニーによる「圧倒的・独占的な一国支配構造」（岩渕, 2001：44）が弱まったという背景のもとで，日本やヨーロッパの文化商品が自国以外においても広く流通するようになったのである。しかし，その現象の本質はごく少数の先進国がアメリカによる支配的構造を踏襲した結果であり，多国籍企業が文化商品やイメージを生産して世界中に流通させるという不均衡な文化構造を，東・東南アジアを中心とする限定的な地域内で複製したことともいえる（岩渕, 2001：65）。その論述では，日本の文化商品には万国共通の価値がなく，その輸出ブームはアメリカの影の下で空白を埋める行為にすぎないと帰結された。

　岩渕の研究は日本の文化商品の海外受容に対して，一つの合理的なアプローチを提供したに違いない。これを用いれば，なぜ人びとが異文化である日本のコンテンツにハマるのか，という受容の動機をマクロなレベルに集約して解釈できると考えられたため，この問題についてこれ以上の事例研究を蓄積する必要性や緊迫性はないというイメージが研究者の間に漂っていた。ただし，岩渕が用いた論拠はすべて20世紀の事例にとどまっており，かつ同人誌など個人レベルのコンテンツ生産についても言及されていない。変遷の激しい情報社会のなかでは，約20年が経った今日，その研究の前提を

見直す必要性が十分あると考えられよう。

　他方，学術研究とは別に，ビジネスなどの領域においても日本の文化商品には関心が向けられてきた。2008 年，外務省アニメ文化外交に関する有識者会議委員，後に国際オタクイベント協会の初代事務局長を務めた櫻井孝昌は自身の著書のなかで，毎年パリで開催される「ジャパン・エキスポ」を例に，ほとんどの日本人が知らないところで自発的に開催されるイベントが溢れている状況について，「10 万人以上の現地の人が集まる日本関連イベントを，政府として無視していてもいいのかとの疑問は，当時の外務官僚たちのあいだでも高まりつつあった」と，政策の推進者たちの問題意識を述べている（櫻井, 2009）。

　しかし，そのような問題意識に基づいて展開した，いわゆる「クール・ジャパン」の関連政策には，実質上日本企業の進出を支援するために，現地の消費者たちに「訴求力の高い日本のコンテンツを活用する」という思惑がある（登坂, 2015：78）。言い換えれば，コンテンツ文化には広告と変わらない役割しか期待されていない。結局，海外各地における受容動機への詳しい分析が，実用性のレベルにおいて求められることはなかった。むろん，日本の産業構造の特徴から考えれば，たとえ独自に海外展開を行なっている大企業でも，その内部では海外より国内志向が強いとよくいわれているため，海外関連の問題意識やノウハウが蓄積されないことも容易に想像できよう。

　本章では，日本発の文化商品，とりわけコンテンツ文化の海外受容をめぐって，学術研究においてかつて提示された考え方への再検討を提案するため，海外のユーザーの動向というフロンティアに直接焦点を当てて考察する。ここでは，とりわけ日本以外では一時的に大ニュースになっていた 2016 年の香港ポケモン翻訳事件を取り上げる。

② 総領事館への陳情デモ

　日本社会におけるビジネス以外の関心が欠けたまま，海外各地において日本発のコンテンツ文化の受容が進んでいるが，やがて日本社会の想像をはるかに超えたような現象が起きた。

　2016年5月30日，在香港日本国総領事館が入居するビルの前で，20人ほどのデモが繰り広げられた。

　彼らのほとんどは10-20代のような顔立ちで，横断幕を持って行進していた。横断幕には「十萬伏特大遊行（10万ボルト大行進）」というタイトルのほか，「保衛香港譯名 不要皮卡丘（香港の訳名を守れ 皮卡丘は要らない）」および「還我比卡超（比卡超を返せ）」というデモの訴えを掲げていた。彼らはビルの前に陣取り，拡声器を構えてから，数人が順番で任天堂を名指して批判するスピーチを開始した。

　その内容をまとめれば，主に任天堂が『ポケットモンスター』（以下，『ポケモン』）の中国語訳を変えたことへの批判であった。デモが起こる約3ヶ月前，任天堂は『ポケモン』シリーズの最新作『ポケットモンスター サン・ムーン』の年内発売，およびゲーム内で中国語ヴァージョンを設置することを発表した。しかし，モンスターたちの名称はそれまで放送されたアニメ版と違って，ほぼすべてが新しい訳名に入れ替えられた。たとえば，「ピカチュウ」は香港で親しまれた「比卡超」ではなく，中国大陸および台湾で使われる「皮卡丘」になり，さらに『ポケットモンスター』というタイトルの翻訳も従来の『寵物小精靈』からまったく新しい『精靈寶可夢』になった。デモの参加者たちはこの改変を改悪行為として捉え，関連製品へのボイコットを宣言した。最後，彼らはビルに入って松田邦紀総領事に面会を求めたが，何度も警備員たちに阻止された後，総領事宛ての陳述書を警備員に提出させるとしたうえで，前後約1時間のデモを終えた。

　一見，大した人数ではなく，単に民間企業への不満が日本政府に向けて噴出したという八つ当たりのデモにみえる。当然，この件が日本のマスコミの目にとまることはなく，逆にいち早く取り上げたのは東洋証券の公式サイトにある「中国株コラム」という金融情報コーナーへの寄稿[1]だった。それから数日間，いくつかのニュースサイトやまとめサイトがデモの紹介記事を掲載したが，その多くはファンが自身の好みによってコンテンツに不満を抱くような問題と同様に捉えた。しかし一方，このデモをめぐって香港地元メディアおよび台湾のマスコミが報道しただけでなく，翌日BBCのサイトにおいても，アイデンティティ，言語，幼少時の思い出という三つのキーワードを用いてデモの主張と背景を整理する記事が掲載された[2]。この事件に対して関心を寄せなかった日本社会にとっては，ゲーム程度のことで大袈裟な反応だというふうにみえるかもしれないが，海外では大きく取り上げられたのである。

3　『ポケモン』の翻訳事情

　順を追っていえば，1996年に誕生した『ポケモン』シリーズはゲームソフトを中心にメディアミックス的に展開するコンテンツである。そのアニメ版は1997年の放送開始後，翌年香港のテレビ局TVBに輸入され，以来20年近く放送されていた。しかし，原作となるゲームは1998年，世界最大のゲーム見本市「E3」への出展を

---

1) 「中国からの便り第108回──反中デモならぬ反「チュウ」デモ」（東洋証券株式会社）〈https://www.toyo-sec.co.jp/china/column/letter/160630_2062.html（最終確認日：2019年12月16日）〉。
2) BBC News「Why the plan to rename Pikachu has made Hong Kong angry」〈https://www.bbc.com/news/world-asia-china-36414978（最終確認日：2019年12月16日）〉。

もって海外展開をスタートしたにもかかわらず，長い間日本語と英語のヴァージョンしかなかった。2013 年発売の『ポケットモンスター X・Y』および 2014 年発売の『ポケットモンスター オメガルビー・アルファサファイア』では，言語ごとの製品ではなく，一つのゲームソフトに同時に日本語，英語，フランス語，ドイツ語，スペイン語，イタリア語，韓国語の各ヴァージョンを搭載した。2016 年発売の『ポケットモンスター サン・ムーン』は，さらに「中国語（簡体字）」と「中国語（繁体字）」を搭載することになった。

　『ポケモン』の開発は日本社会の経験と感覚に基づくものである。そのために英語版は直訳ではなく，細かい言語表現から普段気づかれにくい文化的背景まで，さまざまなレベルにおいて調整と配慮が行われている。たとえば有名なモンスター「フシギダネ」の英文表記「Bulbasaur」は，球根を意味する「bulb」と恐竜の語尾「saur」を組み合わせたものであり，日本語名称にない怪獣的なイメージを強調した。また，日本社会ではありふれた，ゲームに登場する道具である「まんじゅう」と「せんべい」が，英語版では「Candy Bar」と「Cookie」に置き換えられた。他方，1999 年 12 月，周辺グッズであるポケモンカードの 1 枚「キョウ秘伝 変わり身の術」の絵柄にある仏教的シンボル「卍」がナチスの「ハーケンクロイツ」に見えるとして，アメリカのユダヤ人団体「名誉毀損防止同盟（Anti-Defamation League）」が抗議した。両者を混同する認識自体はさておき，本来その絵柄が日本国内のみで発売されたヴァージョンにしかなく，個人のコレクターがアメリカに持ち込んでから注目されたにもかかわらず，任天堂側は差し替えを行なった。しかし，それら異文化間の伝播に配慮する姿勢と努力が，「中国語版」にはみられなかった。

　一般的に「中国語（Chinese Language）」というとき，それは北京語をベースとする「マンダリン（Mandarin）」を指している。マン

ダリンは清の官僚たちの公務標準語「官話」に由来した言葉として, 言語学的整理を経て中国大陸と台湾それぞれの公用語になったほか, マレーシア, シンガポール, および世界中多くの移民社会においても広く使われている。それに対して香港, マカオ, および中国の広東省において, 人びとが日常的に使っている「広東語（Cantonese）」は政府から「中国語」の一方言と位置づけられながらも, 実質上は標準語と定められたマンダリンとは違うものといえる。広東語には独自の文法もあるが, 書面語において公用語であるマンダリンに合わせるためにクレオール化が進んだ結果, 現在, マンダリンの正書法で書いたものを広東語で発音するような形が普及している。だが口頭言語において, マンダリンの声調が四つなのに対し, 広東語は九つあるため, それぞれの話者にとって特別に学習しなければ相手の言葉を理解できない。

　他方, 中国政府が 1950 年代以降, 数回にわたって漢字の簡略化作業を行なったため, 中国大陸およびその影響を受けたマレーシアやシンガポールなどでは簡略化された「簡体字」を使用しているが, 中国政府の実効支配範囲以外の香港, マカオ, 台湾で使用される従来の漢字は, 簡体字と比べて筆画が多いために「繁体字」と呼ばれるようになった。それで, 一言で「中国語」といっても, 台湾と中国大陸とは言葉がほぼ同じで文字が違うこと, 香港と台湾とは文字が同じで言葉が違うこと, 及び香港と中国大陸とは言葉も文字も違うことという少なくとも 3 種類の関係性が存在している。

　任天堂が発表したゲームの「中国語ヴァージョン」は簡体字と繁体字に分かれているが, モンスターたちの名称はすべてマンダリンの発音に沿って翻訳されている。言い換えれば, マンダリン基準の名称の採用は, 香港のプレイヤーたちにとって, アニメの輸入によって一度翻訳・定着した広東語基準の名称と分かれるという主観的・心情的な問題だけではなく, 言語文化の背景や深層にもつなが

るほど簡単に無視できない問題でもある。

　客観的にみれば，マンダリン基準の名称とりわけ音訳の場合
は，広東語と同じような当て字を使うことが至難のことである。実
際，「ピカチュウ」のマンダリン訳名「皮卡丘」を国際音声記号で
表現するとほぼ同じ発音の「pʰi kʰa tɕʰjoʋ」になるが，同じ漢字表
記の広東語発音は「pʰi kʰa jɐu（ペイカヤゥ）」になってしまう。逆
にアニメ版の訳名「比卡超」は日本語の原文に近い「pei kʰa tsʰiu
（ベイカーチュウ）」と発音される。『ポケモン』のタイトルが香港で
は『寵物小精霊（ペットの小さい精霊)』と意訳されていたのに対し，
マンダリン基準で決められた新しい翻訳『精霊寶可夢』は，原文の
「モンスター」の直訳ではなく，従来慣習的に使われた「精霊」と
いう表現を残しつつ，「Pokémon」の音訳を入れて「寶可夢」とい
う漢字表記を採用した。しかし，これもまたマンダリンでは「pɑu
kʰɤ məŋ（バァゥコェモング）」と，広東語では「pou hɔ mʋŋ（ボゥ
ホームング）」とそれぞれ違う発音になる。結果的に，ポケモンお
よびピカチュウという最も代表的な名称が，言語の相違を反映する
典型的な事例にもなってしまった。

④　翻訳問題のエスカレート化

　実際，在香港日本国総領事館への陳情デモは，あくまで『ポケモ
ン』の翻訳問題をめぐる抗議活動の一環であり，かつ一部のプレイ
ヤーによる単独の行動であった。それに対し，デモを含むさまざま
な関連情報は主にネット上で共有され，人びとがネットを介して抗
議活動に参加しているとも言い換えられる。ここで筆者はフィール
ドワーカーの立場からリアルタイムで観察したこと，とりわけ抗議
活動がエスカレートしていく経緯を整理しておく。

　事件の勃発は，2016年2月26日，株式会社ポケモンの石原恒和

社長による『ポケットモンスター サン・ムーン』の中国語ヴァージョンの発表から始まった。石原はYouTubeにアップロードした映像[3] において，マンダリンと広東語でそれぞれ挨拶した後，中国語ヴァージョンの制作に伴う訳名更新の決定，およびその理由として「Pokémon」という発音をもっと広げたい旨を表明した。同日，モンスター 151 匹の訳名リストも発表された。

　同月 28 日，石原の講話および訳名リストへの批判文章[4] が現れた。作者[5] は石原の挨拶から任天堂側はマンダリンと広東語との相違を理解しているはずである以上，プレイヤーへの誠意がみえないと批判しただけでなく，「寶可夢」表記の広東語発音が「Pokémon」にならないことや，広東語表記の『寵物小精靈』も「比卡超」も任天堂側が商標登録しているために知財関連のトラブルが存在しないことなど客観的な証拠を整理したうえ，石原が主張した訳名の改変理由および中国大陸と一致する必要性を否定した。この批判文章を契機に，関連議論が香港の主要BBSで一気に広がった。

　3 月 1 日，香港のポケモン情報サイト「精靈燈塔」および数十人のポケモン世界大会経験者がネットで抗議声明を作成し，署名活動

---

3) その映像は『ポケットモンスター サン・ムーン』の発売後に削除されている。

4) HKdoujin,「任天堂早已定下「寶可夢」　扮關心香港卻以普代粵」〈https://hkdoujin.com/2016/02/2608//（最終確認日：2021 年 2 月 3 日）〉

5) この作者「星河千帆」はエンターテイメントにおける広東語の使用問題に強い関心を払っており，少なくとも 2014 年からすでに Facebook および香港における多くのローカルなネットフォーラムで関連話題をよく提起しているようである。彼本人へのインタビュー調査では，この方面に関心をもつ動機は，以前台湾の出版社がコストを節約するために台湾版のマンガをそのまま香港で流通させたことへの怒りだったという。ただし，彼はあくまで広東語の使用が減少してきた現象を指摘し，場合によってネットで論戦を起こすことにとどまっているようにみられる。

を開始すると宣言した。

　およそ3月中旬，翻訳問題をめぐる議論が台湾にも伝わった。かつて台湾では，『ポケモン』が『神奇寶貝』という訳名で知られていたが，それが『精靈寶可夢』になることについて惜しいと表明する言論はゲーム関連のBBSやSNSで一時多く書き込まれた。ただし，ピカチュウなどモンスターたちの名称の多くはもとから中国大陸と一致しているためかもしれないが，香港ほどの不満がネット上でみられることはなかった。

　筆者はこの時期に台湾のゲーム情報サイトを通して翻訳問題の存在を知ったが，友人たちのなかに『ポケモン』のプレイヤーがいなかったため，香港の署名活動を起こした有志たちがFacebookで作ったページ[6]にアクセスしてみた。ページの管理者によると，その時点ですでに4,000人以上の署名を集めてきたが，声明文を英語と日本語に翻訳する作業はまだ進行中だった。筆者が前述したような言語学的説明を受けてその客観性を認める姿勢を示したところ，管理者から署名への協力を要請された。ただし筆者はプレイヤーではなく，かつ研究対象にどこまで干渉してよいのかという人類学者ならではの問題意識を抱えていたため，もうしばらく様子をみることとにした。

　3月30日，合計6,341人の署名を集めた抗議声明は，中国語版[7]が任天堂の香港現地法人に持ち込まれ，英語版[8]が日本とアメリカの法人にそれぞれ郵送されたと有志たちのFacebookページで発

6）　爭取 Pokémon 保留各地譯名聯署 Petition to Keep Regional Chinese Translations of Pokémon 〈https://m.facebook.com/hkpokemonfans/（最終確認日：2021年2月3日）〉。

7）　香港のプレイヤー有志による声明の中国語ヴァージョン 〈https://docs. google.com/document/u/0/d/1iU0cIXQGUdmXmV6jIkyrMGXXb2XbH xT9N-ANJD8e1ZY/mobilebasic（最終確認日：2021年2月3日）〉。

表された。なぜ日本と香港の間の問題でアメリカの法人にも連絡するのかとページの管理者に尋ねたところ，香港の公用語は広東語と英語であり，昔から英語ヴァージョンでプレイする人が多いからであるとの理由であった。

　4月2日，香港のコンテンツ情報サイト「HKdoujin」から，別の抗議声明[9]を日本語と中国語で作成して日本と香港それぞれの法人に郵送したという発表があった。「HKdoujin」へのインタビュー調査[10]によれば，彼らは有志たちの声明文の日本語翻訳作業を請ける予定だったが，有志たちの文章表現を直訳するだけでは説得力に欠き，問題点が日本語話者に伝わりにくいと判断したため，独自の声明文を日本語で作成してから中国語に翻訳したそうだ。

　本章を執筆した時点で，それらの文書は依然ネットでアクセスできるため，ここでは詳しい引用を割愛する。両方の文章を比較

8）香港のプレイヤー有志による声明の英語ヴァージョン〈https://drive.google.com/file/d/0B4KykENg4FO7ZzRXdkg3amVoX00/view（最終確認日：2021年2月3日）〉。

9）【ポケットモンスターの公式中国語バージョンにおける香港地区及び広東語話者の待遇問題に関する声明】〈https://hkdoujin.com/2016/04/2902/，（最終確認日：2021年2月3日）〉。

10）このときのインタビュー調査は二つのステップに分けて行なった。最初は事件が進行中の2016年4月中旬，ただの傍観者として特別に自己紹介することなくそのサイトに日本語の声明を出したことを称賛するメールを送り，即時に前後の事情を説明する簡潔な返事を受け取った。筆者のような唐突な質問はサイトの運営者にとって，不特定多数への発信が一部の人にキャッチされたしるしとして受け止められ，発信の効果をさらに強化するためにそのような返信がなされたと考えられよう。さらに2017年，事件が多少沈静化した後，筆者は香港を訪れてサイトの運営者に対してインタビューを行なった。その際，メールの返信のより詳しい内容についての情報が得られた。筆者はすでにサイトの運営者と約一年間ネットを介した交流を続けて一定の信頼関係を構築していたため，インタビュー調査が可能になった。

すれば有志の声明は言語学的理由の細かい説明に重点を置くが，「HKdoujin」の声明ではマクロな文化背景に関する紹介が多く，また版権元に配慮するような言い回しも多用されている。ちなみに，筆者の聞き取りに対して「HKdoujin」の関係者たちはポケモンのプレイヤーではなかったが，プレイヤー有志と任天堂の双方に異文化交渉への意識が不足していると考えたため，独自の行動を起こしたと表明してくれた。

　5月10日，任天堂側は「HKdoujin」の声明で事例として挙げられた2匹を含む4匹のモンスターの中国語訳名の修正を発表した。同月27日，任天堂の香港現地法人がプレイヤー有志宛に中国語の返事[11]を送った。プレイヤー有志のFacebookページで公開された内容によれば，任天堂側は漢字表記に自分ルールの発音を振り付けることが可能な日本語の論理に沿って，「皮卡丘（Pikachu）」という併記法を勧めた。この返事を受けて香港の主要BBSではこの問題が一気に炎上し，それが30日の陳情デモに繋がったように考えられる。

　ただし，30日の夜，ポケモン世界大会の香港地区予選の運営を担当する任意団体「香港ポケモン連盟」がFacebookのページで，デモの影響で2016年の予選が取り消される可能性を示唆した。さらに31日，任天堂の香港現地法人が予選の延期を発表した。

　そこから約2ヶ月間，任天堂への批判を継続する人びとと，さすがにデモはやり過ぎたと主張する人びとおよび「香港ポケモン連盟」の関係者との間に罵倒合戦が起きていた。任天堂側が5月の返事以降も決定を改めない姿勢を貫いている一方，プレイヤーなど抗議者側は署名活動やデモのような組織的な行動に乗り出すことはな

11）プレイヤー有志の声明に対する任天堂側の返事〈https://drive.google.com/file/d/0B4KykENg4FO7VnlyNFlKMjdBRkk/view（最終確認日：2021年2月3日）〉。

かった。これまで筆者が調査した数人によれば，およそ 9 月以降，少数の個人ブログを除けば，ネット上の論戦はほぼ沈静化した。プレイヤー有志のFacebook ページも 12 月 9 日から書き込みは見られない。

5　ローカル社会の文脈を探る

　約半年間にわたった抗議活動，とりわけ他者とのやりとりを含めた全過程を筆者は日本で観察していた。デモの現場に立ち会えなかったことは人類学者にとって非常に遺憾なことだが，抗議活動に関わった大多数の人も筆者と同じく，ネットでデモの写真と映像を観て感情を同調させていたといえよう。ただし，外部の観察者にとって，ネットで同時的に共有された情報と感情のみではまだ当事者たちを十分に捉えられない。

　伝統的なフィールドワークは調査地における一定期間の生活を通して，調査対象に調査者のことを受け入れたうえでいろいろと自己開示してもらうことにより，対象社会の中で言語化されていない文脈を認識することを試みる。一方，ネットを介した調査において，調査対象とそのような関係性を構築することについては限界がある。逆に調査者は調査対象に知られなくてもその発信内容などネット上に残された「多様な痕跡」にアクセスし，量的，質的に調査対象を掘り下げることができると，木村忠正はその著書『ハイブリッド・エスノグラフィー──NC 研究の質的方法と実践』において主張している。言い換えれば，ネットを介した調査は，情報の海から調査対象との関連性を調査者自身が整理・判断しなければならない。

　たとえば，前述した情報サイト「HKdoujin」は声明文のなかで，香港のプレイヤーたちが十分明示していない問題意識を任天堂側に理解させるために言語化した。

……広東語とマンダリンとの区別は単なる文化的な違いだけでなく，重要な政治的課題の一つでもあります。特に2014年10月の「Umbrella Revolution」大規模デモ以来，マンダリンを用いて広東語を抑圧する政策が実行され，香港社会の日常のさまざまな場面において数多くの衝突事件が起きています。もしこのタイミングでマンダリンを基準とした中国語バージョンが強行推進されてしまえば，必ず関連政策への加担として捉えられてしまいます。[12]

　この記述をもとに関連情報を補足すれば，もともと香港はイギリスの殖民地時代から中国語（広東語）と英語を公用語としており，小中学教育も両言語で行われているが，2008年から政府は中国語の授業を広東語ではなくマンダリンで実施する方針を決めた。ただし，その政策と日常生活の現実とは矛盾する部分があり，良い効果が収められていない。『中英連合声明』で確定された中国への香港の主権譲渡は，中国大陸の中国的社会主義制度ではなく，香港における資本主義及びコモン・ローの社会と司法制度の継続を前提としたものであった。しかし，実際には普通選挙がずっと実現されず，中国政府が立法・司法解釈によって香港の自治に介入するようになったため，民衆の不満が蓄積し，2014年には120万人規模のデモおよび約2か月間の街頭闘争が起きた。そのような雰囲気のなかで，教育をはじめとして，広東語がマンダリンに取って代わられつつあるという現実が，中国政府による香港の社会と司法制度に対する侵食という意味合いを帯びるようになった。実際，本章を執筆中の2019年6月9日に再度100万人規模，15日に200万人規模のデモが起きた後，警察と市民との激しい攻防戦が半年以上続いており，

12）前掲注8。

アメリカも立法で中国政府をけん制する姿勢を示しているという状況のなかで，ネット上では香港のユーザーが台湾を除くすべてのマンダリン話者に敵意を向けるような言論はすでに日常茶飯事になってきたように見受けられる。

　他方，陳情デモをめぐる一部の報道では，デモの主催者が「熱血公民」という香港の政党に属していたため，ポケモンの翻訳問題が政治的に利用されたと批判された。実際，この政党の創設者であり，陳情デモの発案者でもある黄洋達（Wong Yeung-tat）はテレビ局のドラマ脚本家出身で，2007 年台湾のライトノベル大賞「浮文字新人賞」を受賞した「オタク」的な人物である。2012 年「熱血公民」を創設した際，「文化抗共」というモットーを掲げて，文化領域での中国共産党の影響と干渉に対する抵抗を主張している。そのため，ポケモンの陳情デモは確かに「熱血公民」による政治的活動の一部といえるが，同時に香港と中国政府との緊張関係という深刻な文脈を踏まえたものである。

　このようなビジネス以外のローカル社会独特の事情への認識不足，および前述したポケモンカードの事件処理と比べて明らかな怠慢が，任天堂への反発を引き起こした根本的な原因といえよう。

6　結びにかえて

　公平を期していえば，『ポケモン』の中国語ヴァージョンをめぐって，任天堂の決定はいかなるプロセスを経て決められたのか，本来ビジネス以外の文脈で解釈する必要性はまったくないはずだった。しかし，現実の複雑さは明らかにビジネスの域を遙かに超えている。この一連の抗議活動のなかで，任天堂の立ち位置は非常に微妙である。広東語とマンダリンとの相違を無視して新しい訳名を強引に実施した行為は，世界規模の大人気コンテンツが内包する文化的ヘゲ

モニーの性質を表現したのか，それとも意識の有無を問わず中国政府が象徴する別のヘゲモニーに加担したのかは定かではないが，この問題は少なくとも本章の冒頭で挙げた岩渕の議論の枠に収まらないことが確実にいえよう。他方，日本のコンテンツの海外展開に伴い，似たような問題が他の何処かで起きる可能性は到底否定しきれない。それら数々の問題および関連する文脈を把握するには，関連事実を細かく確認したうえで，受容者の視座について十分な質的分析を行わなければならない。

　ちなみに，事件から約1年が経った2017年8月10日，署名活動の際に聞き取りした一人の知人から筆者にあるURLが送られてきた。それはテレビ局TVBの関係者が運営するとされるFacebookのページ 13) だった。そこの書き込みによれば，ポケモンの新作アニメの輸入をめぐって任天堂側が新しい訳名の使用を強く要求したため，TVBは放送権の継続購入を見送る可能性が大きいようだった。実際に数日後，この情報が確認されただけでなく，後に放送権を購入した別のテレビ局「奇妙電視」はTVB時代の字幕付きの放送形式を変えて，広東語吹替のみで放送した。その放送期間中，ネット上で任天堂への批判は小規模ながら再燃した。

　この現象からみれば，ポケモンの翻訳問題は時間の推移によって風化されていないようだ。本章では最新の動向まで扱いきれないが，日本の文化商品，とりわけアニメ，マンガ，ゲームなどのコンテンツの海外伝播に関心を寄せることが重要であると主張したい。特にそのような関心は現象的な部分にとどまらず，それらの現象を生み出す構造の解明に向かうべきであろう。そのため，本章で提示した

---

13) TVB Dubbing Secrets による 発 表〈https://m.facebook.com/952710054798898/posts/1383817631688136/（最終確認日：2021年2月3日）〉。

ように，ネットを介した調査と伝統的な対面調査を組み合わせて運用し，瞬息万変というネット社会の情報感覚に流されず一定の時間を継続していくようなフィールドワークによる蓄積が，これからもっと多く求められるに違いない。

●ディスカッションのために

1　マンダリンとは何か，広東語とどのように違うのか，本章の記述にしたがって整理してみよう。
2　『ポケットモンスター』の中国語訳を新しい訳名にかえたことがなぜ大きな騒動につながったのか。本章の記述にしたがって整理してみよう。
3　近年香港の政治・社会事情についてできる限り多く調べてみよう。それをふまえたうえで，どのようにすれば問題が起きなかったか，あるいは起きたとしても，大きくならないようにすることができたと思うか，自分の言葉でまとめてみたうえで周囲の人と意見を交換してみよう。

【引用・参照文献】

岩渕功一（2001）．『トランスナショナル・ジャパン——アジアをつなぐポピュラー文化』岩波書店

岩渕功一（2007）．『文化の対話力——ソフト・パワーとブランド・ナショナリズムを越えて』日本経済新聞出版社

木村忠正（2018）．『ハイブリッド・エスノグラフィー——NC 研究の質的方法と実践』新曜社

櫻井孝昌（2009）．『世界カワイイ革命——なぜ彼女たちは「日本人になりたい」と叫ぶのか』PHP 研究所

登坂　学（2015）．「中国における日本大衆文化の受容と可能性に関する一考察——アイドルグループの誕生と成長をめぐって」『九州保健福祉大学研究紀要』*16*, 77-87.

第**12**章

仮想空間はいかに解体されたか

『ポケモン』における多様性と標準化

久保明教

ポケットモンスター赤
(初代) ゲーム画面
(任天堂，1996 年発売)

　デジタルゲーム，ペットロボット，インターネット，SNS。コンピュータを基盤とする情報技術の産物は，現実の世界とは異なる「仮想現実」や「サイバースペース」や「電子空間」を生み出すものとして語られてきた。それらは現実とは異なることができるからこそ有用で魅力的だが仮想の世界に耽溺することの危険性もあるという語り口は，どこかで聞いたことがあるだろうし，自分でもさほど意識せず使っているかもしれない。だが，SNS などネットを介した日々のあなたの活動のどこまでが現実空間に属し，どこまでが仮想空間に属しているのかを明確に述べることができるだろうか？　現実空間と仮想空間という二分法は次第に説得力を失ってきている。ではいかにして現実と仮想の二分法が生じ，解体されてきたのか。それを考えるヒントとなるのが，かつて仮想の生き物への耽溺を促すとして批判されながらその批判を乗り越えてきたゲーム『ポケットモンスター』である。

* 出典：https://www.pokemon.co.jp/ex/VCAMAP/game/

1　はじめに

　メディアをめぐる現在の状況を語るうえで，情報技術に支えられたサービスの普及は無視できないだろう。私たちの日常的なやり取りの多くがLINEやEメールやTwitterやFacebookを介したものになっている以上，コンピュータ・ネットワークを活用したこれらのサービスは明らかにコミュニケーションの主な媒体（Media）となっている。

　だが，たとえばSNSを新聞やテレビなどのマスメディアと並びたつ「ソーシャル・メディア」として位置づけることは簡単ではない。コンピュータ・ネットワークは，それがインターネットという形で普及し始めた20世紀末から，現実の世界とは異なる「仮想空間」や「サイバースペース」として語られてきた。そこでは，現実とは異なるキャラクターになって「もう一つの世界」を自由に楽しむことができるし，現実と乖離した嘘や誹謗中傷を拡散することもできる。こうした発想をとるかぎり，ネット上のやり取りを公的な責任を負うとされるマスメディアと同列に語ることはできず，信頼を得た一部のサービスが「ネットメディア」と呼ばれるに留まる。仮想空間という位置づけがなされる限り，情報技術の産物を有意な一般性を備えたメディアとして捉えることは難しい。

　しかしながら，情報技術に支えられたコミュニケーションの場を仮想空間として捉える語り口の説得力は，近年になって次第に弱まってきたように思われる。

　たとえば，国会でも取り上げられ2016年の流行語となった「保育園落ちた日本死ね」という言葉は，「はてな匿名ダイアリー」の記事タイトルとして現れるとネット上で拡散され，激しい賛否を引き起こしながら待機児童問題をめぐる議論を活性化させた。この一連の出来事は現実空間と仮想空間のどちらで生じたものだろうか？

この言葉は，保育園に子供を預けられないという現実の切迫した問題を訴えていると同時に，国家に死を宣告する表現（「日本死ね」）がネット上の語り口と親和的だからこそ拡散された。この言葉が人口に膾炙したという出来事は，現実／仮想のどちらかに還元できるものではない。

　あるいは，あなたが普段ネットに接続して行なっているさまざまな活動を考えてみてほしい。LINE で友人と話す，ツイッターでつぶやく，各種のサイトを閲覧する。そのうちのどれが現実空間での活動であり，どれが仮想空間での活動であるかを明確に述べることはできないだろう。情報技術と結びついたコミュニケーションの場を現実とは切り離された仮想の世界として捉える語り口は，説得力を失いつつある。

❷　現実と仮想

　それにしても，なぜ情報技術をめぐって「仮想空間」という概念が生じてきたのだろうか。その歴史的過程を詳細に追う紙幅の余裕はないので，論理的に考えてみよう。

　まず，情報技術とはこの世界に存在する事物にコンピュータが処理できるデジタルな数列を結びつけることで両者が相互に変換可能な状態をうみだす技術である。たとえば，旅先の風景をスマホで撮影して友人に送るとき，撮影された風景は複数のプログラムを経て「0」と「1」からなるデジタルな数列に変換されて送信され，それを受信した友人のスマホには再び複数のプログラムを経て変換された風景の画像が表示される。ただし事物から数列，数列から事物への変換は完全な複製ではない。ある事物 α が数列に変換され再び事物に変換されたものを事物 β と呼ぶと，β は α がもたない特徴をもつ（風景自体を改変することは難しいが，スマホに保存された風景は簡

単に加工できる）。これを，ある事物が情報技術と結びつくことでも
ともとの有様から変容していくプロセスとして捉えることにする。

　たとえばある人物の声（α）を録音した音声データ（β）は，「機
器さえあればいつでも再生可能」というαにはない特徴をもつもの
へと変容している。βをαの複製として捉える限り，変容によって
得られる価値（携帯／再生可能性）や失われる価値（一回きりの発声
がもつアウラ）は問題にされるが，現実と仮想の区別が生じる余地
はない。

　だが，変容に伴って両者の特徴に矛盾が生じているようにみえる
状況も想定できる。たとえば，ある男性が自分の声を録音したデー
タを女性の声に聞こえるように加工してストリーミング放送を行な
った場合，声（α）と音声データ（β）のあいだに「男性が喋って
いる／男性が喋っていない」という矛盾が見出されうる。このとき，
矛盾を解消するために有効なのが，デジタルな数列と結びついてい
ない事物αが存在する世界を本当の世界（現実空間）として，デジ
タルな数列と結びついた事物βが存在する世界をαが存在する世界
と似てはいるが本当は存在しない偽の世界（仮想空間）としてみな
すことである。

　実際，もしこの人物がストリーミング放送で一躍有名になった後
に男性だと判明したとすれば，「彼は女性になりたい願望をネット
という仮想空間でかなえようとしたのだ」と語られることは十分に
想定できる。現実と仮想の空間的区別を導入することで，情報技術
のある種の（矛盾を伴う）利用の仕方が，偽物を本物と取り違える
行為として捉えられる。こうして，情報技術の魅力も問題点も，そ
の仮想性（現実と似た仮想への耽溺）によって説明されるようになる。

　しかしながら，情報技術は事物とデジタルな数列を結びつけるこ
とで新たな特徴をもつ事物を生みだす媒体であり，必ずしも空間の
分離を引き起こすものではない。情報技術が活用されていても現実

とは別の世界を想定する必要が生じない状況は十分に想定できる。それは第一に，特徴の矛盾を引き起こさない情報技術の利用法だけが許されている状況であり，第二に，情報技術を通じた事物の変容を活用しながらそれが矛盾を帰結しないように諸関係が組み替えられていく状況である。

　第一の状況が広まることで仮想空間という概念が解体されてきた可能性も論理的には考えられるが，それは情報技術の活用が徹底的に規制されてきたことを意味するために想定しにくい。したがって，「仮想空間」という語り口の説得力は，第二の状況が広まることによって失われてきたと考えられる。だが，事物が著しく変容しながら矛盾を帰結しないような状況はいかにして広まりうるのだろうか，その具体的な事例として，以下ではゲームソフト『ポケットモンスター』（以下『ポケモン』）を取り上げたい。

❸　生き物でもデータでもある

　コンピュータを用いたデジタルゲームは，インターネットに先駆けて普及した情報技術であり，その仮想性に対する批判も繰り返しなされてきた。「簡単に人を傷つけ殺すことのできるゲームの世界に耽溺する人物は，現実世界でも危険な行為を犯しかねない」という語り口は，多くの人にとって馴染み深いものだろう。1996 年に発売されたゲームボーイ用ソフト『ポケットモンスター（赤・緑）』もまた，現実と仮想の二分法に基づく批判を免れなかった。たとえば，ジャーナリストの長尾剛は 1998 年の著作『ポケモンは子どもの敵か味方か？』において，当時なされた批判の論旨を次のようにまとめている。

　　『ポケモン』に代表されるテレビゲームに描かれる生き物とは，

血の通った生き物ではない。しょせんは疑似的な存在にすぎない。よって，その存在感が現実の生き物より希薄で，扱いも気軽なものになっている。だから，扱うのが嫌になったら『リセット＝はじめからなかったことにする』ことも，子どもは気軽にやってしまう［……］こんな希薄な生命を扱うことに慣れた現代のこどもたちは，結果として，生命の尊厳を知らず，現実の生命をも無思慮に気軽に扱う人間になってしまう。(長尾，1998：186-187)

　ここでは，「血の通った生き物」と「ゲームに描かれる生き物」が対比的に扱われ，後者を前者と取り違えることの悪影響が危惧されている。生物（α）とそれがデジタルゲームという情報技術と結びつくことで現れるポケモンたち（β）のあいだに，「生き物である／生き物ではない」という矛盾が見出されることで，ゲームを楽しむことが仮想空間への危険な耽溺として描かれる。だが，こうした批判は，初代（赤・緑）を含む七つのシリーズの累計出荷本数が3億4千万を超え，1997年から放映されているアニメ『ポケモン』やその映画版が安定した人気を博し，ゲームやアニメに親しんできた現在30代前半までの世代を超えてアプリ『ポケモンGO』が流行している現在において，あまり説得力をもたないものに思われるだろう。では，『ポケモン』はいかにして仮想性をめぐる批判を乗り越えることができたのだろうか。

　『ポケモン』の制作において中心的な役割を担ってきたゲーム・デザイナー田尻智は1965年に生まれ，いまだ豊かな自然に囲まれていた東京都町田市で幼少期を過ごしている。田んぼや森で虫を捕り，ザリガニを飼育するのが大好きな子どもだった田尻は，中高生になると『インベーダーゲーム』や『ゼビウス』に出会い，開発の進む東京郊外に次々とあらわれたゲームセンターに通い詰める熱狂

的なゲーム少年となる。1989 年にゲーム仲間たちと「ゲームフリーク社」を設立した田尻は，『ヨッシーのたまご』などのヒット作を生みだしたのち，『ポケットモンスター 赤・緑』の開発に着手する。本作の制作にあたって，田尻は幼少期の「虫取り少年」としての経験や記憶を多分に活用した。彼は次のように述べている。

> 虫を取るのに，たいがいの子は蜜を置くやりかたをしていましたが，ぼくは木の根っこに石を置いて取るやり方を，自分で考案しました。夜活動していた虫が木を降りてきてその石の下に隠れて眠るらしい，ということに気がついていたからです。それにただ虫をとるだけじゃなくて，虫を長生きさせるコツも，ずいぶん研究していました。虫に冬を越させるためには，温かい所で飼うよりも，ちょっと小寒い所に置いた方がいいんです。一日の温度差が小さいと，動きがにぶくなって，それだけ長生きします。このへんの体験というのは，今回の『ポケモン』にもずいぶん生かされています。(中沢, 2004：13-14)

　その一方，田尻は，虫取り少年から熱狂的な「ゲームフリーク」へと変化していくきっかけとなったゲーム『ゼビウス』の初プレイ時の経験を次のように振りかえっている。

> 遊んでみて，変わってるなと思ったのは，まず敵のキャラクターたちの攻撃が，押し寄せるようにたくさん来たかと思うと，急になにもでてこなくなったりするところだ。あれはどうも変な感じがする。そんなゲームは，いままでやったことはない。[……] 敵が全然攻撃してこないとき，見えない敵の圧迫感を感じるんだ。ゲームの最初で出てくる敵キャラクターは，結構印象的だった。こいつは，自分の戦闘機に近づいてきたかと思う

> と，すぐ逃げるように去ってしまう。まるで偵察機のようだっ
> た。僕は敵キャラクターたちに，意志があるように感じられて
> ならなかった。（田尻, 2002：62-63）

　以上二つの田尻の述懐には，生き物と触れあいながらもそれを特
定のパターンに従ってふるまう存在として捉えると同時に，プログ
ラムに規定されたデータにすぎないゲームのキャラクターにも生
き物のような躍動感や意思を感じとるという独特の視点が見出され
る。幼少期に触れあった生物とゲーム・キャラクターの特徴は矛盾
していない。両者はいずれも，田尻少年の鋭敏な観察眼によって特
定のパターンに従っていることが明らかになり，だからこそ制御で
きるようになるものでありながら，観察者の予測を裏切る多様なふ
るまいによって固有の意思を感じさせる存在として捉えられてい
る。『ポケモン』の制作を駆動していたのは，幼少期の生物との触
れあいを情報技術によって再現しようとする懐古的な心情ではなく，
「虫取り少年」としての経験と「ゲームフリーク」としての経験が
重ねあわされることで生まれる「生き物でもデータでもある」存在
と触れあうことの楽しさだったのである。

4　第三の特徴

　とはいえ，開発者側に生き物とデータのあいだに矛盾を見出さな
い視点があったからといって，ゲームをプレイする側にそれが伝わ
るとは限らない。『ポケモン』が仮想性をめぐる批判を乗り越える
ためには，「生き物である／生き物でない」という矛盾を無効化す
る実効的な仕掛けが必要だったのであり，実際に『ポケモン』とい
うゲームはそのような仕掛けをさまざまな仕方で実装してきたと考
えられる。

　まず，前述した批判に含まれる「リセットできない／リセットできる」という対比について検討しよう。生き物は不可逆的に成長し衰弱するのに対して，ゲームに描かれる生き物はいつでも初期状態に戻せる。だが，こうした対比は，『ポケモン』をプレイしたことのある人びとにとって説得的なものではないだろう。本作は世界中を旅しながらレベルを上げていくというRPGの仕組みを踏襲しているが，プレーヤーが操作するキャラクター（「ポケモントレーナー」）ではなく，手持ちにしたポケモンのレベルが上がる点に特徴がある。プレーヤーは最初に譲り受けた一匹のポケモンと一緒に旅立ち，各地に生息する「野生のポケモン」に手持ちのポケモンをぶつけて「バトル」し，弱らせた野生のポケモンをモンスターボールで捕獲することで手持ちのポケモンを増やしていく。手持ちのポケモンはバトルによって経験値を獲得し，レベルアップすると能力値は上がり新たな技を覚える。初代では151種類いる（現在は800種を超える）ポケモンのそれぞれに対して基本能力の上限が設定されているが，どんなポケモンと多く戦ったかによって「努力値」と呼ばれる隠しパラメータも変化する。さらに大半のポケモンは「進化」と呼ばれる契機によってその姿や能力を大きく変える。「進化」のきっかけはレベルアップやアイテムの使用や通信交換など多彩であり，「進化」をキャンセルすることもできるが，一度「進化」すれば元の段階には戻せない。手持ちポケモンが強くなることはプレーヤー＝トレーナーが強くなることと同義であり，獲得した技や能力はさまざまな出来事に遭遇しながら旅を続けるなかでプレーヤーとポケモンが一緒に成長してきたことの証である。したがって，『ポケモン』を楽しんでいるプレーヤーがセーブデータをわざわざ消去して初期状態に戻す事態は生じにくい。「リセットできない／リセットできる」という対比は，「一緒にさまざまなことを経験しながら成長してきた存在だからリセットしにくい」という第三の特

徴によって無効化されるのである。

　前述した批判を投げかけた人びとはまだ納得しないだろう。たとえば「生き物は自律的だがポケモンはトレーナーの命令に完全に従うから自律的ではない」という反論がなされるかもしれない。こうした批判は，『ポケモン』のメディアミックス展開において中心的な役割を果たしたTVアニメ版の制作段階でも生じていた。アニメシリーズ初期のチーフ脚本家を務めた首藤剛志は，放映が開始された当時を述懐する文章において次のように述べている。

> ポケモンは，想像されたものであり，実物の動物ではない。ゲームの操作のやり方次第で，プレーヤーの思いどおりになる。手間はかかるが，プレーヤーに逆らったり，実際に死んでしまうこともない。[……]動物のペットでも，まして人間でも，現代の子供たちの間ではこうはいかないだろう。ポケモンが生き物だとしたら，これほど思いどおりになる生き物はない。(首藤, 2008)

　首藤の述懐にみられるような批判的な視座は，あらゆるポケモンがモンスターボールに入り，トレーナーの指示に必ず従うというゲーム版の基本設定に反する存在を生みだした。それが，アニメ版の主人公「サトシ」の最初のポケモンとして選ばれるがまったくなつかず，事あるごとに反発し，だが彼が身を挺して自分を守ってくれたことからモンスターボールに入らずに一緒に旅をすることを選んだポケモン「ピカチュウ」である。アニメでの人気をうけて発売された「ポケットモンスターピカチュウ」(1998年)において，ピカチュウには第1作にはなかった「なつき度」というパラメータが付加される。このパラメータ (0〜255の値) は，第2シリーズにあたる『ポケットモンスター金・銀』からすべてのポケモンに適用さ

れ，ゲーム内の特定の場所で大体の「なつき度」を教えてもらえる
ようになる。その後のシリーズでは，「なつき度」に応じて威力が
変わる技（「おんがえし」など）や，「なつき度」によって特定の技
を覚え，特定の進化をするといった設定が加えられていく。

　このように「自律的である／自律的でない」という対比は，「な
つく」という第三の特徴によって無効化される。自律的／他律的と
いう質的な差異（違い）が，なついている度合いという量的な差異
によって上書きされたのである。

⑤　多様性を生む標準化

　開発者たちが幼少期に触れあった生き物（α）にゲームという情
報技術が結びつくことでポケモンという存在（β）が生まれ，αと
βに「生き物である／ない」という矛盾した特徴が見出されること
で後者は前者の偽物として批判された。だが，情報技術との接続に
よる事物の変容が，矛盾を回避する第三の特徴（「成長」や「なつき
度」など）を生みだすように再編されることで，仮想性をめぐる批
判は説得力を失う。さらに重要なのは，成長やなつき度に関わる諸
要素が，プレーヤーがともに旅するポケモンたちに多様な個性を見
出す契機となっていることである。いかなる技を覚えさせ，いかな
る能力を強化したポケモンといかなる関係を取り結ぶか。その多種
多様な道筋を，成長要素やなつき度は可視化し活性化する。情報技
術を通じた事物の変容は，もとの事物との矛盾を引き起こす方向で
はなく，変容を通じた多様性の探求へと方向づけられることで仮想
性をめぐる批判を乗り超える魅力をもちえたのである。

　しかし，その多様性は標準化と表裏一体である（久保, 2018）。す
べてのポケモンはモンスターボールに入り，育成でき，ともに旅す
ることでトレーナーになつく。パラメータが特定の値に達しなくて

も進化したり，なつき度と相反するトレーナーへの愛憎を示すといった例外は許されない。だが，そうした例外的なあり方が新たなパラメータによって導入され，標準化される可能性は常にある。首藤らがアニメ版に埋めこんだ批判的視座が「なつき度」というパラメータを通じてゲームに導入されたように。

　『ポケモン』が進めた矛盾の無効化の類比物は，現在の情報技術をめぐる諸実践にも見出される。たとえば，かつて「パソコン通信」のようなコンピュータを介したコミュニケーションは，手紙のように書き手の「情の機微」を伝えることのない「純粋に抽象的な情報だけを発信しあえる」手段とみなされていた（長尾, 1998：68-69）。だが，現在私たちがSNSにおいて日々苦心しているのは，「(^_^;)」や「(´･ω･`)」のような，コンピュータの「純粋に抽象的な」情報処理において標準化された多種多様な顔文字やスタンプを用いていかに「情の機微」を伝えるかであろう。あるいは，「インターネットは匿名だから無責任な誹謗中傷が起きる」という語り口における「実名／匿名」という対比は，ネットにおいて実名ではなくハンドルネームやIDで有名になった人物（たとえば「レンタルなんもしないひと」）がそれらの半匿名的な名前に紐づいた期待や責任を引き受けざるをえない状況が広まるにつれて，無効化されつつある。このように，情報技術に支えられたコミュニケーションの場は，現実／仮想の二項対立を解体しながら，絶えざる標準化を通じて多様性を探求し具体化するメディアとして私たちの生の只中に立ち現れているのである。

●ディスカッションのために

1　「仮想空間」という概念はどのようにして生じたのか。本章での説明
　をまとめてみよう。

2　『ポケットモンスター』は当初どのように批判されたか。そしてその
　批判をどのように乗り越えてきたか。本章の記述にしたがって「ゲー
　ム・キャラクター」「第三の特徴」「なつき度」という言葉を説明
　しながら，まとめてみよう。

3　『ポケットモンスター』をプレイしたことがあるだろうか。プレイし
　たことがあれば，本章を読んでどう感じたか，周囲と意見を交換し
　てみよう。また『ポケットモンスター』に限らず，本章で論じられ
　ているような現実空間と仮想空間という二分法が生じ，解体されて
　いると思われる事例を何か思いついたなら，その事例についてまと
　めて，自分の言葉で説明を試みてみよう。

【引用・参考文献】

久保明教 (2018).「他性の現在──『ポケモン』と標準的媒体をめぐって」
　　『文化人類学研究』*19*, 45-68.

首藤剛志 (2008).「『ポケモン』第 1，2 話放映」(「シナリオえーだば創作術
　　だれでもできる脚本家」第 143 回)『WEB アニメスタイル』2008 年 4 月
　　9 日記事〈http://www.style.fm/as/05_column/05_shudo_bn.shtml（最
　　終確認日：2021 年 2 月 3 日)〉

田尻　智 (2002).『パックランドでつかまえて──テレビゲームの青春物
　　語』エンターブレイン

長尾　剛 (1998).『ポケモンは子どもの敵か味方か？──ポケモン世界の魅
　　力と真の恐怖を探る』廣済堂出版

中沢新一 (2004).『ポケットの中の野生──ポケモンと子ども』新潮社

第Ⅳ部　メディアがつなぐ 新しいモノとヒト

第 13 章　メディアとしてのカフェ
コピティアムと消費されるノスタルジア

第 14 章　メディアとしての銅像
銅像は何を伝えるのか

第 15 章　メディアの物質的基盤
とりわけ映像メディアに着目して

第 16 章　端末持って，狩りへ出よう
SNS 時代の内陸アラスカ先住民

第 17 章　デジタル民族誌の実践
コロナ禍中の民族誌調査を考える

　第IV部「メディアがつなぐ新しいモノとヒト」では，メディアの物質性（マテリアリティ）が論点であり，写真やSNSの他，銅像やカフェも「メディア」として捉える。

　第13章「メディアとしてのカフェ——コピティアムと消費されるノスタルジア」（櫻田涼子）は，マレー半島のカフェ文化をメディアとして分析する。「コピティアム」とは，海南島からマレー半島に移住した移民が西洋料理を覚えた後，外食産業に参入することで生まれたカフェであり，海南と西洋のハイブリッドな食文化である。近年では，「コピティアム」は多民族国家であるマレーシアやシンガポールにおいて「私たちの歴史」を表象し，ノスタルジアを喚起するものとして再発見されつつある。櫻田は，コピティアムのような複雑な社交空間の生成と変化を厚く記述することによって「メディア」の新しい側面が見えてくると結ぶ。

　第14章「メディアとしての銅像——銅像は何を伝えるのか」（高山陽子）は，日本の銅像をめぐる歴史を紐解く。明治時代に西洋から導入された銅像は，日本でも偉人や英雄を顕彰するために作られるようになった。日露戦争後には軍人らの銅像建設ラッシュが生じる。その動向は第二次世界大戦中の金属供出で下火となり，戦後は女性・子どもの銅像やキャラクター銅像が登場した。高山は，権力を誇示する為政者の銅像が戦後の日本では避けられ，代わりにアニメやマンガが世界的な評価を受ける過程で親しみやすいキャラクター銅像が現代的なメディアとして台頭してきたと指摘する。

　第15章「メディアの物質的基盤——とりわけ映像メディアに着目して」（飯田卓）は，マダガスカル共和国での現地調査に基づき，人びとが写真メディアの物質性をいかに捉えているかを明らかにする。マダガスカルでは，プリント写真の時代から写真は「自分を演出する手段」であり，撮影者ではなく，被写体が管理するべきとされる。この考え方を踏まえて，死者の感情を忖度して，故人の写真は処分されることが多い。写真メディアの物質性を考察することの意義は，写真がモノに呪いをかけることでその持ち主を害する接触呪術の対象となっていることからも分かるが，キリスト教化の影響で変化しつつもある。

　第16章「端末持って，狩りへ出よう——SNS時代の内陸アラスカ先住民」（近藤祉秋）では，内陸アラスカ先住民のSNS利用が描かれる。人々は狩りで獲ったヘラジカとの自撮り写真をSNSに自慢げにアップロードする。近藤はSNSと携行可能なデバイスの登場によって新しいアイデンティティ表象の実践が生まれていることを指摘する。続く第17章「デジタル民族誌の実践——コロナ禍中の民族誌調査を考える」（同上）では，コロナ禍により海外渡航が難しくなったことへの対応策として試行したオンライン調査について報告する。

第13章

メディアとしてのカフェ
コピティアムと消費されるノスタルジア
櫻田涼子

クアラルンプールのオールドタウン・ホワイトコーヒー
（筆者撮影，2011 年）

マレーシアで人気の高い外食チェーンにオールドタウン・ホワイトコーヒーがある。1999 年に創業し，現在ではマレーシア全土で250 店舗以上をオープンさせるのみならず，シンガポール，インドネシア，ベトナム，韓国，中国などの海外展開にも積極的だ。

オールドタウン・ホワイトコーヒーは，マレー半島の伝統的な海南式西洋料理とコーヒーを中心にさまざまな料理が楽しめるコピティアムをモダンにアレンジしたチェーン店で，成功の鍵は，ハラール認証を掲げイスラーム教徒も安心して食事を楽しめるファミリーレストランにした点にある。

清潔で涼しい店内は Wi-Fi が完備されパソコンを開いて課題を行う学生の姿や，都会のオフィスから飛び出し，短いランチタイムを楽しむ色とりどりの民族衣装やスーツを着た多民族国家マレーシアの人びとの日常の様子を垣間見ることができる。

1 はじめに

　あなたはカフェがお好きだろうか。人気チェーンの店内は混み合い，座る場所を見つけるのも一苦労だ。ようやく席を見つけても人の出入りは激しく，落ち着いてコーヒーの香りを楽しむどころではない。そもそもコーヒーは飲まずに生クリームがたっぷり乗ったフローズンドリンクを楽しむ人も多いかもしれない。

　しかしなぜ私たちはあいも変わらずカフェに足を運ぶのだろうか。読書や試験勉強をするためだろうか。友人との会話に興じたり，打ち合わせをするためだろうか。あるいは，ただコーヒーが飲みたいから，話題の新商品を誰よりも早くソーシャルメディアにアップしたいからだろうか。臼井はコーヒーハウスに人が集まる理由を次のように説明する。「家を離れ，気楽なひとときを一人であれ，仲間と一緒であれ，好きに過ごし，人を見，人に見られ，話しかけ，話しかけられ，自由に語り，楽しければ楽しみ，つまらなければ帰れば良い。そのような場所の魅力が人びとを引き寄せた」（臼井，1992：36）。

　1652年，イギリスに「魔術的なドロドロの飲み物」であるコーヒーを供するコーヒーハウスなる都市的な社会空間が登場すると，男性を中心とする社交場として発展し，多様な機能を兼ね備えた公共空間としての役割も果たすようになった（Ellis, 2005）。政治談義をしたり，最新の情報がやり取りされるコーヒーハウスは，酒を提供するエールハウスやパブとは異なり，コーヒーを媒介として人がつながる場所となり，ロンドンを中心に爆発的に増えていく。こうしてみてくると，確かにカフェはコーヒーの味と香りのみで人びとを惹きつけるのではなく，それ自体が人を結びつける磁力をもった場所であり，情報を発信，伝達するメディアという側面があることがみえてくる。

本章で取り上げるシンガポールやマレーシアに広くみられる「コピティアム (*kopitiam*)」は，コーヒーハウスやカフェのような都市的社会空間である。中国南部出身の労働者男性の胃袋を満たす目的で登場したコピティアムは，かつては祖国中国の政情のみならず，故郷華南のローカルニュースや，居住地である南洋の情報を共有する場であり，単身男性にとっての娯楽の場であった。つまり，ものを飲み食べるだけではない多様な人びとが交流する社会関係の複雑な結節点でもあった。さらに興味深いのは，今日，その成立経緯を読み替え，ノスタルジアという感情を喚起する人びとを結合するナショナル・シンボルとして再構築されつつあるという点だ。

　本章では，中国からマレー半島に移住した移民が情報を交換する重要な社会空間とされてきたコピティアムのメディア性を確認したうえで，時代を経るにつれ特定のコミュニティの範疇を超え，「私たちの懐かしい思い出」と結び付けられ消費される様子を確認しよう。

2　コピティアムとはなにか

　コピティアム (*kopitiam*) は，マレー語でコーヒーを意味する *kopi* と，福建語で店を意味する *tiam* からなる語で，マレー半島（シンガポール・マレーシア）では広くみられるローカル式コーヒーショップである。19世紀後半から20世紀にかけて労働移民としてマレー半島に移り住んだ中国人のうち，海南島出身者により営まれたコーヒーを提供する飲食店が始まりだとされる (Lai, 2013；Duruz & Khoo, 2015)。

　コピティアムはマレー半島の街角では見かけない通りはないほど一般的な存在だ。国民の80％以上が公共住宅団地に居住するシンガポールでは，団地の一階には必ずといっていいほどコピティアム

が店を構えている。住民の多くはコピティアムで簡単な朝食を食べ，店に設置されたテレビを観ながら夕食を食べ，また暇な時間をコピティアムで過ごし近隣住民との交流機会をもつ。そのため，コピティアムはシンガポールの典型的なパブリック・カルチャーだと目されている（Lai, 2013：209）。

　一方，マレーシアでも華人が多く住む地区には古くから営業を続けるコピティアムが数多く店を構える。また，新興住宅地や郊外のショッピング・センター，公共施設などにはマレーシア全土で展開するオールドタウン・ホワイトコーヒーに代表されるコピティアム・チェーンが数多く出店している。これらの店は，エアコンが効きWi-Fiが完備されているためパソコンを持ち込み課題に取り組む学生や商談する人びとの姿もよく見かける。また，ムスリムも食べることができるハラールの料理を提供することから，華人に限らず幅広い客層に利用される。

❖コピティアムのメニュー

　コピティアムが提供するコーヒーは，砂糖とマーガリンを加えて焙煎した独特の味わいのコーヒー豆を細かく挽き濃く淹れたコーヒー液を熱湯で薄めたものだ。かつてはコピティアムごとに店名や電話番号を印字したカップアンドソーサーを使うことが一般的だったが，現在では量産品のノスタルジックな花柄が描かれたカップアンドソーサーを使用する店が多い（図13-1）。カップの底にはたっぷりと練乳を入れ，そこに熱いコーヒーを注ぎレンゲを添えて提供される。客は，レンゲでコーヒーをかき混ぜて，コーヒーが冷めるまではひと匙ずつ啜って会話に興じ，ゆったりと過ごすのが暑いマレー半島では定番の飲み方である。

　その他，ココナッツミルクと卵をたっぷり使いパンダンで香り付けしたカスタードクリーム風のカヤ（kaya）ジャムを塗ったカヤ・

図 13-1　コピティアムのカップアンドソーサー（筆者撮影，2021 年）

トーストや，骨なしの鶏肉をカラッと揚げたものにグレイビーソースをかけてフライドポテトとミックスベジタブルを添えた海南チキンチョップ，鶏肉を茹でた出汁で炊いたご飯に鶏肉を乗せてチリソースと食べる海南鶏飯，汁麺などの料理を楽しむことができる。

　「マレー半島の華人の食文化」と聞くと中華料理をイメージする人も少なくないだろう。しかし，コピティアムではコーヒー，パン，チキンチョップなどの西洋的な食べ物もメニューに並ぶ。

　ここまで読み進めた読者のなかには違和感を覚えた方もいるかもしれない。実は，この違和感こそがこの先を読み進めるうえで重要なポイントとなる。筆者自身，コピティアムのことを報告した学生時代，教員から「中国系ならコーヒーではなくてお茶を飲むだろうからこの箇所は間違いではないか？」と指摘されたことがある。彼らは確かに茶も飲むが，コピティアムといったらコーヒーなのだ。「中国系（華人）は中華料理を食べる」と想定するのも無理はないが，面白いことにシンガポール・マレーシア華人のコピティアムでは独特な「海南風中華西洋料理」が食べられる。しかしなぜこのような料理がコピティアムで提供されるようになったのだろうか。

　理解を進めるために，まず彼らが労働移民としてマレー半島にやって来た 19 世紀後半の状況を確認するところから始めることにしよう。

3　中国人移民の増加と社交空間としてのコピティアムの誕生

　マレー半島ではマラッカ王国が明と朝貢貿易を始める15世紀ごろから中国との人・モノの交流が顕著となるが，中国華南地域から大量の中国人労働者がマレー半島へ移動したのは19世紀後半から20世紀初頭にかけてのことである。この時代の小規模な飲食店は単身でマレー半島に渡来した男性労働移民の嗜好に合わせた簡単な食事と飲み物を提供する場所であったとされる。1900年までに中国出身者がシンガポール人口の多数派になると，これらの飲食店は，麺類や出身地ごとの調理法で作られた料理を並べ，好きなものを盛り付けて食べる安価な定食，「経済飯（エコノミーライス）」などを提供するようになった。

　コピティアムが簡単な料理を提供し，そこで人びとが空腹を満たし交流することが可能になると，労働の合間のわずかな余暇を過ごす場所はそれまでの賭博場，阿片窟，売春宿，酒場からコピティアムが主流となった。こうして，単身でマレー半島にやってきた多くの華人男性にとって，コピティアムは仲間とつるみ，食事をし，情報をやり取りする重要な社会空間となっていく。

　労働移民としてやってきた中国出身者の中には字が読めない者も多く，コピティアムでは読める者が新聞を読み上げ，中国本土や故郷，マラヤの最新状況を知ることができた（櫻田, 2013：111-113）。シンガポールでは，ケーブルラジオ局が1949年に中国語の各方言による放送を開始すると，多くのコピティアムが集客目的で契約を結び，店内でラジオを流すようになったという（Lai, 2013：213）。その後，時代はラジオからテレビへと移行するが，まだ珍しかったテレビの視聴を目的にコピティアムに来店する客も多かったという。しかし，1960-70年代になりテレビが一般家庭に普及し始める

と，コピティアムは男性たちの社交空間としての地位を少しずつ失うことになった。1950 年代のイーストロンドンの労働者階級の家族と社会関係を調査したヤングとウィルモットは，多くの労働者階級の男性にとってパブは自宅リビングのようなプライベートなくつろぎの空間であったことを指摘している。しかし住環境の改良運動により新興住宅が郊外に作られるようになると，空間が拡張され家で過ごす時間が長くなりパブの滞在時間が減少したことを明らかにしている（Young & Willmott, 2007：24）。

　今日，筆者が調査を行うマレーシアの田舎町にもチェーン店風のコピティアムが続々と開店し娯楽の少ない田舎町で若者たちの格好のたまり場となっている。一方で，古いタイプのコピティアムは住宅地に暮らす男性の重要な社交空間であり続けている。たとえば，儀礼期間中，祭礼会場近くのコピティアムでは儀礼理事はツケ払いで飲食できる。調査で世話になった理事の男性とコーヒーを飲み話を聞いた後，代金を支払おうとする私に彼は「後でまとめて精算するからその必要ない」と教えてくれた。コピティアムの店主も住宅団地の出来事や社会関係をきっちり把握しているため，特に何も言わずともこの注文が後で精算されるものであると認識し支払いを求めない。

　またあるときは，私の居候先の家族が不在のため夕食はコピティ

図 13-2　コピティアムに集う男たち（筆者撮影，2017 年）

アムで簡単に済まそうと初めての店を一人で訪れると，店のテレビをぼんやりと観ながらギネスビールやコーヒーを飲む男たちが一斉に振り返りギロリと睨まれた。見慣れぬ女性が一人，夜のコピティアムに来ることは関係性のネットワークが稠密に張り巡らされたコミュニティに強い違和感をもたらす出来事であることを痛感した。このようなエピソードからもコピティアムが 1950 年代のイギリスのパブのように，男たちにとって拡張されたリビングルームのような場所であることがうかがい知れるだろう。

❖ニッチとしてのフードビジネス

　19 世紀後半以降労働移民としてマレー半島へ流入した中国人は，福建省や広東省など華南地域出身者が多かったが，福建，広東，潮州，客家などの出身地や方言別にコミュニティを形成し排他的な関係にあったとされる。特に早い時期にマレー半島に入り，ゴム農園，スズ鉱山，海運業，商業などでより優位な就労機会を得ていた福建系や広東系とは異なり，保守的で比較的遅れてやってきた海南島出身者は他の中国人労働者のための飲食店や屋台を営んだり，裕福なプラナカン（古くからマレー半島に移住した中国人とマレー人の通婚により生じたより現地化した中国系コミュニティ）やイギリス植民地行政官の家庭の料理人（cook boy）や家庭内労働者として働く者が多かった（Lai, 2013：215）。

　家庭内労働者の需要が減少すると，海南華人は身につけた洋食調理の知識と技術を活かすべく，コピティアムやパン屋，レストラン，コーヒー豆の焙煎や販売，ケータリングなどのフードビジネスや，レストラン，ホテルなどのサービス産業に参入する者が増えたという（Lai, 2013：214）。こうして雇用者の求めに応じるなかで西洋料理の調理技術を身につけ，その経験を生かしてレストランビジネスの世界に参入したことで，海南華人は，海南と西洋が混淆する

ハイブリッドな食文化を生み出したのである。つまり，コピティアムで提供されるパンやコーヒー，肉料理などの西洋的な料理の数々は海南華人が出身地から持ち込んだものではなく[1]，新天地に定着しようと創意工夫し生み出した食文化であることがわかる。したがって「華人は中華料理を食べる」という先入観は，このような環境によって生み出されるハイブリッドな食文化をみえなくしてしまう可能性もあるのだ。

④ コピティアムをめぐるノスタルジアの興隆

　今日では，1950年代までに創業した伝統的なコピティアムをモチーフとして，チェーン展開を図るコピティアムが都市部を中心に急増している。このような店には英領マラヤ時代や創業当時などの過去の白黒写真が飾られ，古き良き時代の〈懐かしさ〉が喚起される店内装飾が特徴的だ。

　たとえば，大手コーヒー・チェーンのオールドタウン・ホワイトコーヒーのキャッチフレーズは「良き時代の薫り（aroma of good times）」で，マレー半島では昔ながらの抽出法でコーヒーを入れる様子を写したセピア色の写真パネルが壁に貼られ懐古主義的な雰囲気が店内にあふれている。

　店内装飾だけではなく，ホームページでは2013年に実施されたコンテスト企画で最優秀賞に選ばれた女性の個人的な物語が映像化され，アップロードされている[2]。母親が小さいわが子に昔の記憶を語るシーンでは，壁にかけられた色褪せた写真が写される。その

1）実のところ，コピティアムの社会・文化的ルーツが中国海南島にまったくないというわけではない。海南島の喫茶文化には，現在のコピティアムに影響を与えたものもあると考えられる。詳細については櫻田（2016a：182-186）を参照されたい。

図 13-3　オールドタウン・ホワイトコーヒーの店内の写真パネル
（筆者撮影，2012 年）

後，祖母に教わりながら母親と幼い子どもたちがレンガを積んで作った即席のかまどに炭を入れ，銅の型で昔懐かしい卵ケーキ（鶏蛋糕）を焼く。映像では，オールドタウン・ホワイトコーヒーのメイン商品であるインスタントコーヒーをロゴ入りのマグカップで飲む様子が挿入され，昔懐かしいあの味と家族団らんの時間はホワイトコーヒーでお過ごしくださいという具合である。

　過ぎ去った時代を懐かしむ「ノスタルジア」なる感覚は，今日では，さまざまな大衆消費財に埋め込まれ旺盛に消費されている。たとえば，日本では，近年戦後日本が復興した 1960 年代を昭和の原風景として憧憬する「昭和ノスタルジア」をキーワードに，映画，小説，マンガ，食文化などさまざまなメディアコンテンツが消費される状況にある（日高，2014；ホッピー文化研究会，2016）。

　シンガポールやマレーシアにおいても，ノスタルジアをキーワードに飲食業界は大きな盛り上がりをみせている。たとえば，都市再開発で伝統的な街並みが大きく様変わりするクアラルンプールの中華街に 1956 年に創業されたコピティアム，何九海南茶店（Ho Kow Hainam Kopitiam）は往年の味を求める年配者のみならず，当時を

2）OLDTOWN White Coffee #GoodTimes〈https://www.youtube.com/watch?v=2KktJD178p8（最終確認日：2021 年 2 月 3 日）〉

知らぬ若者さえも惹きつけている。

　近年では，多民族国家であるシンガポールやマレーシアで「私たちの歴史」を市井の人びとの語りから構築しようとする動きが活性化している。その際によく取り上げられるのがコピティアムである（櫻田，2016b）。コピティアムは，ある特定の集団（ここでは海南島出身者）によって生み出された食文化ではあるが，貧しかった時代を苦労して生き抜いた古き良き時代の文化的象徴として華人のみならず，多様な人たちに共有されるメディアとなっている。

⑤　変化する社会とコピティアムの多文化性 ————

　現代のメディアは多岐に渡る。他者の日常生活を丁寧に記述することを目指し調査を行う人類学者にとって，メディアそのものの理解や解明を目指すのは困難である。しかし，コピティアムのような多様な要素が絡まりあう諸実践がどのように作用するかという点に着目し，その生成と変化を丁寧に記述することで，メディアの新しい側面を切り取ることは可能になるだろう。

　たとえば，本章で示したようにシンガポールやマレーシアのように多様なアクターが介在し複雑に階層化された移民社会では，ある特定の集団によって新しく生み出された食文化であっても，集合としての移民の過去の経験と結び付け読み替えられ，過去から現在へと続く「私たちの固有の経験」として意識的に消費されている。その一方で，伝統的なコピティアムや飲食店の後継者候補たちのなかには店を継ぐことに二の足を踏むものが増えているという。収益に見合わない長時間労働に加え，学歴が重要視されるシンガポール・マレーシア社会では，飲食業界で働くことは社会的に低い評価しか得られないと考えられている点もその理由に挙げられるだろう。

　また，慢性的な労働力不足も事業を継続するうえで深刻な状態

となっているが，外国人労働者を雇用することが難しい状況にあるため，経営者にとっては厳しい状況にある。たとえば，シンガポールのサービスセクターでは外国人労働者を雇用するには，最低でも9人以上のシンガポール人か永住権保持者を雇用する必要がある（Lai, 2013：220）。また，グルメ都市として観光開発を進めるマレーシアのペナン島では2016年以降は外国人労働者を屋台の料理人として雇用することを禁止する法律が制定された。

　自国民の雇用を守るため，あるいはイメージとしての食文化を守るため，シンガポールとマレーシアでは外国人労働者の雇用を厳しく制限するが，これに対してクアラルンプールの老舗コピティアム，鎰記茶餐室（Yut Kee Restaurant）の経営者の「ローカルフードは，私たちの移民としての過去から始まったことを忘れてはならない」という言葉は示唆深い（Foong, 2019）。

　マレー半島の歴史とともに育まれたコピティアムは，移民として苦労しながらも生活を軌道に乗せた人びとの経験や記憶が刻み込まれ，またさらに変化を続ける多民族国家の人びとの暮らしを上書きする余白がある。人口減少や労働力不足により食文化の維持は難しい局面にあるのかもしれない。しかし，コピティアムは困難な環境に適応しようとしなやかに生み出されたその出自からも明白なように，多文化的であることが運命づけられた食文化であるともいえるだろう。

●ディスカッションのために
1　「コピティアム」とは何か。本章での説明をまとめてみよう。
2　「コピティアム」ではどのような料理が提供されているか。また，な
　　ぜ「コピティアム」ではこのような料理が提供されるようになった
　　のか。その経緯について本章の記述に基づいてまとめてみよう。
3　あなたはカフェや食堂を利用してきただろうか。あなたのよく利用
　　していたカフェや食堂と，本章でみた「コピティアム」との似てい
　　るところ，違っているところを自分の言葉でまとめてみよう。また
　　まとめたら周囲に説明を試みてみよう。

【引用・参考文献】

臼井隆一郎（1992）．『コーヒーが廻り世界史が廻る――近代市民社会の黒い
　　血液』中央公論新社

櫻田涼子（2013）．「新聞記事にみるマレーシア華人の社会関係の変容――
　　『星洲日報』1929年から2012年の告知記事の分析を通じて」『白山人類
　　学』*16*, 109–131.

櫻田涼子（2016a）．「「故郷の味」を構築する――マレー半島におけるハイブ
　　リッドな飲食文化」川口幸大・稲澤　努［編］『僑郷――華僑のふるさ
　　とをめぐる表象と実像』行路社, pp.173–192.

櫻田涼子（2016b）．「甘いかおりと美しい記憶――マレー半島の喫茶文化コ
　　ピティアムとノスタルジアについて」津田浩司・櫻田涼子・伏木香織
　　［編］『「華人」という描線――行為実践の場からの人類学的アプローチ』
　　風響社, pp.161–189.

日高勝之（2014）．『昭和ノスタルジアとは何か――記憶とラディカル・デモ
　　クラシーのメディア学』世界思想社

ホッピー文化研究会［編］（2016）．『ホッピー文化論』ハーベスト社

Duruz, J., & Khoo, G. C. (2015). *Eating together: Food, space, and identity
　　in Malaysia and Singapore*. Lanham: Rowman & Littlefield.

Ellis, M. (2005). *The coffee-house: A cultural history*. London: Phoenix.

Foong, L. M. (2019). Malaysia heritage food: Serving nostalgia amid new
　　realities. Channel New Asia. 〈https://www.channelnewsasia.com/
　　news/asia/malaysia-heritage-food-serving-nostalgia-11367264（最終確
　　認日：2021年2月3日）〉

Lai, A. E. (2013). The kopitiam in Singapore: An evolving story about migration and cultural diversity. In A. E. Lai, F. L. Collins, & B. S. A. Yeoh (eds.), *Migration and diversity in Asian contexts.* Singapore: Institute of Southeast Asian Studies, pp.209–232.

Young, M. D., & Willmott, P. (2007). *Family and kinship in East London.* London: Penguin Classics.

第14章

メディアとしての銅像

銅像は何を伝えるのか

高山陽子

ピカピカのゾウのはな子の銅像 2017 年設置（筆者撮影，2018 年）

　「あなたは何者ですか？」と銅像に聞いてみよう。もちろん銅像はしゃべれないが，さまざまな情報を我々に伝えてくれる。

　実在した人物の銅像には，台座に人物名と生没年が刻まれている。周囲にはその人物の生前の業績が記されている。なぜならば，偉業を成し遂げないと銅像は作られないからである。銅像の顔を見てみよう。厳格な性格であれば険しい表情をしているし，皆に愛された人物であれば穏やかな表情をしている。さらに銅像をなめるように見つめると，部分的に変色していると気づくだろう。それは，風雨による腐食かもしれない。あるいは，ご利益があるなどの理由から多くの人に触られた箇所かもしれない。多くの変色はベテラン銅像の勲章であり，反対にピカピカの状態はデビューしたての証である。

　銅像は思いの外，饒舌である。怪しい人と思われることを恐れず，銅像に話しかけてみよう。

1　はじめに

　銅像は，メディア人類学において扱われてきたテレビ番組を筆頭とする映像とは異なる。銅像は，第一に場所と密接に結びついた固定的なものであり，第二に受け手による積極的な読みを必要とする。銅像はそこに存在することすら気づかれないこともある。これらの点において銅像は，極めて限定的なメディアである一方で，古典的な銅像の場合，その解釈には普遍性がみられる。すなわち，国王や皇帝といった為政者の銅像は，どこの国でも権力を象徴するのである。

　国威発揚のために為政者の銅像を設置するには広い空間を要する。しかし，広ければどこでもよいというわけではなく，銅像が周囲の景観と適合する場所が望ましい。多くの為政者の銅像が，国家建設の過程で近代都市計画とともに雨後の筍のごとく設置されたのは，こうした背景がある。

　ただし，近年日本では，銅像は国威発揚という目的ではなく，もっぱら追悼や慰霊，地域振興のために設置される。その目的の違いはメッセージ性にどのような影響を与えるのか。本章では，銅像を設置の目的・時期・場所・大きさに応じて，大きく，①為政者・英雄・偉人の像，②女性・子どもの像，③マンガやアニメのキャラク

表 14-1　日本の銅像の分類

カテゴリー	設置目的	設置時期	設置場所	大きさ	メッセージ
①為政者・偉人・英雄	顕彰	明治～昭和初期	都市の広場・公園	目線より上	権力
②女性・子ども	慰霊・追悼	戦後	公園の端	目線の高さ	平和
③キャラクター	地域振興	1980 年代以降	道路脇駅前広場・通り	目線の下	地域性

ターの像（以下，キャラクター銅像とする）に分けて，その特徴を明らかにする（表 14-1）。

　日本語では一般的に，コンクリート製などの銅製以外の人物像も銅像と呼ぶ。1990 年代以降，パブリック・アートという言葉が定着してからでも公共空間にある彫像は一般的に銅像と呼ばれる。そのため，本章でも便宜上，公共空間に設置された彫像を銅像と呼び，道端の道祖神や大仏などは銅像に含めないものとする。

2　権力まみれの銅像

❖為政者の銅像

　為政者の銅像建立の目的は，その人物の生前の業績を称えることである。英雄や偉人，偉大な国王と称される人物には大きな銅像と台座，広い空間が与えられる。それを見上げる人びとは，その人物が何をしたかは不明であっても，「偉い」と認識するだろう。

　英雄と偉人の像はローカルからナショナルな有名人まで幅広く存在するが，偉人と英雄は似て非なるものである。偉人は知性によってその社会に何かを貢献をした人であり，英雄は力によってその社会に勝利をもたらした人である。したがって偉人には芸術家や職人，学者が含まれるのに対して，英雄は軍人がその中心をなす。両者の違いは，服装とポーズにも現れている。

　偉人の像はゆったりとした衣服をまとって優雅，あるいは，物憂げな姿をしている。東京都世田谷の松陰神社にある吉田松陰像（図 14-1）は，大熊氏廣（1856-1934）が 1890 年に制作した像を 2013 年に再建したものである。正座というポーズは銅像界では珍しい部類に入る。銅像界の「花形」である騎馬像は，もっぱら戦争の英雄に用いられる。明治期には北白川宮能久（1902）・有栖川宮熾仁（1903）・小松宮彰仁（1912）（図 14-2）などの皇族の騎馬像が近代国

図 14-1　吉田松陰像
（筆者撮影，2019 年）

図 14-2　小松宮彰仁像
（筆者撮影，2013 年）

家の象徴として建立された。いずれも軍服を着ているが，それは，明治期にはヨーロッパの王族に倣い，皇族も軍務につくべきであると考えられたためであった。

✤戦前の銅像

　日本最初の銅像は，1880 年，西南戦争の犠牲者追悼のため金沢兼六園に設置されたヤマトタケル像であるとされる。しかしこの銅像は，従来の仏像の様式を援用したものであり，かつ，ヤマトタケルは『古事記』や『日本書紀』に登場する半ば神話上の人物であることから，近代銅像の特徴の一つである写実性は持ち合わせていなかった。

　本格的な西洋式銅像は，1893 年，靖国神社に建てられた大村益次郎像である。制作を担当した彫刻家の大熊はローマとパリで彫刻を学び，帰国後，大村像の制作に取り掛かる。ただし，当時は本人の写真や肖像画がなかったため，大熊は大村の夫人や妹を訪ね，容貌について情報を集めたという。

　それと同時期に皇居外苑に楠木正成像（1900）が設置された。楠木正成は，鎌倉幕府消滅と後醍醐天皇の建武の新政に貢献した武将である。その功績で河内の守護・国守に任命されるものの，反旗を

翻した足利尊氏と湊川で戦い，敗死する。正成は，幕末の志士らに
理想的な勤皇家として慕われ，明治期にその忠義を称えるために，
1872年，湊川神社に祀られた。その後，正成は凛々しい騎馬像の
姿で皇居外苑に登場したのである。

❖建設ラッシュから撤去へ

　日露戦争（1904-1905）の勝利に沸く東京では，銅像建設ラッシュ
が起こった。銀行家などの民間人の銅像もあったが，大部分は軍人
と政治家の銅像であった。日露戦争の旅順港閉塞作戦中に死亡した
廣瀬武夫・杉野孫七像は，最初，日比谷公園の池を港に見立てる形
で建設が計画されたが，日比谷公園から許可が下りなかったため，
1910年，万世橋に置かれることになった。1928年には『偉人の俤』
という近代日本の銅像写真集が刊行され，約600の銅像の写真，建
設年，設計者，像主の身分や職業などが紹介された。

　長崎の「平和祈念像」の制作者として知られる北村西望（1884-
1987）は多くの銅像の制作を手掛けた。長崎に生まれた北村は1921
年，朝倉文夫（1883-1964）とともに東京美術学校彫刻科塑造部の教
授に就任する。その後，寺内正毅騎馬像（1923），山県有朋騎馬像
（1930），児玉源太郎騎馬像（1938）など多くの作品を制作する。児
玉像は当時の新京（現，長春）の西公園に設置された。

　こうした建築ラッシュは，戦中の金属供出により終結する。1943
年に設けられた金属回収本部は，全国にある鉄や銅，鉛などの回収
を担当した。その対象となったのは，家庭の鍋や釜などのほか，寺
院の梵鐘や燭台などの仏具，銅像であった。明治以降，銅像の制作
に携わってきた北村や朝倉らは銅像救出委員会を組織して銅像の供
出に反対したが，結局，1943年から1944年にかけて徳川家康や太
田道灌，寺内正毅など多くの銅像が回収された。その際，皇室や皇
族に関する銅像，国宝の仏像，審査員会で存置が決められたものは

撤去から免れ，楠木正成や西郷隆盛，大村益次郎，廣瀬武夫らの銅像は，国民崇敬の対象であるという理由で撤去されなかった。

　しかし，金属供出を免れた銅像も戦後の「銅像パージ」によって公共の場から撤去された。1947年，軍国主義的な記念碑を公共の場から撤去するようにというGHQの指令に基づいて，都内20体の記念碑と銅像のうち11体の撤去が決定し，同年7月21日，廣瀬・杉野像が撤去されたのである。

❖さまよう銅像

　戦後の「銅像パージ」で撤去されなかった皇族や政治家の銅像は移築されて現在に至る。その主な移築先は公園や庭園の片隅であったため，不自然に立っている感が否めない。

　山県像は戦後，引越しを繰り返す。最初，この銅像は霞ヶ関の陸軍大臣官邸に置かれたが，戦後は上野の東京都美術館の敷地に保管されることになり，その後，北村のアトリエのあった井の頭公園に引き取られた。すったもんだの末，1992年，萩市中央公園に落ち着いた（図14-3）。

　同様にさまよい続けたのは大山巌の騎馬像である。北村や朝倉と並ぶ彫刻界の重鎮・新海竹太郎（1868–1927）が制作した大山像は，

図14-3　山県有朋像（筆者撮影，2013年）

1919 年，国会前庭に置かれた。金属供出は免れたが戦後は撤去を促され，山県像と一緒に東京都美術館の敷地に移された。薩摩出身の大山と長州出身の山県にはそれぞれ地元出身の信奉者がおり，郷里に銅像を引き取る活動が繰り広げられた。双方は，軍事的な英雄としてではなく，郷里の偉人として地元に移設しようとした。新海と北村という戦前の彫刻界の巨匠の制作といった芸術的価値も保存の理由に挙がったが，それよりも，明治の英雄／偉人の銅像を誰が引き取るかが論点となった（平瀬, 2013）。

3　平和を表す銅像

✤ハチ公像

　戦後，最も早く再建された銅像は渋谷駅前のハチ公像である。1924 年，秋田県大館に生まれたハチは，渋谷町大向（現，松涛一丁目）の上野英三郎博士の家に引き取られる。上野博士は，1925 年に脳溢血で急死するまでハチとともに駒場の東京帝国大学農学部へ通った。博士の死後，ハチは渋谷駅近くに住む植木職人の家に引き取られたが，駅前をうろついていると駅員や乗客にいじめられることもあった。

　そうした中で，日本犬保存会会長の斎藤弘吉が「いとしや老犬物語――今は世になき主人の帰りを待ち兼ねる 7 年間」『東京朝日新聞』（1932 年 10 月 4 日）という記事を書いたことから，当時の軍国主義化の進行と相まって，「忠犬ハチ公」の物語が美談として好まれるようになり，1934 年，初代ハチ公像が渋谷駅前に誕生した。このハチ公像は 1944 年の金属供出で撤去され，二代目は 1948 年に設置された。ハチ公像は軍国主義的ではないとして再建が容易だったのである。

　ハチの銅像は，斎藤弘吉の故郷・山形県鶴岡や上野博士の故郷・

図 14-4　上野英三郎博士とハチ公像（筆者撮影，2018 年）

三重県久居（図 14-4），東大弥生キャンパス，大館の秋田犬博物館前などにある。ハチ公没後 80 年を記念して，2015 年 3 月 8 日，ハチ公と上野英三郎博士の銅像が作られた際には，シンポジウムが開催された。東大キャンパスには数多くの偉人の銅像があるが，いずれも学術的な偉業を称えるものである。人と犬のつながりを表した上野博士とハチの銅像は，その中でも例外的で，ほのぼのとする銅像である。

❖女性・子どもの銅像

　日本で最初の女性裸体像は三宅坂の「平和の群像」(1951) である。その後，十和田湖畔の「乙女の像」(1953)（図 14-5）や田沢湖の「たつこ像」(1968) などが登場した。1970 年代以降に地方自治体が設置した野外彫刻のなかには多くの女性裸体像が含まれる。

　1970 年代から 1980 年代にかけて，地方自治体は「彫刻のあるまちづくり」事業を推進した。神戸市の「緑と彫刻の道」事業では，市役所から JR 三ノ宮駅・阪急三宮駅に向かう道路に約 30 の彫像が置かれた。それらは主に女性裸体像と抽象彫刻である。こうした事業は，各都市でも実施され，抽象彫刻と女性裸体像が増えていった。女性裸体像が駅構内や広場，市役所などのさまざまな場所に何の脈

図 14-5　乙女の像
（筆者撮影，2018 年）

図 14-6　赤い靴をはいていた少女
（筆者撮影，2015 年）

絡もなく存在するのは日本の特徴である（高山, 2019）。

　子どもの像や母子像はやや悲しい雰囲気をもつ。子どもの像は，子どもの死を暗示し，母子像は夫や子どもの死を暗示するためである。「被爆 50 周年記念事業碑」として長崎の平和公園に設置されたのは死んだ子どもを抱く母親の像である。靖国神社や護国神社にあるのは，母親が子ども二人を連れている「一姫二太郎」の母子像であり，これは死んだ夫の弔いをする未亡人の姿を表している。

　横浜の山下公園にある赤い靴の少女の像（図 14-6）もかわいそうな銅像の一つであり，年配の女性たちが膝や頭を撫ででいく。このモデルとなった岩崎きみは 1911 年，麻布の孤児院で，9 歳でこの世を去る。きみは孤児だったわけではなく，母親のかよが北海道の農場で働くことになったため，アメリカ人宣教師のヒュエットに託された。ところが，宣教師の帰国に伴って結核を患っていたきみは麻布の孤児院に預けられる。この一連の話を聞いた野口雨情（1882–1945）が童謡「赤い靴」を作詞し，赤い靴の女の子として有名になったのである。

4 地域性を表す銅像 ————————————

✣キャラクター銅像

　楠見・南は，「モニュメントになったキャラクター」という意味でこれらの銅像を「もにゅキャラ」と呼び，その形状や設置場所について分析している。「もにゅ」を平仮名にした理由は，「ゆるキャラ」を意識したことと，偉人や英雄などの従来の堅い銅像とは区別するためである（楠見・南, 2017）。

　葛飾区四つ木・立石には『キャプテン翼』のキャラクター9体の銅像がある。原作者・高橋陽一氏が立石出身で南葛飾高校を卒業したという縁で，葛飾区が銅像の設置主体となった。2014年，石崎了・日向小次郎・岬太郎・ロベルト本郷と大空翼・中沢早苗・大空翼・若林源三の7銅像が設置された。

　2018年3月18日，南葛飾高校正門横で大空翼ツインシュート像（図14-7）の除幕式が行われた。式には高橋陽一氏も参列し，以下のように述べた。「子どものころ，漫画は悪書と言われた。だが高校に銅像が設置され，漫画が子どもに勇気や希望を与える文化として認められる機運がきているのではと思い，とてもうれしい」（「"翼くん"とツインシュート！"キャプテン翼"作者母校に銅像」『朝日新聞』

図14-7　大空翼ツインシュート像（筆者撮影，2019年）

2018 年 3 月 19 日)。

❖水木しげるロード

　こうした地域振興としてのキャラクター銅像設置の嚆矢となった
のは，境港の水木しげるロードである（図14-8）。『ゲゲゲの鬼太郎』
の作者・水木しげる氏の故郷である境港駅前商店街に 1993 年，23
体の妖怪像が設置された。その後，80 体設置を目指して妖怪像設
置数は増え続け，2018 年の水木しげるロードのリニューアルでは
銅像設置数は 177 となった。これらの像は，為政者や英雄のものと
異なり高い台座を持たず，像そのものも小さい。

　2003 年に開館した水木しげる記念館では，妖怪ブロンズ像設置
委員会が主体となって 2004 年から妖怪ブロンズ像設置スポンサー
を募集した。像一体につき費用は 100 万円以上，高さは台座を含め
て 1.2m 程度で，台座のプレート（15cm × 20cm）にスポンサーの
名前が刻まれるとされた。その結果，全国から応募が殺到し，2 ヶ
月ほどで募集が締め切られた。かつて「シャッター通り」といわれ
た駅前商店街に 100 体以上の像が置かれたことで，境港には国内外
から年間 100 万人を越える人びとが集まるようになった。

図 14-8　水木しげるロード（筆者撮影，2018 年）

高い台座の上にある為政者の像の周辺には大きな銅像を見上げるための空間＝広場が設けられているが，女性・子どもの銅像，キャラクター銅像は道路脇のちょっとした空間，都市公園の端に立つ。そして，キャラクター銅像の最大の特徴は触れられることである。目線の高さにあり，乱暴に扱わない限り触ってよいことになっている。そのため，前者が威圧的な雰囲気をもつのに対して，後者は親しみやすい雰囲気をかもし出しているのである。

⑤ おわりに

戦後の日本では，権威主義的な為政者の銅像を避けた結果，多くの女性・子どもの銅像が登場した。その後，アニメやマンガが日本文化として世界的に評価されると，キャラクター銅像という新しいジャンルが生まれた。これは銅像というメディアが日本では明治以降に導入された外来のメディアであったことに起因する。2000年以上前から街中に銅像が存在していたヨーロッパでは，設置場所や理由，ポーズ，台座のデザインなどにおいて厳格な作法がある。

『キャプテン翼』のキャラクター銅像は，こうした古典的な銅像の作法をことごとく破った画期的なものである。すなわち，歩道や公園の片隅に設置したこと，背景をもつこと，マンガという二次元を三次元化したことである。無理に三次元化したため，最初の大空翼像については，「似ていない」，「怖い」といったコメントがインターネット上に寄せられた。

それでもキャラクター銅像はメディアとしての銅像の新しい姿を示している。当初，水木しげるロードの銅像設置に際して，「銅像を作るだけで観光地になるのか？」という批判が寄せられた。それを跳ね除け，キャラクター銅像は観光名所を作り出した。キャラクター銅像と一緒に写真に写りこむといった受け手の自由な解釈が可

能になったためである。こうして権力や勝利といったメッセージを排したキャラクター銅像は，現代社会に適合したメディアとなった。

●ディスカッションのために

1　「為政者・偉人・英雄」の像，「女性・子ども」の像，「キャラクター」の像それぞれの特徴を表 14-1 を参考に本文をみながら整理してみよう。

2　『キャプテン翼』のキャラクター銅像の何が画期的なのか。本文の言葉を用いてまとめてみよう。

3　自分の身近なところに銅像はあっただろうか。あるだろうか。もし思い出せるものがあれば，カテゴリー，設置目的，設置時期，設置場所，大きさ，メッセージについて調べてみよう（なければ，近くにないか探してみよう）。そして，調べたことを周りの人と共有してみよう。

【引用・参考文献】

楠見　清・南　信長／山出高士［写真］(2017)．『もにゅキャラ巡礼──銅像になったマンガ＆アニメキャラたち』扶桑社

高山陽子（2014）．「パブリック・アートとしての銅像」『亜細亜大学国際関係紀要』23(1/2), 21-52.

高山陽子（2019）．「公共空間における女性の彫像に関する一考察」『亜細亜大学国際関係紀要』28(2), 71-96.

平瀬礼太（2013）．『彫刻と戦争の近代』吉川弘文館

【ウェブサイト】

水木しげる記念館〈http://www.sakaiminato.net/site2/page/mizuki/news/news2004/bronz/（最終確認日：2021 年 2 月 3 日）〉

第**15**章

メディアの物質的基盤
とりわけ映像メディアに着目して
飯田　卓

　そもそも日本語でいうメディアとは，情報を運ぶ（支持する）機能をもつ物質のことである。各種の文書や印刷物は紙とインクに，動画のような情報はフィルムや磁気テープ，各種ディスクなどに支持されるからこそ，長期にわたって持続する。ヒトの声などはすぐに消えてしまうが，空気の振動という物質的基盤をもつメディアとみなされ

1826-1827 年頃，N. ニエプスによって撮影された初期写真の１つ「ル・グラの窓からの眺め」

ることがある。このようにメディアは，情報という非物質的側面と，支持体という物質的側面を兼ねそなえている。

　近年の人類学（文化人類学または社会人類学）では，ヒトとヒトとの関係を論じるうえで，物質的側面に着目することが多い（床呂・河合, 2011; 古谷ほか, 2017）。これは，世界を自然／文化あるいは主体／客体の二項対立で捉えることに対する哲学的懐疑に端を発している（床呂, 2018）。これに対してメディア研究では，書肆学や保存科学などのいくつかの分野を除けば，非物質的な情報に着目することが圧倒的に多かった。メディアに関する人類学でも，情報内容の分析に重きを置くことがほとんどだった（飯田・原, 2005）。

　本章では，メディアの物質基盤に着目する視点を提供し，今後の研究への序論としたい。以下ではとくに，写真メディアの物質性について考える。

1 若者たちの Facebook 利用 ─────────

　アフリカ地域における携帯電話の普及は20世紀終わり頃に始まったが，21世紀に入ってからは特にめざましい。2000年に53ヶ国で1,500万人だった携帯電話の利用者は，2010年に5億4,000万人にのぼるようになったという（前川, 2012）。筆者もまた，この期間にアフリカのさまざまな国でプリペイド方式の携帯電話を使いはじめ，いまでは調査の必需品として持ち歩いている。

　この小さな機器がアフリカの人びとにもたらした影響は，絶大といっても大げさではない。通信機能の点だけをみても，遠くにいる人たちとの即座の連絡が確実になったことの効果は，すでに有線電話が普及していた日本の状況から想像できないほどだった（飯田, 2012；本書第2章も参照）。この点での変化は，2020年代を迎えた今，ほぼ落ち着いてきたようだが，さまざまな機能を備えたスマートフォンの普及は，まだまだ社会を大きく変えていくだろう。

　筆者の身辺では，スマートフォンの普及により，マダガスカルの調査地と好きなときに連絡がとれるようになった。電話だと国際電話料金が高いため，マダガスカルから日本への通話はほとんど考えられないし，日本からマダガスカルへの通話もためらわれる。スカイプが使えればよいのだが，マダガスカルの村落部では通信速度が遅く，まだ実用的でない。筆者が調査する海辺の村落は，ブロードバンドどころか電気・ガス・水道の公共サービスすらない場所である（ただし，発電機やソーラーパネルを使った自家発電はある）。そのほか，音声による通信だと，6時間の時差を考慮して相手の状況を気づかうのが煩わしい。こうしたなか，マダガスカル国内で電話回線を経由しつつもインターネットで日本まで届く各種SNSのメッセージは，安価で時差の問題も生じさせない，すぐれた通信手段だった。

　筆者が調査地と連絡する手段は，もっぱら，Facebook のメッセンジャー機能である。村に住む筆者の友人のほとんどが使っているのはスマートフォンではなく旧式の携帯電話であるため，筆者が連絡をとれるのは少数で，6 名ほどにすぎない。村の人口が 500 名近いことを考えれば，少数である。しかも相手は，日本でいえば大学生か高校生くらいの若者で，30 歳台の男性が 1 人いるが，それ以上のオトナでスマートフォンを使いこなす者は今のところ皆無である。これは，若者ほどあたらしいメディアを使いこなす傾向にあるという，メディアリテラシーの問題に関わっているのだろう。このため，筆者のもとに届くニュースには少なからぬバイアスがかかっているが，それでも，大きなニュースは逐次届けられる。重要な行事のいくつかは，わたしの訪問に合わせてやってもらえるようになった。たいへん便利だ。

　この 6 名のタイムラインを見ていて気づくのが，自分の撮った写真よりも自分の写った写真を数多く投稿していることである。写真の多くは自撮りだろうし，パケット料金が高いためか写真の投稿件数そのものが多くないが，割合にしてみると自分の写真の数のほうが他の写真よりも多い。自分以外の人物やモノに関心がないのかとすら思えるほどだ。さらには，自分の写真を友人のタイムラインに投稿して「こんなに素敵な写真が撮れたよ！」と言わんばかりに，知人でないユーザーに対しても自分の写真を拡散させている。

　自分が撮った写真以上に自分が写った写真を人に見せたがる傾向に対して，筆者は軽い驚きをもった。この驚きは世代差や都鄙の差というより，日本とマダガスカルのあいだの文化差に根ざしているようだ。その理由を，以下で考察してみよう。

② プリント写真のプロパティ ──────────

　調査地の人たちの写真に対する態度が日本人の自分と異なるという感覚は，フィールドワークを始めて以来25年ものあいだ，ずっと筆者につきまとってきた。調査の初期，スマートフォンはおろかデジタルカメラも実用化されていなかった頃のことを書いてみたい。当時は写真をたくさん撮るために多くのフィルムを持参したが，フィルムや現像代，プリント代の単価が高く，価格の問題をクリアしたとしてもフィルムの物理的数量がかぎられていたため，無駄な写真はできるだけ省きたかった。つまり，自分の研究に直接関わる写真だけをカメラに収めるという強い意思があったのだが，結果的には，調査地の人たちのスナップ写真がずいぶんと多くなった。拙著にも書いたことだが（飯田，2014：106-107），スナップ写真を撮ってほしいとせがまれるのである。

　1枚や2枚ではない。写る本人の要望に合わせた場所とシチュエーションで，本人の気に入った服装で撮らされる。何日も前にアポをとる人もいて，筆者は予定を空けておくように言われる。当日になってから，家の前でなく緑の多い場所がいいとか海の前がいいとか言われる。そのとおりにすると，2枚めは違う服装で撮ってくれと告げられ，また家に帰って着替えるのを待つことになる。さすがに時間がかかりすぎるので渋い顔をすると，じゃあ同じ服装でいいからと言って，違うポーズで何度も撮らされる。友人が通りかかると，一緒に撮ろうといってまた数枚。プリントする必要はないかと思い，何枚かをプリントせずにいたら，次に写真を持っていったときに苦情を受ける。

　こうしたスナップ写真は，いわば「自分を演出する」手段である。見せたい自分を見せるのが目的だから，好みの服を着ないと意味がないし，ヘアスタイルにも気を使わなければならない。身なり

に気を使う日曜礼拝の後で写真を撮ってほしいという要望が多いの
も，同じ理由による。また，ポーズを決めているときに写真好きの
子どもたちが続々と集まってくると，主人公たるべき礼装者は拳を
ふり上げて追いはらう。海辺の子どもたちはしばしば裸に近いので，
彼らが写ると「写真を台無しにする（manimba sary）」のだそうだ。
きれいな子ども服を着ていなければ，身内の子どもでも本気で追い
たてられる。

　写真を渡すと，今でこそ「ありがとう」と言われることが普通に
なったが，調査を始めたときは，礼も言わず当然のように受けとる
人が少なくなかった。年若い女性などは，自分の写真に大喜びして
奇声を発し，一人でそれを楽しむために家へ駆けこむこともあっ
た。しかし，礼を言われる頻度と親密さの度合いとに，ことさら関
係があるわけではない。そのことは，村の友人から1枚の写真を見
せられたときに確信した。その写真は，L判サイズの4分の1くら
いの小さな白黒写真で，白い縁どりがしてあった。州都になってい
る町のスタジオで，1980年代に撮ったものらしい。写っているのは，
写真を見せてくれた人とその男兄弟4–5人が写っていて，全員がア
ロハのような開襟シャツを着，そのうち一人か二人がパナマ帽に似
た帽子をかぶっていた。カメラ目線の者は一人もおらず，また同じ
方向を向く者もなく，風景画のようなバックドロップの前で，めい
めいが横や斜めを向いていた。この写真を撮ったときには同様の写
真を持つ人が少なく，持っていても，身分証明証の証明写真くらい
だったという。どうやら人びとは長いあいだ，金銭とひき換えに，
自分の気に入った写真を演出して撮ってもらっていたようだ。自分
のカネで買うのだから，写真を受けとるときも礼を言わなかったは
ずだ。

　気に入った自分を見せるという写真の使いかたも，Facebookが
普及してから始まったのではない。わざわざカネを払ってまでして

撮ったからには，プリント写真はいろいろな人たちに示されたはず
だし，げんに筆者も見せられた。ただし，スタジオでプリント写真
を撮った人は村に多くなく，写真を見せびらかすのが流行りだした
のは，筆者のように個人用カメラを持つ人が好意でプリント写真を
配るようになってからだ。とりわけ2000年代には，デジタルカメ
ラを持ってビーチを訪れる外国人観光客が増え，村人がプリント写
真を手にする機会が増えた。

　手元のプリント写真の枚数が増えると，人びとはそれを展示する
ようになる。大げさな表現ではない。海辺の人たちが住む家屋は簡
素でそれほど広くなく，未婚者や新婚カップルの場合は6畳そこそ
この大きさしかない場合もある。その小さな壁を覆うようにして，
ほとんど隙間なく，スナップ写真が貼りつけられるのだ。

　写真撮影は撮られる人の発意にもとづき，撮る人はその要望をひ
たすらかなえ，プリントは自動的に撮られた人のものになる。そし
てその写真は，撮られた人のために展示される。つまり写真とは，

図 15-1　ある裕福な家の客用寝室。壁に貼っているのは各種雑誌のグラビア
　ページ（著者撮影，2014年，トゥリアラ州南西地域圏ファシラヴァ村）

撮った人でなく撮られた人の所有物（プロパティ）であり，撮られた人だけに意味のある有用性（プロパティ）をもつ。被写体のことを村人たちがtompon-tsary（写真の主）と呼び，tompo という語が主人とも所有者とも造物主とも訳せることを考えれば，村人たちの写真に対する感覚が，日本人とは大きく異なっていることがわかる。日本では，写真使用の裁量は撮影者に委ねられるという感覚が強く，撮影者の権利を保証する著作権法はあるものの逆に被写体の肖像権を保証する特別な法律がない。それとは対照的に，撮られた人に写真使用の裁量を委ねるマダガスカル流の感覚は，スタジオの固定式カメラから外国人の個人用カメラへ，さらには自分のスマートフォンへと撮影機材が変化しても，一貫して維持されてきた。写真が示している被写体は誰の目にも同じだが，それをモノとしてどのように使うかという考えかたは，個々人が置かれた文化的背景（より正確にいえば情報環境）によって異なるもののようだ。

図 15-2　雑誌の写真かと思ってよく見ると，家族たちのプリント写真がグラビアの上に貼りつけられている（著者撮影，2014 年，トゥリアラ州南西地域圏ファシラヴァ村）

③ 死者が所有する写真 ————————————

　被写体となる人が写真に強い所有者意識をもつとすれば，撮影者が写真を複製したり出版したりするうえでは注意が必要だ。そのことに気づいた筆者は，研究に関わりそうな写真を撮ったあとでかならず，その写真を他の人に見せたり出版したりしてよいかどうかを尋ねるようになった。こうした場合に撮る写真では，村人はとうぜん正装しておらず，漁師の場合は上半身裸ということも多かったが，出版が事前に拒否されたことはない。彼らはむしろ，自分の写真が多くの人たちの目に触れることを喜んでいるようにみえた。しかし，出版どころか撮影そのものが許されないケースが一つだけあった。死者や墓場の写真を撮ることである。

　埋葬までのあいだ，死者は全身を白い布でくるんで安置され，弔問客はその場所でお悔やみを述べたり香典を渡したりする。人の死に際しての作法は文化によって異なるいっぽう，滞在期間の短い旅行者が見られるようなものではない。しかも子どもが誕生したときと異なって，成人が亡くなったときは遠方の人たちにもそれが知らされ，死者は大勢の人たちに送りだされるから，なかば公の行事のようにもみえる。筆者などは，葬儀のときこそ人類学者の出番だと思って，いろいろなことを訪ねてまわった。もちろん，故人の近い親族を気遣って失礼がないようにしたつもりだったが，高齢者が天寿をまっとうしたときには盛大に「祝う」一面もあるため（飯田,2009），気が緩んでいたかもしれない。遺体を安置したようすを撮影する許可も得たのだが，多くの人たちから意見を聞くべきだったようで，2回目以降ははっきり撮るなと言われるようになった。

　撮影を不可とする直接の理由は，聞いてもはっきりとはわからない。「死者を写真に撮るのはタブー（faly）だ」という説明はあったが，カメラが普及していない頃からのタブーだとは思えない。だか

らこそ，筆者が参加した最初の葬儀で，質問を受けた運営者にも迷いがあったのだろう。また，このことがタブーになった経緯もわからない。しかし次第に，故人の霊が撮影を不快に思う，あるいは少なくとも撮影のことを気にするらしいということが，何度も尋ねるうちにわかってきた。

　人の霊が死後もこの世に残り，生者のようにさまざまな判断をして生者にはたらきかけるという考えかたは，マダガスカル南西部で広くみられる（飯田, 2020）。たとえば，死んだ肉親の供養を生者がおろそかにすると，故人が夢枕に立って具体的な供養を求めるという。卜占師（超自然的な因果関係をつきとめる職能者）が供養を勧めることもある。死者や埋葬地が写った写真は，マダガスカル流にいえば死者の所有物であり，その使用は死者が決めるべきものだから，その写真を保持する生者に死者が働きかけても不思議はないのだろう。

　次のようなこともあった。調査地に到着するたび，筆者は，前回訪問時に撮影して日本でプリントした写真を配るため，村の一軒一軒を訪ねてまわる。写真は，取りあいにならないよう，家族ごとに分類して封筒に入れておく。たいていの人たちは，封筒から写真の束を取りだして大喜びするのだが，ある女性は，その1枚を見てすぐさま破り捨てた。

　驚いて聞くと，そこに写っていた子どもが，筆者の不在中に死亡したのだという。写真を見たくなくて捨てたのだと筆者は思ったが，そうとばかりもいえないようだ。死者の名前が筆者のノートに記録されているのを見た第三者が，その字を二重線で消すよう指示することが何度かあった。明らかに，「死者の気持ち」を忖度しているのだ。筆者はそれ以来，死んだ人の名前を書くときはカタカナで書くようにし，パソコンに保管した系譜図でもふだんは名前が表示されないようにした。

　別の家で別の機会に写真を配っていたとき，その家の人が，成人になってから死んだ親戚の写真がないかどうかをわざわざ尋ねてきたことがあった。筆者は，その家を訪問する直前，その親戚が夭折したことを聞いて，あらかじめ写真を封筒から抜きとっておいた。だから，「写真は手元にあるが，「所有者」がいないので封筒に入れなかった」と答えた。すると，死者の叔父にあたる男性が，その写真を見せてほしいと言った。筆者が写真を手渡したところ，彼がそれを握りつぶそうとしたので，妻がすばやく制止した。妻は「これは子どもたちに相続（lovaina）してもらわなきゃ」と言い，その女性の兄（死者の両親ではない）も「（相続したって）害はないよ（tsy mamono：字義どおりには「殺さない」）」と言って女性に同意した。女性の兄が言った「殺さない」という表現には，じつは深い含意がある。ある人に妬みをもつ邪術師が相手を呪おうとするとき，相手の写真を墓場まで持っていき，祖先が相手を死後の世界に呼びよせるようしむけるのだと村人たちは言う。髪や爪などに呪いをかけてその持主に災厄をおよぼすといういわゆる接触呪術が（佐々木，1994），写真を用いて行使できるのである。しかしこれは，写真で生者に邪術をかけるやりかたなので，死者の写真が災厄を招くことはないと義理の兄弟は諭したのである。

　死者の写真を持つことが生者にとってよいか悪いかは，人によって見解が異なる。同じマダガスカルでも，中央高地部では死者に対する恐れが強くなく，肖像によって死者を記憶する風潮が1990年前後に現われたと報告されている（森山，1996：278-284）。そうした他地域の実践も，写真の扱いをめぐる意思決定に影響しているかもしれない。少なくとも，キリスト教会と近い立場にいる人たちは，写真を家族内で伝えていこうとする気持ちが強いようだ。

4　メディアの物質性

　写真とひと口にいっても，プリント写真とデジタル画像とでは，使いかたの方向性や幅広さはそれぞれに異なる。しかしマダガスカルでは，「自分を演出する」というプリント写真ならではの使いかたが，デジタル画像にもひき継がれているようだ。もちろん全般的な傾向にすぎず，時代が変われば，これも変化する可能性が高い。現状をふまえて言えることは，われわれが「文化差」として捉える違和感も，つきつめてみれば情報環境の差異に由来するということだろう。情報といっても非物質的なわけではなく，メディアの物質性は情報環境の重要な要素である。

　物質として扱われるのに適したプリント写真は，展示できるだけでなく，接触呪術の対象にもなる。デジタル画像が接触呪術の対象になっているのかどうか，筆者はまだ確認できていないが，Facebook のタイムラインに自分の写真を残す使いかたは，プリント写真の用法の延長にある。プリント写真とデジタル画像の物質的な異同から，文化の違いといったとらえどころのないものも説明可能になることがある。

　これまで，文化の違いは，説明のための所与であって説明される課題ではないことが多かった。こうした状況に対して，1980 年代に文化生態学の一派が一石を投じ，生態的および社会的条件の違いによって文化の違いを説明しようとした（たとえばハリス, 1988）。文化生態学の過度な物質主義はその後に批判されるようになったし，文化を本質化することの危険性も指摘されるようになったが（サイード, 1986），コミュニケーション過程における物質性の制約に着目することは今なお重要だと筆者は考えている。たとえば，メディア論においてしばしば言及されるスチュアート・ホールのエンコーディング／デコーディングモデルは，メディアの消費者が生産者の意

図に惑わされず創造的に解釈することに着目した画期的なモデルだが（吉見, 2000），こうした汎用性の高いモデルでさえ，メディアの物質的な属性や制約が解釈に及ぼす影響についてほとんど顧慮していない。

　ニューメディアが社会を変えていく状況の背景を，メディアの物質性から考察する余地は，人類学においてもメディア論においてもまだ多分にある。この点において，近年『イメージの人類学』を発表した箭内匡は，本章と問題意識を共有しているように思われる。箭内は，ヒトやモノに囲まれたヒトにおいてダイナミックに形作られていく「社会身体」を人類学の主要な対象にしようと提案した（箭内, 2018：114-119）。そして，本章においてコミュニケーションと呼んだ過程をさらに一般化させ，脱＋再イメージ化という概念を提示するとともに，この過程を社会身体の構成プロセスとして重視している（箭内, 2018：87-100）。現代における多様なメディアは，ヒトの生活にあまねく配置されることでヒトの社会身体を構成していく，最も重要な考察対象だと筆者は考えている。

●ディスカッションのために

1　著者のフィールドのマダガスカルの人たちにとって写真は誰のものだと思われているだろうか。それがわかる記述を本文から引用してまとめてみよう。

2　マダガスカルの人たちにとって死者と墓場を撮影することはなぜタブーなのか。著者の解釈を本文の記述にしたがってまとめてみよう。

3　1，2で整理したことを踏まえて，これまでポートレイト写真を撮る，撮られるといったときに似たような体験はなかっただろうか，ふりかえって自分の言葉でまとめてみよう。まとめたら周囲の人に共有してみよう。

【引用・参考文献】

飯田　卓（2009）．「涙を断ち切る文化——マダガスカル南西部ヴェズ社会における死者への態度」今関敏子［編］『涙の文化学——人はなぜ泣くのか』青簡舎, pp.89-103.

飯田　卓（2012）．「道路をバイパスしていく電波——マダガスカルで展開するもうひとつのメディア史」羽渕一代・内藤直樹・岩佐光広［編］『メディアのフィールドワーク——アフリカとケータイの未来』北樹出版, pp.36-49.

飯田　卓（2014）．『身をもって知る技法——マダガスカルの漁師に学ぶ』臨川書店

飯田　卓（2020）．「経験されざるものを知る——マダガスカル漁撈民ヴェズにおける霊と呪術のリアリティ」川田牧人・白川千尋・飯田　卓［編］『現代世界の呪術——文化人類学的探究』春風社, pp.437-465.

飯田　卓・原　知章［編］（2005）．『電子メディアを飼いならす——異文化を橋渡すフィールド研究の視座』せりか書房

サイード, E. W.／今沢紀子［訳］（1986）．『オリエンタリズム』平凡社

佐々木宏幹（1994）．「フレーザー『金枝篇』」綾部恒雄［編］『文化人類学の名著50』平凡社, pp.30-39.

床呂郁哉（2018）．「「もの」研究の新たな視座」桑山敬己・綾部真雄［編］『詳論 文化人類学——基本と最新のトピックを深く学ぶ』ミネルヴァ書房, pp.265-278.

床呂郁哉・河合香吏［編］（2011）．『ものの人類学』京都大学学術出版会

ハリス, M.／板橋作美［訳］（1988）．『食と文化の謎——Good to eat の人類学』岩波書店

古谷嘉章・関　雄二・佐々木重洋［編］（2017）．『「物質性」の人類学——世界は物質の流れの中にある』同成社

前川護之（2012）．「数字からみるアフリカのケータイ事情」羽渕一代・内藤直樹・岩佐光広［編］『メディアのフィールドワーク——アフリカとケータイの未来』北樹出版, pp.15-18.

森山　工（1996）．『墓を生きる人々——マダガスカル，シハナカにおける社会的実践』東京大学出版会

箭内　匡（2018）．『イメージの人類学』せりか書房

吉見俊哉（2000）．「経験としての文化 言語としての文化——初期カルチュラル・スタディーズにおける「メディア」の位相」吉見俊哉［編］『メディア・スタディーズ』せりか書房, pp.22-40.

第16章

端末持って，狩りへ出よう

SNS 時代の内陸アラスカ先住民
近藤祉秋

　「アラスカ先住民」といえば，動物写真家・星野道夫のエッセイに登場するような，大自然のなかでひっそりと生きる狩猟民というイメージだろうか。筆者が出会ったアラスカ先住民は確かに狩猟や漁撈に精通していたが，獲ったばかりのヘラジカと一緒に写った自撮り写真を Facebook にアップロー

**タブレットを片手に
サケ個体数調査を行う若者**

ドして，「いいね！」を狩る人びととでもあった。北方樹林の狩猟民は，今や電子空間を駆け巡るノマドでもある。インターネットやデジタル技術が広く普及した現在，「先住民」は外からやってくる他者によってまなざされるままの存在ではなく，積極的に自ら発信する主体となった。メディア人類学の観点からみれば，「先住民はいかにメディアで表象されているか」という問いのみならず，「先住民はいかに誰／何を表象しているか」という問いが大きく浮上してきたといえる。本章では，アラスカ先住民を含む現代の北米先住民をめぐる動向から考えてみたい。

1 はじめに ────────────────────

　ちょうど本章の原稿を書こうとパソコンに向かったその矢先，スマートフォン（以下，「スマホ」）が鳴った。内陸アラスカ先住民の友人D氏がFacebookの通話機能で連絡してきていた。50代半ばのD氏は，筆者が調査で通っているニコライ村の出身であり，会議でベッセルという町まで出張に出かけていた。ニコライ村に帰る途中，経由地のアンカレジで泊まっているホテルのWi-Fiを使って，札幌にいる筆者にビデオチャットの通話をかけてきたのだ。どうやら最近，スマホを買ったらしい。

　日本に住む多くの人たちにとって，アラスカ先住民といえば，大自然のなかで狩猟をして暮らしている人びとというイメージだろうか。そのイメージは，半分正解で半分間違いである。アラスカ先住民の伝統的なコミュニティは，アンカレジ（人口約29万人）やフェアバンクス（人口約3万人）といった州内の都市部と道路がつながっていないところがほとんどである。D氏がアンカレジからニコライ村に帰るためには小型飛行機に乗らなければならない。ニコライ村は，北米大陸最高峰のデナリ山（旧マッキンリー山）を有するアラスカ山脈を越え，さらに北に進むと見えてくる。蛇行するクスコクィム川南支流が通過する北方樹林と湿地のさなかに突如，建物が見えてくる。内陸アラスカ先住民ディチナニクの人びとを中心として100人弱が暮らしているニコライ村では，ヘラジカ猟やサケ漁が生活の基盤となってきた。村のなかでは，交通信号も設置されていないし，スーパーやコンビニのかわりに食料品や雑貨を扱う一軒の個人商店があるのみだ。じつは，携帯電話の電波も入らない。D氏がスマホを持っているのは，都市部で時間を過ごすときのためである。村では，固定電話が日常的に利用されているが，イベントの告知などでアマチュア無線も欠かせない連絡手段である。

「図書室空いたよ」と司書の若い女性が学校図書室の一般開放時間の開始を村の無線で告げると，若者から古老まで四輪バギーに乗って三々五々と村の学校にやってくる（2014 年〜 2015 年頃）。最近では，人工衛星を経由するインターネットの接続（以下，衛星ネット接続）が村のなかでも普及しつつあり，自宅のパソコンでネット接続をすることができる人も増えてきているが，図書室のコンピュータを使う人も少なくない。D 氏の家では衛星ネット接続を契約していないので，D 氏がよく図書室のパソコンで Facebook をするのを見かけた。ちなみに，70 代くらいの古老でも Facebook のアカウントを持っている者がおり，10 代後半から 30 代の若者は，更新頻度の差はあれど，ほぼ全員が Facebook のユーザーである。30 代前半の S 氏は，マスノスケ（キングサーモン）の遡上地に泊まり込んで行う個体数調査の計測員の仕事を一時期していた（章扉の写真参照）が，調査用の小屋に設置された Wi-Fi を使って，Facebook のチャット経由で写真を送ってきたことがある。

さて，上に記したニコライ村の人びとの姿は，読者のあなたが思い描いた「アラスカ先住民」のイメージと近かっただろうか。それとも正反対であっただろうか。本章では，ニコライ村の事例を手がかりとしながら，先住民社会と電子メディアの関わりを考えてみたい。

❷ 先住民の「表象」とメディア ─────────

ところで，「アラスカ先住民」のイメージと書いたが，これまでのメディア人類学でよく問題とされてきたのは，先住民を含む非西洋の他者がどのように映像や書籍といったメディアのなかで表象されてきたかという点であった（飯田・原，2005）。北米先住民研究で有名な例としては，ディズニー映画の『ポカホンタス』（1995 年公開）

が挙げられる。この映画は，現在のアメリカ東部バージニア州を伝統的生活圏とするポウハタンの女性ポカホンタスとイギリス人入植者ジョン・スミスの悲恋を描いた作品である。両者は実在の人物とされるが，この作品での描写は史実と矛盾する点が多く指摘されているのみならず，北米先住民に対する差別的な発言が作品中で頻出している。『ポカホンタス』がポウハタンの文化をおとしめるものであり，北米先住民へのステレオタイプを助長するものであるとする批判は数多く寄せられている（たとえばPewewardy, 1996/97）。

　北米先住民への偏見に満ちた描写だけではなく，ハリウッドやディズニーの映画には白人至上主義な要素を含む作品が散見される。そのような作品の筋書きによくあるのが「白人の救世主」のイメージだ（Hughey, 2014）。（ときに生まれ育った地では疎まれている）外来の「白人男性」が，困難な状況に置かれた非西洋の個人もしくは集団と接触する過程で敬意を勝ち取り，（多くの場合，通常であれば指導者となるはずであった現地人の男性に代わって）その集団の指導者となるという筋書きだ。ポカホンタスの場合，ジョン・スミスは先住民と入植者の争いを止め，平和をもたらした英雄として賞賛されている点で「白人の救世主」の一変奏であるといえる。

　人は，往々にして自分に都合のよい解釈をもとにした物語を紡いでしまう傾向がある。そして，そのような物語は，同じ認識枠組みを共有する人にとっては感動的なものとなることが少なくない。『ポカホンタス』が北米先住民の人びとによる強い批判にさらされながらも（非常に残念なことに）興行的な成功をおさめてしまったのは，道義心あふれる「救世主」としてのジョン・スミスの姿がアメリカ社会のマジョリティである「白人男性」にとって自らの歴史を正当化し，肯定してくれる「都合のよいもの」であるからだろう。

　文化的他者の表象をめぐる状況は，SNSやスマホが普及した現在，より一層複雑化したといえる。人びとが日常的にSNSで写真や動

画も含めながら自らの考えを述べ，場合によってはその発言がこれ
までに考えられないような速度で世界中を駆け巡る可能性もある現
代，「表象すること」は特権ではなく，所与の前提となった。

　このことは，先住民を含むマイノリティ集団に対するヘイトスピ
ーチや差別発言が電子空間で拡大再生産されることにつながると同
時に，抑圧に対する抵抗の語りも増幅されうることを意味する。筆
者がこのことを実感したのは，ダコタアクセスパイプライン（以下
DAPL）に対する反対運動が世界的な注目を浴びていた時期である。
DAPL は，2014 年から計画され，2016 年〜 2017 年にかけて建設
された全長 1800 キロメートル以上の大規模な開発事業である。ノ
ースダコタ州とサウスダコタ州の州境に位置するスタンディング・
ロック・インディアン居留地では，ラコタの人びとが，聖地への不
当な侵入であること，環境汚染の懸念が強いことを理由としてＤＡ
ＰＬ事業への異議申し立てを行なってきた。

　反対運動が本格化した 2016 年，SNS 上では先住民運動に関わる
人びとを中心にパイプラインへの反対を表明する投稿が相次いだ。
たとえば 11 月 1 日に No Spiritual Surrender という Facebook ペー
ジが投稿した写真と文章（図 16-1）は，8,000 件以上のコメントを受

図 16-1　No Spiritual Surrender による投稿（2016 年 11 月 1 日）

け，2万6,000回以上シェアされている（2019年5月24日確認）。No Spiritual Surrender は，フリーランスのジャーナリストであるライアン・ヴィジオンズ氏が立ち上げたもので，この時期には図16-1のようなDAPL反対運動の前線で取材した写真が連日投稿されていた。図16-1の投稿は，ニコライ村の複数の友人もシェアしていたので日本に住む筆者の目にも触れることになった。

　ニコライ村にすむディチナニクの人びとが，スタンディング・ロック・インディアン居留地のラコタの人びとと直接的な交流をしたことは管見の限りない。この投稿をシェアしたニコライ村の村人は，「白人」の強引な介入に異議申し立てをしてきた「先住民」に関わる事柄として，直接面識のない反対運動の関係者らに共感をしていたのだと考えられる。図16-1は，立ちはだかる武装警備員・警官・車両の写真でDAPL反対運動の当事者が置かれた苦境と権力による抑圧の状況を力強く伝えたうえで，「シェアして，彼ら［DAPL推進派］に世界が見守っていることを知らしめよう」という結びの言葉でリアクション，コメントやシェアによる参加を人びとに訴えている。DAPL反対運動によるSNSの利用は，グローバル化する先住民運動が電子メディアの力を借りて，遠く離れた土地に住む人びとの支持を集め，抵抗の語りを広く拡散させた例であると考えられる。

❸　狩猟採集と電子メディア

　ニコライ村の人びとが，3,800キロメートルほど離れたところから不特定多数に向かって送信された内容を数時間後には読み，それに対して反応していることは驚くべきことである。そもそもニコライ村では村内の小規模な火力発電施設により電力をまかなっており（太陽光発電は普及していない），衛星ネット接続の機器，パソコ

ン，タブレット端末などは基本的にそこから得られた電力を使って
稼働・充電している。電子メディアが村人の間で普及していること
も重要であるが，それらの使用を可能にするインフラストラクチャ
ーが整備されていることも見逃すことができない。

　アラスカ先住民にとっての電子メディアは，村のなかでの生活の
みならず，野外で行われる生業とも深く関わるようになってきた。
一般的に電子メディアは「近代」の象徴として，「伝統」的なもの
と対立するようにいわれることが多い。ニコライ村でも，「最近の
若者はテレビやゲームばかりして狩猟のこともろくに知らないでけ
しからん」というような，どこかで聞いたことのあるような言説が
年配者の間ではよく聞かれる。他方で，そのような単純な対立構造
では理解できない状況も生まれている。

　たとえば，ニコライ村の村人は，生業活動の写真や映像を好んで
アップしている。先住民アイデンティティと深く結びつく伝統的な
生業やそれに関連する活動は，SNS 時代には積極的に内外に向か
って発信するべきものとなる。毎年 9 月のヘラジカ猟シーズンに
は，筆者の Facebook のタイムラインは横たわるヘラジカと村人た
ち（おもに若者とその家族）の写真で埋め尽くされる。内陸アラスカ
先住民グィッチンの文化活動家アラン・ヘイトン氏は，このような
自撮り（セルフィー）を SNS にアップロードするのは動物に対する
非礼であると言っている（Friedman, 2015）が，少なくともニコラ
イ村ではそのような批判を聞くことはなかった。何にせよ，現代ア
ラスカ先住民とメディアの関係を理解するうえでは，電子メディア
や SNS のヘビーユーザーたちが次世代における伝統的な生業の担
い手であることを抜きにして考察を進めることはできないといえる。

　この点に着目した取り組みがすでにいくつかある。たとえば，ア
ラスカ先住民トライブ健康コンソーシアムでは，先住民コミュニテ
ィを訪問したシェフが伝統的な生業で得られた食材を使って，現

代風にアレンジした料理を作る動画をオンライン上で発信している（Alaska Native Tribal Health Consortium, web）。これは，生業活動と伝統食が健康維持によいことをアピールする目的で作られており，現代的な料理のアレンジを加えることで若い世代が積極的に伝統食を食べるようになってほしいというねらいがある。

　また，内陸アラスカ先住民の利益を代表する非営利組織タナナ・チーフズ・カンファレンスでは，組織傘下の村々で「文化キャンプ」を開催している。「文化キャンプ」とは，アラスカ先住民の子どもたちが年長者から狩猟や漁撈のやり方を学ぶために野外活動をする企画を指し，数日〜1か月ほどの期間に及ぶ。2018年3月20日〜22日にかけて，ニコライ村と周辺の村の子どもたちも集まって，ビーバー罠猟を学ぶ初春キャンプが開催された。

　他村で開催された「文化キャンプ」と同じく，ニコライ村の場合でも，撮影クルーが派遣され，文化キャンプの様子を伝える動画が作成され，ネット上で公開されている（Tanana Chiefs Conference, web）。このような動画をアップロードするのは，「文化キャンプ」資金源に対する実施報告という意味合い以外にも，アラスカ先住民文化の魅力を内外に向けて発信する役目を担っている。とりわけ「文化キャンプ」の目的が伝統的生業の次世代への継承であることを考えると，電子メディアを頻繁に利用するアラスカ先住民の子どもたちに関心をもってもらうことも目論見の一つであるといえる。

　上記のような動きは，デジタル技術を先住民社会の利益になるように利活用する取り組みと考えられるが，北米では，先住民言語のオンラインアーカイブや先住民の世界観を学ぶことができるテレビゲーム（Hughes, 2017）などさまざまな取り組みが行われるようになってきている。

4 変わりゆく環境と社会における Facebook ─────

　冒頭でニコライ村の人びとの多くがFacebook を利用していると述べたが，今やFacebook は彼らにとって固定電話や無線のような通信インフラの役割を果たしている。無線は村内の連絡に限られるが，村人のほぼ全世帯に一斉アナウンスをすることができる。固定電話は，村内の個人宅や施設と連絡をするのは無料であるが，村外の番号にかけるのは有料である。無線や固定電話と比べると，Facebook は，(1) 音声ではなく，文字や写真（動画）のやり取りを主とする，(2) 無料で村外と連絡が取れる，(3) 自分が連絡を取る相手を自分で選べるという点において有利である。

　Facebook が連絡手段としてよく使われるのは，親族が通年で離れて暮らすのが当たり前になったことが理由の一つであると考えられる。1960 年代であれば，ニコライ村の人びとは夏には家族総出で各自の漁撈キャンプに向かい，冬には男性は罠猟のパートナーと一緒に猟場（トラップライン）に泊まり込むこともあった。村人全員が顔を合わせる機会は必ずしも多くなかったが，むしろ親族は夏の漁撈期を通じてともに過ごす関係である。

　1970 年代以降，村の外で働き口を求める若者（とりわけ女性）が増えてきた。D 氏の妹（養子）は，アメリカ東部の大学を出て，現在はテキサス州に住んでいる。D 氏の姪は，隣町（といっても 60 キロ離れている）の男性と結婚して，現在はフェアバンクスに住んでいる。二人ともFacebook のユーザーである。D 氏にとって，Facebook は，遠方に住んでいる親族と無料で連絡が取れる唯一のツールである。

　しかし，Facebook の利用のされ方はそれだけにとどまらない。たとえば，2018 年の冬，Facebook 上でD 氏は川や湖の凍結具合について注意喚起する内容の投稿をしていた。近年，気候変動の影響

でアラスカでは，河川湖沼の結氷時期が遅くなったり，解氷時期が早まったりしている。D氏は，凍結初期の時期に村人がスノーモービルでよく通る小川の氷がとても薄くなっており，危険な状態であることを書いたり（11月12日），真冬の時期に急激に温度が高くなり，村近くの湖でオーバーフロー（結氷した河川湖沼の表面から水が出てくること）が起きたことを伝えたりしている（12月9日）。これらは，村人にとって参考となる交通情報であり，D氏は他のトレイル利用者の安全を考えてこのような情報を発信していた。D氏の情報提供以外にも，村評議会の会合がFacebook上で告知されるようになってきたことからもわかるように，SNSは無線に代わる新しい村内連絡網としての役割も担いつつある。

5　おわりに

　本章では，ニコライ村の事例に主に拠りながら，電子メディアとアラスカ先住民の関係を描こうとしてきた。他者表象のポリティクスと抵抗（第2節），生業と電子メディアの関わり（第3節），環境および社会の変化に対する適応の一部としてのSNS（第4節）という論点を提示した。

　「メディアと先住民」という大きな問題設定からいえば，「先住民はいかにメディアで表象されてきたか」という問いは，現在も非常に重要なものであるが，「先住民はいかに誰／何を表象するのか」という問いが新たなテーマとして浮上してきたことが確認できる（cf. Browne, 1996）。この動向は，一方向的な情報の伝達が基盤となるマスメディアの時代から，膨大な数のユーザーが同時に全球規模で情報のやり取りをするSNS時代への変化に応じたものであるとも考えられる。

　内陸アラスカ先住民は，季節ごとに生業活動に適した場所に移動

して，生活に必要な資源を獲得してきた。現在では，村で過ごす時間が増えてきてはいるが，狩猟や漁撈といった生業がもつ物理的かつ象徴的な重要性は変わらない（近藤，2016；2019）。スマホやタブレットなど持ち運びしやすい端末が普及していることは，電子端末を携行して生業やそれに関連する野外活動に従事する人びとが増えることを意味する。これは，電子端末がもつマテリアリティ（物質性）に着目するべきことを示唆している。「移動性」（モビリティ）に重きを置く狩猟・漁撈民社会にとって，簡単に持ち運びできるかどうかは大きな問題である。

　ニコライ村の高校生T氏は，ヘラジカ解体中にiPodの電池残量を気にしながら肉の塊を運び，冒頭で紹介したS氏は，ギャングスタ・ラップ系の音楽をタブレットで流しながら，先祖から代々と続くマスノスケ漁撈の拠点を守るための個体数調査に従事していた。「書を捨てよ，町へ出よう」と寺山修司は言ったが，アラスカ先住民の若者であれば「端末持って，狩りへ出よう」と言うであろう。

　電子端末を携行して，生業活動を行う若者が増えている現在，生業活動に関する写真や動画を撮ることも容易であり，これらがSNS上にあふれることになる。前述したように，グィッチンの文化活動家アラン・ヘイトン氏は，狩った獲物と一緒に自撮りをして，それをアップロードする人びとに対して，動物への霊的な配慮が足りないと苦言を述べていた。しかし，彼が参加した「グィッチン語のカリブー解剖学プロジェクト」では，GoogleドライブやSkypeを利用して，カリブーに関する古老の語りをクラウド上で翻訳していったとされる（Mishler et al., 2014）。ヘイトン氏は，電子メディアやSNSと伝統的な宇宙論を単純に対立的に捉えているのではなく，その関係性はいかにあるべきかを考えている。SNS時代の内陸アラスカ先住民社会は，これからどのように電子メディアやデジタル技術と向き合っていくのだろうか。ニコライ村の学校図書室で，森

のなかで，もしくはFacebook上で，ニコライ村のD氏，S氏，T氏らとともにタイムラインを重ねていきたい。

●ディスカッションのために

1　内陸アラスカ先住民の人びとはなぜスマートフォンを持つのか，そしてどのように利用しているのか，本文の記述に沿って丁寧にまとめてみよう。

2　あなたはなぜスマートフォンを持つのか，そしてどのように使っているのか，具体的な記述でまとめてみよう。スマートフォンをもっていない場合はなぜインターネットを使うのか，どのように使っているのか，具体的な記述でまとめてみよう。

3　1，2の内容について周りの人と共有して，お互いに重なっているところがあるか，重なってないところがあるか，話し合って考えてみよう。

【引用・参考文献】

飯田　卓・原　知章［編］（2005）．『電子メディアを飼いならす──異文化を橋渡すフィールド研究の視座』せりか書房

近藤祉秋（2016）．「狩猟・漁撈教育と過去回帰──内陸アラスカにおける生業の再活性化運動」シンジルト・奥野克巳［編］『動物殺しの民族誌』昭和堂，pp.293–326.

近藤祉秋（2019）．「内陸アラスカ・クスコクィム川上流域におけるサケ漁撈史と現代的課題」『北海道立北方民族博物館研究紀要』*28*, 7–31.

Alaska Native Tribal Health Consortium ホームページ〈https://anthc.org/what-we-do/traditional-foods-and-nutrition/store-outside-your-door/（最終確認日：2021 年 2 月 3 日）〉

Browne, D. R.（1996）. *Electronic media and indigenous peoples: A voice of our own?* Ames: Iowa State University Press.

Friedman, S.（2015）. Tradition revived: Group builds Gwich'in Athabascan caribou fence. *Fairbanks Daily News-Miner*（online）〈http://www. newsminer.com/features/outdoors/group-builds-gwich-in-athabascan-caribou-fence/article_2eff0324-3caa-11e5-adbd-471cb74055ed.html（最終確認日：2019 年 5 月 24 日）〉

Hughes, G.（2017）. Traditional knowledge? Indigenous video games, copyright, and the protection of traditional knowledge. In A. A. A. Mol, C. E. Ariese-Vandemeulebroucke, K. H. J. Boom, & A. Politopoulos（eds.）, *The interactive past: Archaeology, heritage & video games*. Leiden: Sidestone Press, pp.33–51.

Hughey, M. W.（2014）. *The white savior film: Content, critics, and consumption*. Philadelphia: Temple University Press.

Mishler, C., Frank, K., & Hayton, A.（2014）. Collaborating in Gwich'in on the Web: Khahłok Gwitr'it' agwarah'in（online）.〈http://www. vadzaih.com/（最終確認日：2021 年 2 月 3 日）〉

Pewewardy, C.（1996/97）. The Pocahontas paradox: A cautionary tale for educators. *Journal of Navajo Education,14*（1–2）, 20–25.

Tanana Chiefs Conference ホームページ〈https://www.tananachiefs.org/culture-and-wellness-camps/nikolai/（最終確認日：2019 年 5 月 24 日）〉

第**17**章

デジタル民族誌の実践

コロナ禍中の民族誌調査を考える

近藤祉秋

山中のキャンプへの移動について SNS 上で投稿した D 氏

　2019 年 12 月に発生が確認された新型コロナウイルス感染症（COVID-19）は，翌 2020 年前半には世界的流行の局面を迎えた。民族誌調査法（参与観察・聞き取り）は，継続的な対面的接触をデータ収集のための前提条件としてきたが，国境を越えた移動に対して大きな制限が課せられる現在，しばらくの間，海外調査を実施することは難しくなる可能性がある。文化人類学者は，COVID-19 の感染リスクが高いとされる，人びとが対面で会話を交わす環境に調査者自身の身体を通じて没入することをデータ収集の重要な機会と考えてきた。もしこの状況が長期化する場合，新しい日常の中で研究を続けていくにはどのようにするべきかについて検討しておくことは有益と考えられる。本章では，代替的な調査方法としてのオンライン調査の可能性について，Facebook を利用した短期調査の結果を報告する。

1 はじめに

　2019年12月に発生が確認された新型コロナウイルス感染症（COVID-19）は，翌2020年前半には世界的流行の局面を迎えた。本章を執筆した2020年7月現在，海外でのフィールドワーク実施が難しい状況が続いている。本章では，代替的な調査方法としてのオンライン調査の可能性について，Facebook を利用した短期調査（2020年3月12日〜26日）の結果を中心として報告する。COVID-19をめぐる世界の状況はまだ流動的であり，本章ではあくまでも上記の短期調査を通じてわかったことのみに検討の対象を限定することとする。

　Facebook を使用した今回のオンライン調査の方法としては，2006年に登録した個人アカウント（登録名：Shiaki Kondo）をそのまま利用し，タイムラインに流れてくる友人の投稿で関連すると思われるものをスマートフォン（iPhone 6）のスクリーンショット機能で保存した。普段，筆者はFacebook のメッセージ機能を使って研究に関連する活動（本の編集のための意見交換など）を行うことが多く，タイプしやすいラップトップもしくはデスクトップ型パソコンを主に用いてFacebook を閲覧していたが，ラップトップやデスクトップ型パソコンではスクリーンショットが撮りづらい。そのため，スマートフォンを主な調査機器として選択した。アラスカと日本は，17時間の時差（夏時間）があるため，毎朝起床後，Facebook を閲覧して，その日（アラスカでは前日の日中）のタイムラインをチェックし，その後も折をみて，タイムラインを確認した。とくに関連性が高い友人のアカウントによる投稿内容に関しては，本人にメッセージ機能で連絡を取り，投稿を転載・引用してよいかどうかを尋ね，許諾を取るやり取り自体もスクリーンショットを取り，保存した。許諾を取るメッセージのやり取りの際には，追加で

投稿者から情報提供がある場合が少なからずあり，このやり取り自体がオンライン・インタビューとなった。アップロードされた後で消去された投稿も一部あり，そのような投稿については検討の対象に含めていない。

　また，現地の親しい友人（とりわけ若者）とはメッセージ機能でのやり取りを行なった。Facebook の通話機能でインタビューを試みたが，村の一部家庭で使われている衛星インターネットは速度が遅く，電話インタビューは成立しなかった。

　本章では紙幅が足らず紹介することができないが，デジタル人類学の領域については近年，海外を中心にさまざまな議論がなされている（cf. Horst & Miller, 2012；Pink et al., 2016；木村, 2018）。オンラインでの調査方法に関心のある者はぜひそれらの文献も参照してほしい。

② 村と都市部の切り離し

　米国アラスカ州では，3 月 12 日に初の感染者が確認された後，3 月 13 日〜 17 日の間に学校休校，図書館の閉鎖，レストラン・バーなどの営業禁止命令が次々に出され，厳戒態勢がしかれた。今回オンライン調査を行なったのは，ロックダウンの初期に当たる。

　Facebook 上の投稿では，パンデミック状況下での日常生活を綴ったり，新型コロナウィルスに関する最新ニュースや対策方法に関する情報がシェアされたりしているのは日本と同様であるが，アラスカ先住民の場合，村にウイルスを持ち込ませないための立ち入り禁止・制限措置と狩猟・漁撈キャンプに関する投稿が特徴的であった。

　村にウイルスを持ち込ませないようにするための立ち入り禁止措置は，遅くとも 3 月 20 日（日本時間）頃から人びとの話題に上って

おり，3月21日には『アンカレジ・デイリー・ニュース』紙（電子版）が都市部から離れたところにあるアラスカ先住民の村への立ち入り禁止もしくは強い制限を求める動きが本格化しつつあることを伝えている。この記事内でも，人びとが結核やインフルエンザの村内流行によって大きな被害が出た過去の事例を教訓として，早めの立ち入り禁止・制限に乗り出そうとしていることが論じられている（Hopkins, 2020）。大部分のアラスカ先住民の村と都市部の間では舗装道路が整備されていない。近隣の集落間の移動はスノーモービル（冬期）もしくはモーターボート（夏期）が一般的であり，アンカレジやフェアバンクスなどの都市部への移動には民間航空会社の小型飛行機が用いられている。そのため，移動制限は民間航空会社，村評議会（村内の先住民の意志決定機関），町役場などの話し合いによってなされている。

　航空機による移動の制限は村の日常生活に大きな影響を及ぼしかねない。アラスカ先住民社会は狩猟・漁撈・採集によって食料を自給してきたが，近年ではヨーロッパ系アメリカ人との交渉が増えるなかで外部から輸入される加工食品に対する依存度が増えてきている。加工食品を入手するにはフェアバンクスなどの都市部を訪問する際にスーパーに行くか，オンライン通信販売サイトで購入し，郵送してもらうか，村の中で営業する個人商店で購入するかの三通りの方法があるが，どの場合でも入手する際には航空機による貨物か人の移動が必須となる。現状では，貨物の輸送は滞りなく行われているようであり，筆者が通うニコライ村では個人商店は感染拡大防止の対策をとったうえで営業されているようだが，今後，感染拡大が続き，航空機の便が減らされた場合には加工食品の入手が難しくなるかもしれない。

③ 村からキャンプへの移動

　このような状況のなかで内陸アラスカ先住民の年長者が集落から離れた食料獲得活動への参加に関してオンライン上で発言していることは興味深い。たとえば，マグラス村出身のA氏（1948年生まれ）は以下のように投稿した。

> ブッシュのどこかにある小屋のトラップラインに行く（罠猟場の近くにある小屋で長期間の狩猟生活を送ること）のに良いときではないかと僕は思う。ビーバーを罠で捕まえ，ビーバーや豆とかそういうものを食べたりして。罠かけに行くときには，米，豆，乾燥マカロニ，小麦粉や粉ミルクなど数か月分の食料を持っていくことだ。このような恐ろしいときにはトラップラインにいるのが正解だ。手を洗い，できるかぎり他の人びとからは離れていよう。森の中では健康で強くなれる。他の人びとから離れて森の中で暮らす生活は良いものだ。土地から食べ物を得て，乾燥肉を作ったり。体に気をつけて，よく手を洗いなさい。
> （2020年3月19日の投稿）

　A氏はフェアバンクス在住であるが，去年まで出身村であるマグラス村で生活してきた。以前の現地調査で行なった聞き取りによれば，A氏が子どもの頃には物資輸送船が野菜や米などを運んでやってくるのは年2回のみであり，それ以外の食料はすべて狩猟や漁労で得ていた。マグラス村があるクスコクィム川上流域では，現在でも2月から3月にかけてビーバーの罠かけが行われており，各家族が集落から離れたところに生業活動用の小屋（家族によるが，夏や秋の狩猟・漁撈での滞在にも用いられる）を維持してきた。筆者自身もマグラス村の隣にあるニコライ村の若者とともにビーバー罠猟

に出かけたことがある（近藤, 2020：156）。A氏の提案は，感染拡大防止と食料調達を同時に達成できる方法として，長期間の野外活動をともなう生業活動の励行に活路を見出すものである。A氏の投稿には数十件のコメントが寄せられ，コメント欄では，ビーバー罠猟の次に行われる生業活動である春の水鳥猟での思い出を古老が回顧したり，ガンやカモ，マスクラットなどの伝統食についての意見が表明されたりした。

　筆者がともにビーバー罠猟に出かけた若者のおじにあたるD氏（第16章にも登場）は，A氏の提案とも関連するような投稿を行なった。

> 山に行かなきゃいけないかもしれない。俺たちは苦難のときには山に行ったんだろう？　もし最悪の事態になったら，そこが俺の家族が行くところだ。（2020年3月18日）

　この投稿に対して，「ポテトチップスもコーラもマリファナ［注：2015年合法化される］もないよ」とからかう人もいれば，「山男って呼んでもいいかな？」と言う者もいた（もともと，D氏のあだ名は山男であった）。D氏の投稿には少し補足が必要かもしれない。D氏の父親P氏（故人）は，ニコライ村の人びとが伝統的に利用してきたアラスカ山脈の麓に狩猟キャンプを拓いていた。D氏がいう「山」とは，この狩猟キャンプを指しているが，現在ではこの地を頻繁に利用するのはD氏と彼の親族・姻族のみとなっている。P氏はアラスカ先住民として初めてスポーツ狩猟ガイドになった者であるといわれており，ガイド料を得ることで現金収入を得て狩猟・漁撈に必要な生活用品を調達してきた。もちろん，P氏自身も狩猟や漁撈を行うほか，顧客のスポーツハンターが撃った獲物を解体して，自家消費用に持ち帰ってきていた。

　P氏はこのように現代的な文脈と「伝統」をうまく両立させる道

を模索してきた人であったが，彼は先祖から聞いたある予言を周囲に事あるごとに語っていた。それは「いつか白人の食べ物［注：加工食品］が村に来なくなるときが来て，「昔ながらの生活」に戻るときが来る」というものであった。この過去回帰の予言は，ニコライ村の他の古老たちも語っているし，アラスカ山脈を挟んで南隣に住むデナイナの呪術師が 100 年ほど前に言った類似の予言的言説もよく知られている。その言説によれば，将来，戦争や疫病で社会が大きく揺れ動くような事態が生じる。アラスカからヨーロッパ系アメリカ人は姿を消してしまい，アラスカ先住民は山に逃れて狩猟生活を送るようになる（近藤, 2016）。

　D 氏がいう「苦難のときには山に」行くというイメージは，P 氏をはじめとする先人たちが語ってきた「白人の食べ物が村に来なくなるとき」には，山の狩猟キャンプにこもり，自給自足の生活を送るのが最も有効な生存手段であるという考え方に基づいている。村の子どもたちが狩猟や漁撈のやり方を学ぶ野外教育活動で教師役を務める古老も類似の過去回帰言説を口にしており，「文化キャンプ」はこのような非常時のための備えであると考えられる。筆者は以前，現地で語られる過去回帰言説を踏まえて，「文化キャンプ」のような生業の再活性化運動を「「昔ながらの生活」の防災訓練的な再来」と表現したことがあった（近藤, 2017）。少なくとも筆者が把握している範囲では，A 氏や D 氏の投稿のように実際に（通常の生業活動での利用を越えて）狩猟キャンプでの長期逗留による「社会的距離化」戦略を実施している者は確認されていないが，新型コロナウイルスの感染拡大が進み，人びとの危機感が高まるような事態の推移があった場合，漁撈・狩猟キャンプへの移動が活発化する可能性もある。

　なお，ヨーロッパ系アメリカ人との交渉を絶つために自主隔離を行うのには前例がある。D 氏によれば，スペイン風邪（1918–1919年）が流行した時期には，1 年間にわたって，ヨーロッパ系アメリ

カ人とは直接的な接触を避けるようにしていたという。この点は，「苦難のときには山に戻るというあなたの投稿を引用してもよいですか」と尋ねた際に承諾の回答に続ける形で語られたものであった。20世紀前半の時点では，犬ぞりやかんじき（冬期）とカヌー（夏期）が内陸アラスカにおける主な移動手段であり，食料の自給度もより高かったはずであるから，パンデミックが終息するまで狩猟・漁撈キャンプに長期滞在し，ヨーロッパ系アメリカ人と接触しない生活をしていたとしても不思議はない。

④ 内陸アラスカ先住民の指導者・組織の発言 ───

　A氏やD氏の語り（書き込み）はFacebookの投稿としてなされたものであり，公開範囲の設定はともかくとしても，基本的には友人・知人に対してなされたものである。似たような言説は，より公的な立場にあるアラスカ先住民の人物が不特定多数に向けて発信した（といっても聴衆はおもにアラスカ先住民が想定されている）言説のなかでもみられる。ファースト・アラスカン・インスティテュートが作成している動画では，グィッチンの古老トリンブル・ギルバート師が聴衆へのメッセージとして生業，土地と伝統食の再活性化の重要性を訴えている。アークティックビレッジ出身のギルバート師（1935年生まれ）は，内陸アラスカ先住民の村々が作る非営利組織であるタナナ・チーフズ・カンファレンス（以下，略称のTCCと表記する）の第2伝統チーフであり，内陸アラスカ先住民の精神的支柱であるともいえる。彼の語りを抜粋して以下に示す。

> 　年寄りは言い続けてきた，君たちはとても大切なこと［注：ここでは「将来やってくると予言される大きな変化」を指している］に対する準備ができているのか，と。私たちにできるのは生き方，

> 伝統的な生活を取り戻すことだ。私たちはみな，祖父や祖母たちから学んできたことに大きな信頼を寄せている。ここ 20 年間，私は土地について語り続けてきた。私は年寄りたちから学んできた。どのような資源を得ることができるか。私たちはみずからを癒すこともできる。自分たちの食べ物［注：伝統食のこと］を食べるように心がけなさい。私たちの動物は，寒い土地で育ったのだから，健康な生きものであることはみなが知っている。素晴らしき食べ物，それは私たちにとって薬のようなものだ。体に気をつけ，安全な場所にいるように心がけなさい。君たちのホームステッド［注：他から隔絶された個人所有の野営地］に行って，土地から得た食べ物で暮らすこともよいかもしれない。(First Alaskan Institute, 2020)

　ギルバート師は具体的な明言こそしていないが，今回のような非常事態がすでに先祖たちによって予期されていたことを示唆したうえで，先祖の教えの核にある土地や動物との関係性を取り戻すこと，つまり，狩猟・漁撈キャンプで暮らし，伝統食を基軸とした自給自足の生活を送ることがアラスカ先住民にとってのパンデミックを生きのびる方法なのではないかと主張している。

　その後，TCC の Facebook ページでも，内陸アラスカ先住民社会で尊敬を集めていた故チーフ・ディヴィッド・サーモン（1912-2007年）の言葉に改めて注意を促す投稿がなされた。チーフ・サーモンに関する記事によれば，1923 年に発生した結核の流行の際，彼の母親は結核で死んでしまった。その後，彼の父はチーフ・サーモンを連れて，野外で 2 か月半罠猟をして過ごし，疫病をやり過ごした（Tanana Chiefs Conference, 2007）。TCC による投稿がなされたきっかけは，デナリ・センター（アラスカ先住民の文化を取り入れた老人ホーム）の経営者が TCC に「チーフ・サーモンの言葉を最近よく

思い出している」とメッセージを送ったからだという。TCC の投稿は，「今は亡き私たちのチーフの例とその当時彼の父親がもっていた智慧に倣い，私たちもこのときを生きのび，後世に語り継ごう」と結んでいる。この投稿は，100 件以上の「いいね」がつき，60 回以上シェアされている（2020 年 3 月 27 日現在）。TCC のページでは，新型コロナウイルスに対する生物医療の観点からみた対策が多く投稿されており（マスク着用の励行，手指の消毒，社会的距離化による感染ピークの遅延戦略），もともとアラスカ先住民の村での看護師養成，医療サービスの提供を行なっていた非営利組織らしく，新型コロナウイルスという新興感染症に対しても全力を挙げて対応しようという姿勢が感じられる。

　ここまで，現在さまざまな村で進みつつある立ち入り禁止・制限の措置および，年長者が語る狩猟・漁撈キャンプへの避難という自主隔離の提案について，短期のオンライン調査とこれまでの現地調査に基づいて論じてきた。これらの事例から，内陸アラスカ先住民社会で今後想定される新型コロナウイルスへの対応策は，二重の「社会的距離化」戦略であるといえる。第一の「社会的距離化」は人口が集中する都市部と村の交通をできるかぎり制限することである。しかし，この戦略で都市部と村の間の交通を減らしすぎてしまう（民間航空会社の減便）と，村への食料品・生活必需品も来なくなってしまう。とりわけ持病のある高齢者にとって，都市部の病院から送られてくる薬は欠かせないものである。そのため，まったく交通を遮断することは現実的ではないだろう。第一の社会的距離化戦略がもたらす副作用を軽減するためには食料の自給率を上げることが望ましいが，それには狩猟・漁撈キャンプへの長期逗留が有効となる。そして，それはそのまま，村から一時的に離れて各家族が狩猟・漁撈キャンプで生活するという第二の「社会的距離化」戦略となりうるということだ。まとめると，村を都市からできるかぎり

切り離したうえで，各家族を村から切り離すという二重の「社会的距離化」が想定されている。

 ## 5　今後の調査に向けて：デジタル民族誌の可能性と限界

　本章を結ぶにあたって，今後の調査に向けてデジタル民族誌の可能性と限界を記しておきたい。本章で報告するデジタル民族誌の手法は，有効な代替手段になりえるのだろうか。現状では「長期調査に行った後の補充調査という形であれば部分的に有効である」とはいえるかもしれない。筆者がこれまで関心をもって調査してきた生業の再活性化を目指す動き（近藤，2016）が「社会的距離化」の好例としてオンライン上で先住民自身によって発信されるようになっており，それをFacebookでの調査を通じて確認することができたからだ。

　しかし，本章での調査方法の場合，あくまでも長期的な交流関係があるからこそ，オンライン上のチャットも続くのであり，Facebookの投稿を引用することの許諾ももらえるのだと考えられる。また，衛星インターネットが普及し始めている内陸アラスカでさえも，家庭用の通信速度では音声通話やビデオ通話を用いたインタビュー調査は難しかった。

　デジタル民族誌の調査を通じて疑問がぬぐえなかったのは，Facebookにログインしていない友人は何をしているのかということだった。都市部に住んでいる者，もしくは村の自宅で衛星インターネットを契約している者（およびその家族・親族）とはやり取りをすることができたが，そうではない者についてはどのような動きをしているか今回の試験的調査のなかではよくわからなかった。

　パンデミック状況が終わり，改めて現地に赴くことができるよう

になったら，A氏やD氏および他の友人たちにスクリーンショットを見せながら，フォトエリシテーション法（情報提供者に写真を見せながら関連する内容について尋ねるインタビュー技法）を応用した聞き取りを行うことを筆者は計画している。

【謝辞】

本章は2020年3月29日に開催された「文化人類学とCOVID-19」ラウンドテーブル（Zoomによるオンライン研究会）での発表原稿をもとに再構成したものである。また，本章は国立民族学博物館共同研究（若手）「先住民と情報化する社会の関わり」の成果の一部である。奥野克巳氏，平野智佳子氏は本章の草稿に目を通し，有益な助言を与えてくれた。記して謝意を表したい。

●ディスカッションのために

1　筆者が行なったオンライン調査の方法について本文の記述に沿って丁寧にまとめてみよう。

2　二重の「社会的距離化」戦略とは何か，本文の記述に沿って丁寧にまとめてみよう。

3　新型コロナウイルスへの対策として日本がとってきた戦略として何があったのかを考え，2の内容と比較してみよう。また，あなた自身はどのような戦略のもとに行動していただろうか。周りの人と意見を共有して，お互いに重なっているところがあるか，重なっていないところがあるか，話し合って考えてみよう。

【引用・参考文献】

木村忠正（2018）．『ハイブリッド・エスノグラフィー──NC研究の質的方法と実践』新曜社

近藤祉秋（2016）．「狩猟・漁撈教育と過去回帰──内陸アラスカにおける生業の再活性化運動」シンジルト・奥野克巳［編］『動物殺しの民族誌』昭和堂，pp.293–326.

近藤祉秋（2017）.「石油時代のアラスカ先住民社会——自然・人・産業」『寒地技術論文・報告集』*33*, 18-23.

近藤祉秋（2020）.「先住民とモニタリング」田畑伸一郎・後藤正憲［編］『北極の人間と社会——持続的発展の可能性』北海道大学出版会, pp.151-181.

First Alaskans Institute（2020）. Dr. Rev. Traditional Chief Trimble Gilbert（Gwich'in）on virtual coffeetime〈https://www.youtube.com/watch?v=djzNxnHvruM（動画公開日：2020 年 3 月 24 日）（最終確認日：2021 年 2 月 3 日）〉

Hopkins, K.（2020）. Alaska rural villages begin to ban or severely restrict air travel in hopes of slowing coronavirus. *Anchorage Daily News* 電子版〈https://www.adn.com/alaska-news/rural-alaska/2020/03/20/alaska-rural-villages-begin-to-ban-or-severely-restrict-air-travel-in-hopes-of-slowing-coronavirus/（記事公開日：2020 年 3 月 20 日）（最終確認日：2021 年 2 月 3 日）〉

Horst, H. A., & Miller, D.（2012）. *Digital anthropology*. London: Routledge.

Pink, S., Horst, H. A., Postill, J., Hjorth, L., Lewis, T., & Tacchi, J.（2016）. *Digital ethnography: Principles and practices*. Los Angeles: Sage.

Tanana Chiefs Conference（2007）. My father saved my life.〈https://www.tananachiefs.org/about/our-leadership/traditional-chiefs/chief-david-salmon/my-father-saved-my-life/（最終確認日：2021 年 2 月 3 日）〉

事項索引

A-Z

Facebook　*241, 242*

ICT 革命　*48*
IoT　*55*
IoT 時代　*56, 58*

QQ　*142, 147*
Q 版　*8*

SNS　*9, 10, 32, 36, 220,*
239, 242
SNS 時代　*242, 243*
Society 5.0　*55*

YouTube　*136, 137*

ア行

アーキテクト　*90*
アウラ　*178*
新たな回族コミュニテ
ィ　*153*

偉人　*207*
イスラーム法　*153*
移動性　*243*
インターネット　*40, 41*
インターネット空間
143
インフォスフィア　*54*

英雄　*207*
エスノグラフィ（民族
誌）　*4, 5, 13, 81*

デジタル・───　*58,*
257
エンコーディング／デ
コーディングモデル
229

オンライン・コミュニ
ティ　*143, 147, 153*
オンライン調査　*248*

カ行

回族　*142, 144, 150*
外部のまなざし　*129,*
131, 138
カセット・テープ　*38,*
39
仮想空間　*176-179*
───への耽溺　*180*
カフェ　*192*
カメラのまなざし　*69,*
70
観光　*72, 96, 107*
観光のまなざし　*72, 98*
簡体字　*163*
広東語　*163, 170, 171*

キャラクター銅像　*216*
教育 DX　*57*
金属供出　*209*

クールジャパン　*159*
クレオール化　*163*
群舞　*32, 37*

携帯電話　*16, 19-21, 25-27*
ゲル　*26*
権威づけ　*40*
見物　*72*

コーヒーハウス　*192*
コピティアム　*193, 194,*
201, 202
コミュニケーション生
態系　*55-57*
コミュニティ
新たな回族───　*153*
オンライン・───
143, 147, 153
コンピュータ・ネット
ワーク　*176*

サ行

祭祀圏　*12, 13*
サイバー空間　*9, 12, 13,*
89
───上のアーキテク
ト　*90*
祭礼　*128, 129, 138*

視覚的想像　*129*
社会身体　*230*
社会的距離化　*253, 256,*
257
写真　*70, 73, 222-224*
死者の───　*228*
宗教的秩序の再編　*69,*
70
出版資本主義　*80*

情報　16-19, 92
情報化社会　17
情報技術　177-179
　　──を通じた事物の
　　変容　185
情報行動　16, 18, 19, 26,
　27
情報社会　16, 17, 27
新型コロナウィルス
　256
新型コロナウィルス感
　染症　248
身体　33, 34

聖地の宗教性　67
世界文化遺産　82, 83
接触呪術　228, 229
先住民メディア　111,
　112, 121, 122
全体論的アプローチ
　52, 53

総合メディア人類学
　53
想像の共同体　80

タ行
ダークツーリズム
　96-100, 105
　　──・サイト　99,
　102, 103
ダークツーリズム的な
　欲望　104
ダークネット　56
第5期科学技術基本計
　画　55
他家訪問　26

多義的プロセス　111,
　122

中国語　162

デジタル・エスノグラ
　フィ（デジタル民族
　誌）　58, 257
デジタルゲーム　179
デジタル人類学　249
デジタルネイティブ
　57, 58
電子メディア　239, 242
伝統芸能　43
　現代の──　43
電話　22-25

銅像　206
銅像パージ　210

ハ行
パブリック・アート
　207
繁体字　163

標準化　39, 43, 185, 186

フィールドワーク　4,
　5, 57, 81
フォトエリシテーショ
　ン法　258
物質性　i, ii, 229, 230,
　243
舞踊　33, 34, 44
プラナカン　198
プロパティ　225
文化　51

文化商品のグローバル
　化　158
文化人類学　4, 10, 12,
　13, 81, 93
文化生態学　229
文化相対主義　4

奉納芸　32, 43
奉納舞踊　32, 33, 35, 36,
　43
翻訳　160

マ行
マスメディアの時代
　242
媽祖　8
まなざし
　　──の拒絶　74
　　──の内面化　138
　外部の──　129, 131,
　138
　カメラの──　69, 70
　観光の──　72, 98
　メディアの──　67
マンダリン　162, 163,
　170, 171

民族誌　81

ムスリム　150

メディア　4, 5, 7, 13, 33,
　34, 38, 43, 44, 49, 51, 53,
　78, 92, 96, 97, 104, 107,
　111, 201, 206, 219
　電子──　239, 242
　　──のまなざし　67

メディア実践　54, 56, 57

メディア人類学　4, 5, 7, 48, 53, 56, 111, 206, 235

　　──のフィールドワーク　6

メディア文化　5

メディア文化論　5

メディアミックス　161

もにゅキャラ　214

ヤ行

遊牧民　17, 22, 25-27

ラ行

ラポール　5

ルジャン・レンテン　32, 34, 36, 37, 41, 43

　新しい──　35, 36, 43

　従来型の──　35, 36, 43

人名索引

A-Z

Ballinger, R. *39*

Browne, D. R. *242*

Dibia, I. W. *39*

Dong, J. *143*

Duruz, J. *193*

Ellis, M. *192*

Fiore, Q. *79*

Foong, L. M. *202*

Friedman, S. *239*

Hopkins, K. *250*

Horst, H. A. *143, 249*

Hughes, G. *240*

Hughes-Freeland, F. *39, 40*

Hughey, M. W. *236*

Isabella, S. *143*

Khoo, G. C. *193*

Lai, A. E. *193, 194, 196, 198, 202*

Mishler, C. *243*

Peterson, L. C. *143*

Pewewardy, C. *236*

Pink, S. *249*

Prensky, M. *57*

Shaffner, J. *57*

Underberg, N. M. *58*

Wardle, H. *57*

Zorn, E. *58*

あ行

アーリ, J. *72, 98*

アイザライン（Eiselein, E.）*52, 53*

赤松宗旦 *131*

朝倉文夫 *209, 210*

東 浩紀 *99*

アンダーソン, B. *80*

飯倉義之 *64*

飯島典子 *86*

飯田 卓 *6, 48, 64, 219, 220, 222, 226, 227, 235*

池田理知子 *49, 56*

市野澤潤平 *100, 105, 106*

井出 明 *100*

伊藤龍平 *65*

岩渕功一 *158, 172*

岩村 忍 *144*

ウィルソン（Wilson, S. M.）*143*

ウィルモット（Willmott, P.）*197*

上野英三郎 *211, 212*

臼井隆一郎 *192*

梅棹忠夫 *18*

ウルフ（Wolf, A. P.）*11*

遠藤英樹 *97, 98, 101*

大熊氏廣 *207, 208*

大道晴香 *72*

大村益次郎 *208, 210*

大山 巌 *210, 211*

岡田 謙 *12*

岡本 健 *49*

奥野卓司 *17, 50*

オング, W. J. *33*

か行

上水流久彦 *12*

亀井伸孝 *78*

河合香吏 *219*

川村清志 *43, 128*

北村西望 *209, 210*

北村日出男 *19*

木村忠正 *55, 58, 169, 249*

邱樹森 *150*

ギンズバーグ（Ginsburg, F.）*III*

金曄和 *48*

楠木正成 *208-210*

楠見 清 *214*

久保明教 *54, 185*

久保正敏 *17, 18*

ゲルナー, E. *80*

黄庭輝 *150*

コーエン, E. *106*

コスナー, K. *109*

胡台麗 *116*

忽文恵 *150*

小林宏至 *86*

近藤祉秋 *243, 252, 253, 257*

さ行

サイード, E. W. *229*

斎藤弘吉 *211*

櫻井孝昌 *159*

櫻田涼子 *196, 199, 201*

佐々木宏幹 *228*

佐藤守弘 *70*

椎野若菜 *7*

志賀市子 *8*

朱天順 *8*

首藤剛志 *184, 186*

聶莉莉 *78*

ジョーダン (Jordan, D. K.) *11*

新海竹太郎 *211*

杉野孫七 *209, 210*

須藤廣 *101*

関本照夫 *39*

ソンタグ, S. *70*

た行

ターナー (Turner,

T.) *111, 112, 121, 122*

高橋陽一 *214*

高山陽子 *213*

田尻智 *126, 180-182*

田中聡 *64*

近森高明 *72*

陳文彬 *110, 114, 116-118*

塚原伸治 *130, 131*

鄭勝奕 *116, 118, 120*

鄭秉泓 *118*

寺田匡宏 *106*

寺山修司 *243*

床呂郁哉 *219*

登坂学 *159*

トッパー (Topper, M.) *52, 53*

トフラー, A. *17*

な行

長尾剛 *179, 180, 186*

中沢新一 *181*

中村功 *23*

奈良雅史 (Nara, M.) *143, 145-152, 154*

難波功士 *5*

野口雨情 *213*

は行

橋本和也 *106*

橋元良明 *19*

羽渕一代 *6, 78*

原知章 *6, 48, 49, 219,*

235

ハリス, M. *229*

春木良旦 *17*

日高勝之 *200*

平瀬礼太 *211*

ピリン・ヤプ (Pilin Yapu) *110, 113, 114, 116-122*

廣瀬武夫 *209, 210*

ファリス (Faris, J.) *121*

ブーアスティン, D. *75*

フォスター, M. D. *126, 129, 138*

福井幸太郎 *7*

藤野陽平 *143*

古谷嘉章 *219*

フロリディ, L. *17, 54*

ホール, S. *229*

星野道夫 *233*

堀田あゆみ *17*

ホブズボウム (Hobsbawm, E.) *80*

ま行

前川護之 *220*

マクルーハン (McLuhan, M.) *78, 79*

松井広志 *49*

松平誠 *128*

松田美佐 *24*

真野俊和 *132, 133*

マリノフスキー, B.　*5*

水木しげる　*215*
三隅貴史　*133*
三尾裕子　*11*
南　信長　*214*
ミラー（Miller, D.）*126,*
143, 144, 148, 152, 249

森山　工　*48, 228*

や行

箭内　匡　*230*
柳田國男　*72, 128, 129*

山県有朋　*209-211*
ヤング（Young, M.）
197

吉田竹也　*98*
吉田ゆか子　*44*
吉見俊哉　*33, 230*

ら行

ラースン, J.　*72, 98*
頼粋涵　*113*

林益仁　*115, 116, 120*
林文伶　*118*

リフキン, J.　*55, 56, 58*
劉枝萬　*9*
呂欣怡　*118*

ルロワ＝グーラン,
A.　*78*

レッシグ（Lessig, L.）
89, 90
レンジャー, T.　*80*

わ行

渡邊欣雄　*11, 78*

執筆者紹介（編者は *）

藤野陽平 *（ふじの ようへい）
北海道大学大学院メディア・コミュ
ニケーション研究院准教授
担当：はじめに・第1章

堀田あゆみ（ほった あゆみ）
大学共同利用機関法人人間文化研究
機構総合情報発信センター特任助教
担当：第2章

吉田ゆか子（よしだ ゆかこ）
東京外国語大学アジア・アフリカ言
語文化研究所准教授
担当：第3章

原　知章（はら ともあき）
早稲田大学人間科学学術院教授
担当：第4章

大道晴香（おおみち はるか）
國學院大學神道文化学部神道文化学
科助教
担当：第5章

小林宏至（こばやし ひろし）
山口大学人文学部人文社会学科准教授
担当：第6章

市野澤潤平（いちのさわ じゅんぺい）
宮城学院女子大学現代ビジネス学部
現代ビジネス学科教授
担当：第7章

田本はる菜（たもと はるな）
北海道大学アイヌ・先住民研究セン
ター特任助教
担当：第8章

塚原伸治（つかはら しんじ）
茨城大学人文社会科学部人間文化学
科准教授
担当：第9章

奈良雅史*（なら まさし）
国立民族学博物館超域フィールド科
学研究部准教授
担当：第10章

アルベルトゥス=トーマス・モリ
立命館大学大学院先端総合学術研究
科初任研究員
担当：第11章

久保明教（くぼ あきのり）
一橋大学大学院社会学研究科准教授
担当：第12章

櫻田涼子（さくらだ りょうこ）
育英短期大学現代コミュニケーショ
ン学科准教授
担当：第13章

高山陽子（たかやま ようこ）
亜細亜大学国際関係学部多文化コミ
ュニケーション学科教授
担当：第14章

飯田　卓（いいだ たく）
国立民族学博物館教授
担当：第15章

近藤祉秋*（こんどう しあき）
神戸大学大学院国際文化学研究科国
際文化学部講師
担当：第16・17章

［シリーズ］メディアの未来⑫

モノとメディアの人類学

2021 年 3 月 10 日	初版第 1 刷発行
2021 年 9 月 10 日	初版第 2 刷発行

編　者	藤野陽平
	奈良雅史
	近藤祉秋
発行者	中西　良
発行所	株式会社ナカニシヤ出版

☎ 606-8161　京都市左京区一乗寺木ノ本町 15 番地

	Telephone　075-723-0111
	Facsimile　　075-723-0095
Website	http://www.nakanishiya.co.jp/
Email	iihon-ippai@nakanishiya.co.jp
	郵便振替　01030-0-13128

印刷・製本＝ファインワークス／装幀＝白沢　正
Copyright © 2021 by Y. Fujino, M. Nara, & S. Kondo
Printed in Japan.
ISBN978-4-7795-1548-4

◉[シリーズ]メディアの未来 ─────────────

❶メディア・コミュニケーション論

池田理知子・松本健太郎［編著］

想像する力が意味を創造する──メディアが大きく変容している今，コミュニケーションとメディアの捉え方を根底から問い，対話の中から読者を揺り動かす。好評テキストシリーズ，第1弾！　　　　　　　　　　　　　　　　　　　　　　　　　　　2200円＋税

❷.1　メディア文化論［第2版］

遠藤英樹・松本健太郎・江藤茂博［編著］

多様な形態のメディアが発達を遂げた現在，私たちをとりまく文化はどのように変容しているのか。身近なメディア文化を題材に，多角的に読解し，ディスカッションへと誘う好評テキストを大幅にアップデート。　　　　　　　　　　　　　　　　　　　　　　2400円＋税

❸メディア・リテラシーの現在（いま）　　公害／環境問題から読み解く

池田理知子［編著］

旋状に広がる沈黙の輪を断つために。──3.11以後，根底から揺らぐメディアと私たちの関係を，公害／環境問題を軸に問い直し，新たな対話の地平を拓く。読者を熱論へと誘う好評テキスト，充実の第3弾！　　　　　　　　　　　　　　　　2400円＋税

❹観光メディア論

遠藤英樹・寺岡伸悟・堀野正人［編著］

最新の知見から観光とメディアの未来を探る──モバイルメディアの発展や文化の変容に伴い，揺れ動くメディアと観光の不思議な関係を，最新の知見と理論からやさしく読み解き，その未来を探る。　　　　　　　　　　　　　　　　　　　　2500円＋税

❺音響メディア史

谷口文和・中川克志・福田裕大［著］

音の技術と音の文化が交差する──19世紀から現代に至るまで，音のメディアは，どう変容したのか？　その歴史を詳らかにし，技術変化と文化の相互作用を論じる。　　　　　　　　　　　　　　　　　　　　　　　　　　　　　　　　　2300円＋税

● [シリーズ] メディアの未来 ―――――――――

❻ **空間とメディア** 場所の記憶・移動・リアリティ
遠藤英樹・松本健太郎 [編著]
空間の意味と可能性を問い直す――テーマパーク，サイバースペース，境界，風景，デジタル地図，震災，祭，観光，鉄道，……多様な切り口から現代の「空間」を読みほぐす最新テキスト！ 2700 円 + 税

❼ **日常から考えるコミュニケーション学** メディアを通して学ぶ
池田理知子 [著]
立ち止まり，考えて，日常を振り返る――私たちと他者とをつなぐ「メディア」のさまざまな分析を通して，コミュニケーション学とは何かを学ぶベーシックなテキストブック。 2000 円 + 税

❽ **メディア・コンテンツ論**
岡本　健・遠藤英樹 [編]
越境するコンテンツを捉える――現代社会に遍在し氾濫するメディア・コンテンツをアニメ制作や著作権，同人文化，二次創作，ジェンダー，ゾンビ，魔法少女，コンテンツビジネス，コスプレ，聖地巡礼などをめぐり理論的，実務的な視点から多角的に読み解く。 2500 円 + 税

❾ **記録と記憶のメディア論**
谷島貫太・松本健太郎 [編]
何かを記憶し思い出す。その多様な営為の実践に迫る――記憶という行為がもつ奥行きや困難さ，歴史性，そしてそれらの可能性の条件となっているメディアの次元を考える。 2500 円 + 税

❿ **メディアレトリック論** 文化・政治・コミュニケーション
青沼　智・池田理知子・平野順也 [編]
コミュニケーションが「不可避」な社会において，私たちの文化を生成するコミュニケーションの力＝レトリックを事例から検証する。 2400 円 + 税

⓫ **ポスト情報メディア論**
岡本　健・松井広志 [編]
最新理論と事例から情報メディアに留まらない，さまざまな「人・モノ・場所のハイブリッドな関係性」を読み解く視点と分析を提示する。 2400 円 + 税